Rosa Mayreder

Zur Kritik der Weiblichkeit

Essays

SEVERUS

Mayreder, Rosa: Zur Kritik der Weiblichkeit. Essays
Hamburg, SEVERUS Verlag 2014

ISBN: 978-3-86347-941-1
Druck: SEVERUS Verlag, Hamburg, 2014
Nachdruck der Originalausgabe von 1922

Der SEVERUS Verlag ist ein Imprint der Diplomica Verlag GmbH.

Bibliografische Information der Deutschen Nationalbibliothek:
Die Deutsche Nationalbibliothek verzeichnet diese Publikation in der Deutschen Nationalbibliografie; detaillierte bibliografische Daten sind im Internet über http://dnb.d-nb.de abrufbar.

Rosa Mayreder

Zur Kritik der Weiblichkeit

Essays

SEVERUS

Vorwort

Ich habe mich in diesem Buche nach meiner Weise mit den Problemen der Frauenbewegung beschäftigt. Wenn ich auch in einigen Punkten nicht mit ihr übereinstimme, so halte ich doch die Frauenbewegung für eine jener Erscheinungen, durch welche sich die Gegenwart vor allen vorhergehenden Epochen menschlicher Geschichte vorteilhaft unterscheidet – noch mehr: sie scheint mir eine der höchsten Auszeichnungen einer Zeit zu sein, die im übrigen durch ihre Verarmung an Idealen, an hochgestimmten Gefühlen, an gläubigem Enthusiasmus den Charakter des Niedergangs trägt.

Vieles in meinen Ausführungen mag schon oft ausgesprochen worden sein – die ersten Aufzeichnungen sind fünfzehn Jahre alt, und der Anstoß dazu reicht in meine frühesten Jugenderlebnisse zurück – aber den Kenner der einschlägigen Literatur werden die neuen Gesichtspunkte, die hier aufgerollt sind, für die bekannten entschädigen, die er mit in den Kauf nehmen muß; und die Nichtkenner, die ja gegenüber den Ideen der Frauenbewegung immer noch die erdrückende Mehrzahl sind, müssen zufrieden sein, wenn sie ein möglichst umfassendes Bild davon gegeben finden. Auch die Wiederholungen, welche die lose Form der Aneinanderreihung mit sich brachte – zum Teil sind diese Essays schon in Zeitschriften veröffentlicht worden – dürfen denjenigen nicht verdrießen, der weiß, daß gewisse Dinge nicht oft genug wiederholt werden können, weil das Selbstverständliche nicht das Herrschende, das Bewiesene nicht das Anerkannte ist.

Die Bestrebungen der Frauenbewegung lassen sich auf drei verschiedene Ursachen zurückführen, und sie zielen nach drei verschiedenen Richtungen, die meines Erachtens nicht miteinander verwechselt werden dürfen, wenn sie auch auf das innigste zusammenhängen und erst in ihrer Gesamtheit das Wesen der Frauenbewegung ausmachen. Diese dreifache Wurzel ist die ökonomische, die soziale und die ethisch-psychologische.

Während der letzten Jahre, in denen die Bewegung aus dem theoretischen Stadium in das realpolitische überzugehen begann, haben die ökonomischen und sozialen Probleme den Vordergrund behauptet; das ethisch-psychologische ist daneben mehr zurückgetreten. Ich meinesteils habe das ökonomische gar nicht, das soziale nur vorübergehend behandelt. Wenn ich auch keineswegs verkenne, daß ohne die ungeheuere wirtschaftliche Umwälzung, die durch die Maschine hervorgerufen wurde, die ideellen Forderungen der Frauenbewegung schwerlich eine Verwirklichung erfahren könnten, so lege ich doch ein besonderes Gewicht darauf, daß es nicht die materielle sondern die ideelle Seite der Frage war, die historisch ihren Ausgang gebildet hat; und wie hoch man auch praktisch den Einfluß ökonomischer Momente bewerten muß, die ideellen Postulate der Frauenbewegung sind doch ihr wichtigster Bestandteil. Denn alle wirtschaftlichen Errungenschaften würden sehr wenig an dem innerlichen Verhältnis der Geschlechter ändern, und der selbständige Erwerb wäre nur eine neue Form der Abhängigkeit für die Frau, wenn nicht ganz andere Entwicklungseinflüsse zu ihren Gunsten wirksam werden.

Nicht von der »Großmut und Gerechtigkeit der Männer«, wie der alte Hippel meinte, kann das weibliche Geschlecht die Anerkennung der Gleichberechtigung erwarten. Obwohl ich persönlich unbedingt glaube, daß diese Eigenschaften die Auszeichnung der edlen Männlichkeit bilden, so bin ich doch der Meinung, daß die Welt durch elementare Vorgänge und nicht durch Großmut und Gerechtigkeit bewegt wird. Wie für die ökonomischen Lebensbedingungen gilt das auch für die ethisch-psychologischen Beziehungen der Geschlechter zueinander.

Ich hebe das ausdrücklich hervor, um mich im vorhinein gegen den Vorwurf zu verwahren, als wollte ich für das weibliche Geschlecht gegen das männliche Partei ergreifen. Der Frage, ob einem von beiden Geschlechtern der Vorzug gebühre, bin ich aus dem Wege gegangen. Um da ohne Voreingenommenheit Richter zu sein, dürfte man keinem von beiden angehören. Wenn ich ganz privatim und unverbindlich meinen subjektiven Geschmack bekennen sollte, so würde ich wohl dem männlichen Geschlechte den Vorzug geben – aber das scheint eben eine weibliche Voreingenommenheit zu sein, die mit dem Geschlechte zusammenhängt.

Von der Majorität der Männer wie der Frauen gilt leider, was Kant von der Menschheit im allgemeinen sagte: »fragt man, ob die Menschheit als eine gute oder schlimme Rasse anzusehen sei, so muß ich gestehen, daß damit nicht viel zu prahlen sei.« Gewiß! Mit dem gewöhnlichen Weibe ist so wenig zu prahlen wie mit dem gewöhnlichen Manne; und man sollte endlich aufhören, dem einen oder dem anderen Geschlecht als Ganzes eine Zensur auszustellen. Diese Methode der Generalbewertung ist eine der plebejischen geistigen Gewohnheiten der Gegenwart; denn durch sie wird gerade das ausgezeichnete Individuum, der Mensch, der den Durchschnitt überragt, mit der großen Menge zusammengeworfen.

Der Durchschnittsmensch – gleichviel, ob sein Leben sich im Salon oder in der Fabrik abspielt – ist keine interessante Erscheinung; und durch die typischen Geschlechtsmerkmale wird seine Psyche nicht im geringsten anziehender. Erst dort, wo er von dem gewöhnlichen Typus seines Geschlechtes abweicht, wo er etwas Individuelles für sich hat, wo er aus dem Geleise des Herkömmlichen heraustritt, vermag er Interesse einzuflößen. Damit erhält sein Leiden und sein Glück persönliche Schicksalstiefe: es ist nicht mehr gattungsmäßig, also nicht mehr vulgär.

Man könnte den Vorwurf gegen dieses Buch erheben, daß es zu sehr auf den Ausnahmefall der Weiblichkeit und Männlichkeit hinziele; weil hie und da ein atypisches Individuum vorkommt, sei man noch nicht berechtigt, die Geschlechtsdifferenzierung der ganzen Breite nach anzuzweifeln.

Aber was wissen wir von der psychosexuellen Beschaffenheit der Menschen, die wir kennen? Wie schwer ist es überhaupt, die menschliche Psyche in ihrer Nacktheit zu überraschen! Wie ungern läßt sie sich berühren, wie gewandt maskiert sie sich hinter konventionellen Ausflüchten, sobald sie merkt, daß sie beobachtet wird! Und wie plump, wie ungeschlacht sind die Ausdrucksmittel, mit denen wir diesem zarten, flüchtigen, vielgestaltigen Wesen beikommen wollen!

Wird denn ein Mensch, der in seinem Empfinden von dem gewöhnlichen abweicht, verstanden? Teilt er sich denn jenen mit, von welchen er sich unterscheidet? Kann er sich denn beim besten Willen mitteilen? Nur die Oberfläche und das Konventionelle tritt im Verkehr der Menschen untereinander hervor; das Innerliche und Eigenartige enthüllt sich nur dem Gleichgestimmten. Darin liegt mit ein Grund, warum das Atypische so oft unsichtbar bleibt, und das Durchschnittliche den Anschein einer viel größeren Ausbreitung erhält, als es in Wirklichkeit besitzt.

Ohne die Aussagen derjenigen, die in ihren Werken ihr Selbst der Welt geschenkt haben, was wüßten wir von der menschlichen Natur? Solche Aussagen sind das Material, das ich im zweiten Teile dieses Buches auf seine symptomatische Bedeutung hin betrachte. Deshalb hat dieses Buch mehr einen Erkenntniswert als einen propagatorischen. Gegner zu überzeugen, erwarte ich nicht, denn das würde heißen, Andersgeartete zu bekehren. Und ich glaube nicht an eine Verständigung durch intellektuelle Mittel unter Personen von ursprünglicher Wesensverschiedenheit. Auch wenn sie intellektuell einander gleichstehen, werden sie sich gegenseitig durch verstandesmäßige Argumente nicht nähern können, da alle Überzeugungen – zum mindesten die echten – nur Äußerungen der Wesenheit sind. Im Grunde genommen reden wir nicht, um zu überzeugen, sondern um das zu sagen, was die Natur uns aufgetragen hat. Wer in den Künsten des Denkens bewandert ist, weiß, daß sich alles behaupten und beweisen, und alles bezweifeln und widerlegen läßt. Der Kampf der Meinungen, mit welchen Methoden, wie gründlich und sachlich er auch geführt wird, bleibt ein müßiges Spiel, sobald er nicht den Ausdruck für Grundtriebe bedeutet, die in der

Individualität des denkenden Subjektes lebendig sind.

Möge dieses Buch jenen, die zu mir gehören, weil sie ähnlich empfinden wie ich, in die Hände gelangen und ihnen die Freude bereiten, die uns erfüllt, wenn wir unser Inneres im Spiegel der Erkenntnis erblicken.

Wien, am letzten Dezember 1904
Rosa Mayreder

Grundzüge

I.

Das Problem der Geschlechtspsychologie, in deren Vordergrund die Weiblichkeit steht, bewegt sich der Hauptsache nach um die Frage: Ist das Weib als Persönlichkeit durch das Geschlecht an eine bestimmt umschriebene Geistigkeit gebunden, oder liegt in der weiblichen Psyche die gleiche Möglichkeit einer unbeschränkten Differenzierung nach Individualität wie in der männlichen?

Bei der theoretischen Untersuchung, wie weit der Geschlechtsunterschied in die Psyche des einzelnen Individuums hinübergreife, ist zunächst nicht viel mehr zu holen als die Erkenntnis, daß unter dem weiblichen wie unter dem männlichen Geschlecht eine große Variabilität besteht, daß also ein weiter Spielraum für die Individualität innerhalb der gegebenen physiologischen Grenzen von Mann und Weib übrig bleibt.

Resultate von entscheidender Bedeutung darf man um so weniger erwarten, als diese Untersuchungen sich auf einem Erkenntnisgebiete bewegen, auf dem die grundlegenden Begriffe noch unaufgeklärt und zweifelhaft sind. Die Psychologie ist in dem Kampfe zwischen spiritualistischen und materialistischen Anschauungen, zwischen der dualistischen und monistischen Weltbetrachtung, der das moderne Geistesleben charakterisiert, am schlimmsten weggekommen. Wo man keinerlei Gewißheit über das besitzt, was man überhaupt unter Seele, Geist, Vernunft, Gemüt, oder auch nur Bewußtsein schlechtweg, zu verstehen hat, wo über die Beziehung der seelischen Phänomene zum Körper die divergierendsten Ansichten herrschen – wie sollten dort irgendwelche zuverlässige Anhaltspunkte über die geschlechtliche Differenzierung der menschlichen Psyche gewonnen werden?

Am meisten hat aber die generalisierende Methode, deren man sich hier zu bedienen pflegt, Verwirrung gestiftet. Es heißt immer »das Weib« oder »der Mann«; und man operiert mit diesen Begriffen so, als ob man ein allgemeines »metaphysisches Realwesen«, das in jedem Mann und in jedem Weibe zur Erscheinung kommt, damit bestimmt hätte.

Und doch sind alle Generalurteile über Mann und Weib unverkennbar nach Erfahrungen gefällt, die sich nur auf eine kleinere oder größere Gruppe von Individuen beziehen, nach Erfahrungen, die vielfach durch den Zufall beschränkt, durch die subjektive Natur des Beobachters gefärbt, durch vorgefaßte Meinungen verdunkelt werden. Die Widersprüche, die solchergestalt über »das Weib« in die Welt gesetzt worden sind – »der Mann« ist aus verschiedenen Gründen viel mehr von Pauschalbestimmungen verschont geblieben – wirken besonders deshalb so drastisch, weil alle diese Aussagen durch die generalisierende Formulierung Anspruch auf objektive Gültigkeit erheben. Wer in die Literatur über »das Weib« eingeht, empfängt aus diesen Widersprüchen den barocken Eindruck, daß die eine Hälfte der Menschheit, zum Gegenstand der Erkenntnis gemacht, etwas Unbekanntes, Dunkles, Rätselhaftes ist, daß Wesen, die in der vollen Realität des Lebens gegenwärtig sind, die kraft ihrer natürlichen Aufgaben den gleichen Platz wie der männliche Teil einnehmen, als Fabeltiere behandelt werden, über die man sich Ammenmärchen und Legenden erzählt.

Ja, so schwankend, so unbestimmt ist in Wahrheit der Begriff der Weiblichkeit, daß über die fundamentalsten Eigenschaften, die er bezeichnen soll, durchaus keine Übereinstimmung herrscht.

Eine kleine Blütenlese von Aussprüchen wird das am besten illustrieren. Jeder davon kann als Repräsentant einer Anschauung gelten, für die sich unschwer viele Belege beibringen ließen.

Da ist vor allem jene Anschauung, nach welcher Fügsamkeit und Unterordnungsbedürfnis zu den charakteristischsten Merkmalen der Weiblichkeit gehören, was Lombroso aus den

»Ergebenheitsgefühlen« des Weibes gegenüber dem Manne erklärt, Ergebenheitsgefühle, »wie sie sich zwischen einem höher und einem tiefer stehenden Wesen immer entwickeln.« George Egerton aber, die behauptet, daß in den Augen des Weibes der Mann »ein komisches, großes Kind« sei, nennt »die alte, unersättliche Herrschsucht das Lebenselement des Weibes.«

Nach einer sehr verbreiteten Auffassung ist die Sanftmut eine so allgemeine Begleiterscheinung der Weiblichkeit, daß Virchow Sanftmut geradezu als »eine Dependenz des Eierstockes« bezeichnet; Havelock Ellis aber sagt: »Zornmütigkeit ist eine Form der Affizierbarkeit, die von jeher und wohl mit Recht, dem Weibe zugeschrieben wird.«

Nach einer nicht minder allgemeinen Annahme ist »das Weib« zur Stabilität geneigt und allen Neuerungen abhold. Möbius behauptet: »Die Weiber sind streng konservativ und hassen das Neue«, wie Lombroso: »Auch die Geschichte des öffentlichen Rechtes zeigt die eigentümliche konservative Tendenz des Weibes in ihrem Einfluß auf die soziale Ordnung«; Hippel aber hat gesagt: »Auf dem weiblichen Geschlecht ruht der Geist der Revolution«, und Heine: »Im Geiste der Frauen bleibt immer lebendig und in lebendiger Bewegung das Element der Freiheit.«

Bachhofen findet: »Das Weib trägt das Gesetz in sich; es spricht aus ihm mit der Notwendigkeit und Sicherheit des natürlichen Instinkts«, ebenso Hartpole Lecky: »Nach meinem Dafürhalten sind die Frauen sowohl in der aus freiem inneren Antrieb, als in der aus Pflichtgefühl oder Überzeugung hervorgehenden Tugend überlegen«; Eduard von Hartmann aber sagt: »Das weibliche Geschlecht ist das unrechtliche und ungerechte Geschlecht«, Schopenhauer hält Ungerechtigkeit für den Grundzug des weiblichen Charakters, und Lombroso hat »auch das normale Weib als halbkriminaloides Wesen« kennen gelernt.

Einer sehr allgemeinen Ansicht leiht Julius Düboc mit den Worten Ausdruck: »Es ist ein Zug, der durch die Jahrhunderte geht, daß von dem Weibe nichts Unziemliches ausgehen darf... Das Ziemliche, das ist aber vor allem das Maßvolle.« Die Brüder Goncourt aber schreiben: »Die hauptsächlichste Stärke der Frau ist ein Übermaß in allem.«

Kingsley apostrophiert das Weib als den »einzig wahren Missionär der Zivilisation, der Brüderlichkeit, der zarten vergebenden Liebe,« sein Landsmann Pope aber meinte: »Every woman is in her heart a rake.«

Havelock Ellis ist der Ansicht, daß unter gewöhnlichen Umständen das Weib an Leistungsfähigkeit dem Manne gleich sei: »aber es kann nicht unter Hochdruck arbeiten«; von Horn dagegen: »Geht es ans Erfüllen von schweren Anforderungen, so übertrifft das weibliche Geschlecht oft das männliche bei weitem, so entwickelt es eine Zähigkeit und Ausdauer, die den Mann beschämt.«

Lotze sagt: »Das Weib haßt die Analyse und ist daher nicht imstande, Wahres vom Falschen zu unterscheiden«; Lafitte jedoch: »Das Weib bevorzugt die Analyse der Dinge, der Mann die Beziehungen zwischen den Dingen«, und Lombroso: »In der Synthese und Abstraktion zeigt sich die Intelligenz des Weibes mangelhaft; ihre Stärke liegt in der feinen Analyse, in der scharfen Auffassung der Einzelheiten.« Für solche aber, »welche sich etwas zurechtzulegen wissen«, hat Nietzsche im Gegensatz zu einer sonst fast ungeteilten Anschauung behauptet: »Die Weiber haben den Verstand, die Männer das Gemüt und die Leidenschaft.«

Selbst über die spezifischen Eigentümlichkeiten des Weibes in der Liebe, einem Gebiete, das doch am innigsten mit der Geschlechtsnatur verbunden ist, gehen die Meinungen weit auseinander. So bezeichnen die einen die Treue als einen Grundzug des weiblichen Wesens, da schon durch die Aufgaben der Mutterschaft sein Instinkt in der Liebe auf Dauer gerichtet ist – Krafft-Ebing: »Jedenfalls ist die seelische Richtung des Weibes eine monogame, während der Mann zur Polygamie hinneigt«; oder Schopenhauer: »Die Liebe des Mannes sinkt merklich von dem Augenblick an, wo sie Befriedigung erhalten hat: er sehnt sich nach Abwechslung. Die Liebe des Weibes hingegen steigt eben von jenem Augenblick an... Er sieht sich stets nach anderen Weibern um, sie hingegen hängt fest dem einen an«. Im Gegensatz dazu sagt Lombroso: »Sicher ist jedenfalls, daß sie (die Weiber), wenn ein anderes Verhältnis ihnen mehr praktische Vorteile verspricht, den ersten Geliebten erbarmungslos, oft in der grausamsten Weise im Stich lassen«; und Laura Marholm bestätigt: »Das Weib will spielen, Abwechslung haben, veränderlich sein, der Mann gedeiht in der Einförmigkeit, das Weib verzweifelt darin« – übrigens eine Paraphrase zu jenem alten »La donna è mobile«, das die bekannteste Formel für alle die zahllosen Klagen über die Flatterhaftigkeit und Unbeständigkeit des weiblichen Geschlechtes ist.

Entgegen der allgemeinen Annahme, daß das Charakteristische der weiblichen Liebe in der völligen Hingebung bestehe (»der Mann liebt unter Selbstbehauptung, das Weib unter Selbsthingebung«), bemerkt M. de Lambert: »Die Frauen treiben mit der Liebe ihr Spiel – sie geben sich dazu her, aber sie geben sich ihr nicht hin.« Friedrich Nietzsche hat den Unterschied in der innerlichen Stellung der Geschlechter, wenn sie lieben, so formuliert: »Die Frauen sind es, welche bei der Vorstellung erbleichen, ihr Geliebter möchte ihrer nicht wert sein; die Männer sind es, welche bei der Vorstellung erbleichen, sie möchten ihrer Geliebten nicht wert sein« – wie ja auch Goethe an Frau von Stein geschrieben hat: »Ich möchte im dreifachen Feuer geläutert werden, um Ihrer Liebe wert zu sein« – Mantegazza jedoch, der eine Reihe psychologischer Geschlechtseigentümlichkeiten einander gegenüberstellt, läßt genau umgekehrt den Mann sich fragen: »Ist sie meiner würdig? Kann sie mir genügen?« und das Weib: »Bin ich seiner würdig? Kann ich ihm genügen?«

Es wäre leicht, diese Beispiele ins Unendliche zu vermehren. Dazu kommen jene, welche den psychischen Unterschied der Geschlechter an sich negieren; z.B. Broca: »Mann und Weib würden, wenn sie ganz ihren inneren Impulsen überlassen blieben, zu einer großen Ähnlichkeit gelangen, wie das im Zustande der Wildheit der Fall ist«; oder Montaigne: »Meine Meinung ist, daß Männer und Frauen das nämliche Gepräge tragen; abgesehen von Institutionen und Bräuchen, ist der Unterschied nicht groß.« Auch der Ausspruch Grillparzers gehört hierher: »Das edle Weib ist halb ein Mann, ja ganz«, oder derjenige Baissacs: »Les âmes n'ont pas de sexe«, sowie die Ansicht Swifts: »Ich kenne keine liebenswürdige Eigenschaft an einem Weibe, welche nicht ebenso liebenswürdig an einem Manne wäre. Sogar Bescheidenheit und Sanftmut will ich hiervon nicht ausnehmen; auch kenne ich kein Laster und keine Torheit, welche nicht gleich verabscheuungswürdig an beiden wäre.« Lombroso hingegen erblickt in jeder Annäherung des Weibes an den männlichen Typus – trotz der von ihm aufgestellten Behauptung, daß geniale Frauen sehr häufig männlichen Typus zeigen – eine atavistische Erscheinung: »wir suchen im Weibe vor allem das spezifisch Weibliche; wenn wir das Gegenteil finden, so schließen wir auf eine enorme Anomalie.«

Was also hat es mit einer Sache auf sich, über die jedermann sich andere Vorstellungen macht, die von den einen als etwas Nebensächliches und Untergeordnetes, von den andern als eines der wichtigsten normativen Kriterien betrachtet wird? Wäre man nach so vielen paradoxen Behauptungen und gegensätzlichen Meinungen nicht schließlich berechtigt, dahinter nichts als eine Ausgeburt subjektiver Geschmacksrichtungen oder konventioneller Vorurteile zu suchen?

Es ist ein Verdienst der Frauenbewegung, daß sie den Anstoß zu einer kritischen Beleuchtung dieses ganzen Gebietes gegeben hat. Noch in der ersten Hälfte des 19. Jahrhunderts konnte ein geistreicher und subtiler Denker wie Ludwig Feuerbach das Problem mit einer so gänzlich leeren Definition abtun: »Das Wesen des Mannes ist die Männlichkeit, das des Weibes die Weiblichkeit... Was ist die Tugend, die Tüchtigkeit des Menschen als Mannes? Die Männlichkeit. Des Menschen als Weibes? Die Weiblichkeit... Die Tüchtigkeit, die Gesundheit des Menschen besteht demnach nur darin, daß er als Weib so ist, wie er als Weib sein soll, als Mann so, wie er als Mann sein soll.«

Mit dergleichen gibt sich heute nur mehr die oberflächlichste Gedankenlosigkeit zufrieden. Gleichwohl kann man nicht behaupten, daß durch den Kampf der Meinungen vorläufig eine größere Klarheit und Bestimmtheit geschaffen worden wäre. Die Frauenbewegung steht, soweit sie ganz konsequent ist, dem Begriffe der Weiblichkeit gegenüber auf einem skeptischen, wenn nicht völlig negativen Standpunkt; sie bezweifelt oder bekämpft den normativen Wert dieses Begriffes und setzt an seine Stelle die unbeschränkte Freiheit der individuellen Entwicklung; sie legt alles Gewicht auf die gemeinsamen Gebiete zwischen Mann und Weib und fordert in jedem Falle eine von den Geschlechtsnormen unabhängige Berücksichtigung der Eigenart.

Vielleicht ist das der einzige gerechte Standpunkt dem einzelnen Individuum gegenüber, das als ein Naturwesen von unabänderlicher Beschaffenheit in die Welt tritt, vielleicht der einzige, der ohne Phrasen und willkürliche Voraussetzungen bestehen kann. Übrigens, wenn Heine recht hat, daß es das Element der Freiheit ist, das den weiblichen Geist auszeichnet, würde die Frauenbewegung damit sogar den Charakter des »echt Weiblichen« betätigen.

Dennoch wird auf diese Weise das Problem der Geschlechtspsychologie nicht gelöst. Es wird nur umgangen. Wer sich von den Normen der Weiblichkeit unabhängig macht, hat sie nicht zugleich aufgehoben. Wenn auch mit sehr wandelbaren Grenzen, wenn auch als ganz veränderliche Gebilde – sie sind doch ein wesentlicher Bestandteil im geistigen Leben der Menschheit, sie sind das Produkt einer langen Entwicklungsreihe, einer nicht zu unterschätzenden Kulturarbeit.

Das heißt allerdings nicht, zugleich ihre konventionelle Geltung bestätigen. Die Gefahr aber, wieder konventionellen Normierungen Raum zu bieten, liegt in der, neuestens in der Frauenbewegung sich ankündigenden Tendenz, eine fundamentale Verschiedenheit der Geschlechter anzuerkennen, indem man die Mutterschaft zum entscheidenden Faktor erhebt, um von hier aus die Stellung der Frau in der Kultur der Zukunft zu begrenzen. Die Mutterschaft mag als Hindernis der äußeren Gleichstellung mit dem Manne schwer ins Gewicht fallen; als innerlicher Zustand ist sie so wenig ein allgemeingültiges

Kriterium der Weiblichkeit, wie irgend eine andere generelle Bestimmung.

Versucht man, einen konkreten Gehalt für das zu finden, was man unter Weiblichkeit verstehen will, so gibt es dafür dreierlei Möglichkeiten. Man kann das Häufige, das Durchschnittliche, das Gewöhnliche als Norm aufstellen; oder man kann ein Idealbild konstruieren, indem man physische Vorgänge als Gleichnis und Analogon für psychische benutzt, und Aktivität und Passivität, Produktivität und Rezeptivität in gegensätzlichen Typen einander gegenüberstellt; oder man kann aus der physiologischen Beschaffenheit zurückschließen auf psychische Eigenschaften, die notwendigerweise damit verknüpft sein müssen.

Durch jede dieser drei Methoden wird ein fiktiver Typus geschaffen, vermittelst dessen man die Geschlechter in eine Majorität sogenannter normaler und in eine Minorität sogenannter abnormer Individuen teilt. Aber schon aus den angeführten widersprechenden Aussagen läßt sich, soweit es sich um die Weiblichkeit handelt, ersehen, daß die Resultate der drei Methoden keineswegs übereinstimmen, so daß Erscheinungen, die nach der einen unter die »abnormen«, also mit der wahren Weiblichkeit unvereinbaren gezählt werden, nach der andern noch in das Gebiet der Normalität fallen und umgekehrt.

Ganz unzulänglich erscheint die Durchschnittsmethode. Abgesehen von den philiströsen Beschränkungen und den subjektiven Vorurteilen, denen sie den Maßstab liefert: es handelt sich bei dem Problem der Geschlechtspsychologie nicht so sehr darum, die bekanntesten und landläufigsten Merkmale aufzuzeigen, aus denen sich generelle Bestimmungen herleiten lassen, sondern vielmehr, ein Naturprinzip bloßzulegen, das widerspruchslos als ein Gemeinsames in dem Wesen aller Weiber – sofern sie körperlich intakte Geschlechtswesen darstellen – zu allen Zeiten und bei allen Völkern nachzuweisen wäre, ein Prinzip, das dort am deutlichsten erkennbar sein müßte, wo die Willkür des menschlichen Bewußtseins noch nicht die Unmittelbarkeit der natürlichen Vorgänge gestört hat – an den weiblichen Geschöpfen des Tierreiches.

Noch weniger kann uns bei der Beurteilung des einzelnen Individuums mit dem Maßstabe gedient sein, den das Idealbild liefert. Vor allem muß man zweierlei auseinanderhalten: die Frage nach dem, was »das Weib« sein soll, und die Frage nach dem, was »das Weib« vermöge seiner Naturanlage ist. Das Idealbild könnte höchstens den Kanon abgeben, nach welchem der Geschlechtswert des Einzelnen unter sozialen oder ethischen Gesichtspunkten zu bemessen wäre; dabei bliebe die Frage dennoch offen, wie weit die Differenzierung nach den Endpolen der Geschlechtlichkeit ein wünschenswertes Ziel sei. Für eine voraussetzungslose, von willkürlichen Annahmen möglichst freie Untersuchung über das, was das Weib wirklich ist, wird nur die dritte Methode in Betracht kommen.

II

Nach den grundlegenden Voraussetzungen der modernen Naturwissenschaft ist jede Bewußtseinsäußerung an körperliche Vorgänge gebunden. Es scheint also, daß von hier aus eine wesentliche geistige Verschiedenheit der Geschlechter unbedingt zu bejahen wäre. Wenn schon der Geschlechtsunterschied in der Physis des Menschen ein so durchgreifender ist, daß selbst noch die Haare eine Verschiedenheit nach dem Geschlecht erkennen lassen, daß »ein Mann Mann ist bis in seinen Daumen, und ein Weib Weib bis in ihre kleine Zehe« (Ellis), steht es da nicht im vorhinein außer Zweifel, daß der weibliche Körper der Träger einer anderen Seele sein muss als der männliche?

Eine alte physiologische Anschauung hat den Satz aufgestellt: Totus homo semen est; die moderne Physiologie bestätigte ihn. »Das Weib ist eben nur Weib durch seine Generationsdrüse; alle Eigentümlichkeiten seines Körpers und Geistes oder seiner Ernährung und Nerventätigkeit: die süße Zartheit und Rundung der Glieder bei der eigentümlichen Ausbildung des Beckens, die Entwicklung der Brüste bei dem Stehenbleiben der Stimmorgane, jener schöne Schmuck der Kopfhaare bei dem kaum merklichen weichen Flaum der übrigen Haut, und dann wiederum diese Tiefe des Gefühls, diese Wahrheit der unmittelbaren Anschauung, diese Sanftmut, Hingebung, Treue – kurz alles, was wir an dem wahren Weibe Weibliches bewundern und verehren, ist nur eine Dependenz des Eierstockes.« (Virchow, das Weib und die Zelle.)

An diesem Ausspruch des großen Pathologen fällt vor allem der unvermittelte Sprung von der Aufzählung der sogenannten sekundären Geschlechtscharaktere zu psychischen Eigenschaften auf, deren Zusammenhang mit der geschlechtlichen Differenzierung so wenig erwiesen ist, daß von anderen Beobachtern ganz entgegengesetzte als die typisch weiblichen angeführt werden. Ja das »echte Weib« nach Virchowscher Beschreibung stimmt nicht einmal im Punkte der sekundären Geschlechtscharaktere – unter denen man bekanntlich physische Eigentümlichkeiten versteht, die das Geschlecht zu begleiten pflegen, wie der Kamm des Hahnes, das Geweih des Hirsches, der Bart des Mannes u. dgl. – mit ethnographischen Tatsachen, noch selbst mit dem wechselnden Geschmack der zivilisierten Völker überein. So haben die Männer der zivilisierten Rassen im allgemeinen ein breiteres, also weiblicheres Becken als die Frauen wilder Stämme, während die Männer dieser Stämme den »schönen Schmuck der Kopfhaare« mit den zivilisierten Frauen teilen; die Neigung zur Bartbildung auf der Oberlippe ist als Rassenmerkmal der portugiesischen, spanischen und ungarischen Frauen bekannt; und was die Rundung der Glieder, wie die Entwicklung der Brüste betrifft, so weicht das neueste Modeideal der weiblichen Gestalt, das als »beseeltes Skelett« bezeichnet worden ist, beträchtlich von dem Virchowschen ab. Ob dieses Modeideal eine »Verirrung« ist, kommt dabei gar nicht in Betracht, sondern lediglich die Tatsache, daß die Beschaffenheit vieler Frauen diesem Ideal entspricht. Schon allein die Wandelbarkeit des Geschmackes, durch die immer eine bestimmte Abart zur herrschenden erhoben wird, sollte zur Vorsicht gegenüber dem Begriff des »echten Weibes« mahnen.

Über die physiologischen Eigentümlichkeiten, die das Weib

im allgemeinen konstitutionell vom Manne unterscheiden, sind in neuerer Zeit ausgedehnte Untersuchungen angestellt worden. Als die bekanntesten Werke dieser Art können »Das Weib als Verbrecherin und Prostituierte« von Lombroso und Ferrero, und »Mann und Weib« von Havelock Ellis genannt werden. Besonders das Werk des Engländers, das durch seine planmäßige Anordnung und kritische Methode vor der vielfach angefochtenen Arbeit der italienischen Autoren den Vorzug verdient, enthält eine eingehende und gewissenhafte Zusammenstellung aller exakten wissenschaftlichen Ergebnisse in dieser Richtung. Alles, was meßbar und wägbar am menschlichen Organismus ist, wird hier mit Sorgfalt auf seine psychosexuelle Bedeutsamkeit hin betrachtet. Dennoch muß der Autor am Schlusse seiner Ausführungen bekennen: »Die fundamentalen und wesentlichen Merkmale von Mann und Weib, wie sie vor allem Einfluß äußerer Umstände bestehen, haben wir nicht mit Sicherheit bestimmen können ... Die Einsicht, daß Mann und Weib unter wechselnden Bedingungen innerhalb weiter Grenzen unbestimmbar veränderungsfähig sind, erlaubt uns nicht, starre Dogmen über die besondere Sphäre des einen oder des anderen Geschlechtes aufzustellen ... Ferner sind so viele Tatsachen unter wechselnden Lebensbedingungen wandelbar, daß wir ohne vorausgehende Experimente über das Verhalten des männlichen und weiblichen Organismus unter verschiedenen Bedingungen nichts Bestimmtes aussagen können.«

Da es sich bei diesen Untersuchungen nur um die Feststellung von Tatsachen handelt, wie sie vermittelst der naturwissenschaftlichen Beobachtungsmethoden und statistischer Berechnungen zu gewinnen sind, ist es einleuchtend, daß man auf diesem Wege bei den Symptomen stehen bleibt, ohne zu ihren eigentlichen Ursachen vordringen zu können. Tiefer greift die biogenetische Forschung in das Wesen der Geschlechtsdifferenzierung hinab.

Die physiologischen Funktionen der Ernährung und Fortpflanzung lassen schon in den primitivsten Organismen zweierlei Tendenzen der Lebenstätigkeit erkennen – die eine nach innen, nach Ansammlung gerichtet, die andere nach außen, nach Absonderung. Aus diesen ursprünglichen Tendenzen erklären sich die Besonderheiten der männlichen wie der weiblichen Keimzellen; und das Übergewicht einer dieser Tendenzen entscheidet die Differenzierung des Embryo zu einer verschwenderischen oder zu einer sparsamen Konstitution, zur männlichen oder weiblichen Polarisation. Die männliche Polarisation ergibt, wie sich an den Eigenschaften der Keimzelle erkennen läßt, Beweglichkeit, Energie, Initiative, die Neigung, ins Weite zu streben, und die Fähigkeit, sich unter den ungünstigsten Bedingungen zu behaupten – die weibliche bedingt Stabilität und passives Aufsichberuhen, die Neigung, zu beharren und sich gegen äußere Einflüsse abzuschließen. (Siehe Feuillet, Die Psychologie der Geschlechter und ihre biologische Grundlage.) Verfolgt man die Konsequenzen weiter, so stellt sich das cholerisch-sanguinische Temperament als das männliche, das phlegmatisch-lymphatische als das weibliche dar; im männlichen Geschlecht verkörpert sich das progressive oder zentrifugale Element, das die Art erneuert und umbildet, im weiblichen Geschlecht das konservative oder zentripetale, das die Art unverändert bewahrt und erhält.

Damit scheint eine feste Grundlage für das gewonnen, was man mit Sicherheit als psychische Geschlechtscharaktere nachweisen und bei allen geschlechtlich differenzierten Individuen voraussetzen kann. Allein in Wirklichkeit wird auch damit nur eine Art Schema geschaffen, ein Typus, von welchem sich die einzelnen Individuen mehr oder minder entfernen. Die oberflächlichste Beobachtung lehrt ja, daß diese allgemeinen Bestimmungen selbst bei solchen Personen nicht zutreffen, die sich im ganzen durchaus nicht von dem Gewöhnlichen unterscheiden, sie lehrt, daß die individuelle Differenzierung in vielen Fällen die generelle aufhebt. Es lassen sich unschwer Individuen verschiedenen Geschlechtes ausfindig machen, deren psychische Geschlechtscharaktere ganz vertauscht sind, obwohl sie körperlich normale Repräsentanten ihres Geschlechtes sind. Hier aber liegt erst das eigentliche Problem: Wenn die

Keimzelle das einzige und ausschlaggebende Bildungsprinzip des Organismus darstellt, wie sind solche Abweichungen möglich? Und wenn die physische Geschlechtsdifferenzierung nicht mit Notwendigkeit den psychischen Charakter des Individuums bestimmt, welche Faktoren sind es, die solche Abweichungen bewirken?

Doch abgesehen vorerst von den atypischen Individuen – diese allgemeinen Schlüsse aus biologischen Tatsachen lassen eine Reihe von Phänomenen innerhalb der natürlichen Entwicklungsreihen unaufgeklärt. Es gibt viele Tiergattungen, und darunter sehr hochstehende, deren Korporisation außerhalb der Geschlechtssphäre von der Natur der Keimzellen ganz unabhängig zu sein scheint. Hengst und Stute, Hund und Hündin beispielsweise, bei denen von sekundären Geschlechtscharakteren kaum die Rede sein kann, unterscheiden sich auch in ihren intellektuellen Eigenschaften nicht kraft des Geschlechtes. Daher werden Rennpferde und Jagdhunde ohne Ansehung ihres Geschlechtes verwendet. Bei ihnen ist die Beweglichkeit, Energie, Initiative, die angeblich nur aus der Beschaffenheit der männlichen Keimzelle entspringt, auf beide Geschlechter gleich verteilt. Ja das Beispiel der Bienen beweist, daß sogar eine Umkehrung des Geschlechtscharakters als Regel stattfinden kann. Im Bienenstaate steht das soziale Leben der Geschlechter in einem völligen Gegensatz zu dem sexuellen Charakter, den die Keimzelle ihrem Träger verleihen soll. Durch die Neigung zu einem trägen und eingezogenen Leben unterscheidet sich die männliche Drohne von der tätigen, rührigen, abenteuerlichen Lebensweise der weiblichen Arbeitsbiene.

Die Erklärung dafür könnte allerdings in der Natur der Keimzellen selbst gefunden werden. Nach neueren Untersuchungen über die denselben innewohnende Fähigkeit der Geschlechtsdifferenzierung ist es sehr wahrscheinlich, daß die weibliche Keimzelle ihrer eigenen Beschaffenheit nach männliche Polarisation hat, das heißt, die Erzeugung eines männlichen Organismus entscheidet, die männliche Keimzelle hingegen weibliche Polarisation, das heißt, die Erzeugung eines weiblichen Organismus entscheidet. Die Beobachtung der sehr eigentümlichen Fortpflanzungsverhältnisse bei den Bienen zeigt, daß aus den unbefruchteten Eiern ausschließlich Drohnen, also Männchen, hervorgehen; daß aber die weiblichen Bienen – die durch Ernährungseinflüsse zu Arbeiterinnen oder zu Königinnen entwickelt werden – nur unter Mitwirkung des männlichen Zeugungsstoffes entstehen können. (Siehe Janke, die willkürliche Hervorbringung des Geschlechtes.)

Wenn nun der weibliche Organismus männliche Keime, der männliche Organismus weibliche hervorbringt, warum sollte sich diese Fähigkeit nicht auch in dem Charakter der Psyche ausdrücken, deren Träger er ist? Übrigens hat Lourbet (Das Problem der Geschlechter) darauf hingewiesen, daß man ebensowohl aus den Eigenschaften der männlichen Keimzelle die charakteristischen Merkmale der weiblichen Psyche hätte ableiten können; »denn das Weib ist lebhafter und beweglicher in seiner Sinnesart als der Mann, unbeständig, nervös, und unfähig aller Dinge, die Ausdauer und Beharrlichkeit voraussetzen.« So könnte man auch aus der Tendenz der männlichen Keimzelle zur vollständigen Aufgebung des eigenen Wesens und Verschmelzung mit einem größeren, in sich abgeschlossenen, auf sich beruhenden Organismus, wie das Ovulum, die Neigung zur Hingebung und Selbstaufopferung nachweisen, die man doch als besonderes Kennzeichen der weiblichen Psyche zu betrachten gewohnt ist.

Nein, auch von hier aus läßt sich keine zuverlässige Grundlage für die psychologische Formel der Weiblichkeit gewinnen. Auch hier findet man, wenn man genauer hinsieht, nicht viel mehr als willkürliche Voraussetzungen, in die alles Beliebige hineingedeutet wird – und zwar in erster Linie der Typus, den der Zeichendeuter aus Erfahrung kannte, oder der ihm durch die herrschenden Anschauungen überliefert war.

Während man Männlichkeit und Weiblichkeit in ihrer gegenwärtigen Gestalt aus ursprünglichen und primitiven organischen Bedingungen zu erklären strebt, übersieht man, daß sie in vielen wesentlichen Stücken bloße Kulturprodukte sind, also nichts Feststehendes und Abgeschlossenes, noch auch etwas allgemein Zutreffendes. Bei den meisten wilden Völkern ist das Bild der Arbeitsteilung zwischen Mann und Weib ein durchaus anderes als bei den Kulturvölkern. Fast überall sind die Frauen die ersten Lastträger, die ersten Ackerbauer, die ersten Baumeister, die ersten Töpfer, wie überhaupt die industrielle Seite des primitiven Lebens samt einem großen Teile der dazu gehörigen ersten Erfindungen ein Werk des weiblichen Geschlechtes ist. (Siehe Ellis, Mann und Weib.) Vermutlich würde auch die physiologische Beobachtung dieser primitiven Frauen vielfach zu anderen Ergebnissen führen als diejenige der Kulturfrauen.

Will man sich aber auf die psychosexuellen Erscheinungen innerhalb des europäischen Kulturkreises beschränken, so wird man vor allem eine Tatsache berücksichtigen müssen, deren Bedeutung nach vielen Richtungen sehr hoch anzuschlagen ist – die höhere Stufe der individuellen Differenzierung.

Es ist eine Eigentümlichkeit, die zur Auszeichnung des Menschen gehört, daß die Geschlechtsanpassung bei ihm nicht wie bei den Tieren eine generelle ist, sondern individuell sehr verschieden. Ein Löwe, ein Pferd, ein Hase sind im Grade ihrer Männlichkeit und Weiblichkeit durch ihre Gattung und nicht als Individuen bestimmt. An sich betrachtet ist eine Löwin ein viel männlicheres Tier als etwa ein Rehbock – da man ja, ganz allgemein genommen, aggressive Impulse als Begleiterscheinung der männlichen Differenzierung anspricht –. Aber schon bei den höchststehenden Säugetieren lassen sich die Spuren einer beginnenden individuellen Differenzierung bemerken; und innerhalb der menschlichen Gattung sind es nur die ganz primitiven Völker, bei denen die Geschlechter sich in ziemlich homogene Gruppen scheiden.

Mit steigender Kultur, unter günstigen Lebensbedingungen und in freieren sozialen Zuständen beginnt der Einzelne sich nach Eigenart zu entfalten – vielleicht, weil der Zwang der Sozietät in gesicherten Verhältnissen nachläßt, und der Druck, den sie auf ihre Mitglieder ausübt, nicht mehr eine Notwendigkeit der Selbsterhaltung bedeutet, also nicht mehr als »heilig« betrachtet wird; vielleicht, weil die Anpassung an die Bedingungen der sexuellen Auswahl, die den primitiven Mann zum Raub oder Kauf des Weibes nötigen und das Weib zum willenlosen Gegenstand des Raubes oder Kaufes machen, sich mit den Bedingungen selbst ändert. Der Reichtum und die Entwicklungsfreiheit äußerer Lebensformen geht parallel mit dem Reichtum und der Entwicklung der inneren. Die Natur selbst, nach der evolutionistischen Auffassung ein ewiges Fortschreiten von primitiven und einfachen Formen zu immer komplizierteren und vollendeteren, von der Einheitlichkeit zur Mannigfaltigkeit, äußert sich innerhalb der menschlichen Gattung als ein Fortschreiten vom Typischen zum Individuellen.

Eigenschaften, von denen jede für sich betrachtet sowohl dem einen wie dem anderen Geschlechte angehören kann, machen als Komplex in ihrer besonderen Kombination die Eigenart der Persönlichkeit aus. Die außerordentliche Mannigfaltigkeit dieser Kombinationen allein ist ein Einwand gegen das Bestreben, die Persönlichkeit als eine bloße Spiegelung der Sexualität zu deuten, Mann und Weib nach ihrem geistigen Charakter einfach als Paraphrasen ihres Geschlechtsapparates aufzufassen. Sollte es wirklich möglich sein, die Bewußtseinsleistung eines so komplizierten Organismus, wie des menschlichen, aus so einfachen Ursachen, wie die Beschaffenheit der Keimzellen oder die Vorgänge der Ernährung und des Stoffwechsels zu erklären?

III

Jede Methode kann nur Prozentsätze ermitteln; sie scheidet die Geschlechter in Majoritäten und Minoritäten. Fast ausnahmslos wird dabei alles Gewicht auf den Majoritätscharakter gelegt. Und doch sind die Minoritäten für so viele Wandlungen in der Kulturgesellschaft ausschlaggebend, sind keineswegs nebensächlich oder überflüssig in der natürlichen und sozialen Ordnung!

Aber das mag dahingestellt bleiben. Setzen wir uns erst mit der Tatsache auseinander, daß der psychische Charakter einzelner Individuen – gleichviel, wie selten oder wie häufig diese Individuen sind – nicht mit ihrem sexuellen Typus übereinstimmt.

Lombroso hat zur Erklärung der atypischen Weiblichkeit das Gesetz der gekreuzten Vererbung herangezogen. »Solche Frauen sind vielleicht das Produkt eines eigentümlichen Vererbungsmechanismus; sie scheinen Geschlechtsorgane und sekundäre geschlechtliche Merkmale von der Mutter, das Gehirn vom Vater übernommen zu haben; paradoxe Mischungen dieser Art bedingen ja auch gelegentlich den Typus des weibischen Mannes.« Er ist im übrigen der Ansicht, daß innerhalb des weiblichen Geschlechtes als dem weniger variablen nur das Gebiet der vollkommenen Normalität oder das der äußersten Anomalie vertreten erscheint, und daß die zahlreichen Übergangsformen fehlen, welche diese beiden Pole verbinden. Das ist eine der vielen willkürlichen und unbewiesenen Behauptungen, die den Standpunkt Lombrosos als einen ganz subjektiven kennzeichnen. Die gekreuzte Vererbung, aus der solche »paradoxe Mischungen« hervorgehen, gehört zu den fundamentalen Gesetzen, die nach der Darwinschen Auffassung den Charakter der Arten bestimmen. Man weiß, daß das Gesetz, das die Übertragung der sekundären Geschlechtscharaktere ebenso wie die der Geschlechtsorgane regelt, indem es in gerader Linie vom männlichen Organismus auf dessen männliche Nachkommen und vom weiblichen auf dessen weibliche Nachkommen wirkt, durch das Gesetz der gemischten oder amphigonen Vererbung beschränkt und teilweise aufgehoben wird. »Dieses Gesetz sagt aus, daß ein jedes organische Individuum, welches auf geschlechtlichem Wege erzeugt wird, von beiden Eltern Eigentümlichkeiten annimmt.« (Haeckel, Natürliche Schöpfungsgeschichte.)

Es ist eine bekannte Beobachtung, daß Töchter häufiger dem Vater ähnlich sehen, Söhne häufiger der Mutter. Nach Wahrscheinlichkeitsberechnung dürften Väter eher erwarten, ihre Eigenart in ihren Töchtern wiederzufinden als in ihren Söhnen. Auf diese Tatsache – die eine Bestätigung jener Fähigkeit der Keimzelle zur Hervorbringung des ihr entgegengesetzten Geschlechtes enthält – hat Janke ein Vererbungsschema gegründet, nach welchem auf dem Umweg über die Töchter erst die männlichen Enkel die wahren Erben und Ebenbilder eines Vaters sind, während eine Frau erst wieder in den Töchtern ihrer Söhne auflebt. Der echte Mannesstamm einer Familie würde sich somit nicht in gerader Linie von Vater zu Sohn fortzweigen, wie es gegenwärtig angenommen ist, sondern in gekreuzter Linie von Vater zu Tochter, von Tochter zu Enkel.

Auch Schopenhauer hat aus seiner Welterklärung, wonach der Wille das primäre Prinzip, der Intellekt das sekundäre ist, eine Art gekreuzter Vererbung abgeleitet, da er das männliche Geschlecht als das primäre zum Vererbungsträger des Charakters, das weibliche als das sekundäre zum Vererbungsträger der intellektuellen Begabung macht. In seiner Republik, hebt er hervor, müßten daher zur Erzeugung einer möglichst tüchtigen Nachkommenschaft die charaktervollsten Männer und die intelligentesten Frauen verbunden werden. Nebenbei gesagt, ist diese Schopenhauersche Vererbungstheorie ein Beispiel dafür, wie wenig eine vorgefaßte Meinung durch Ergebnisse der Beobachtung zu erschüttern ist; denn die Fälle, wo Charakter und Intellekt sich durchaus nicht in der angegebenen Weise auf die Kinder vererben, sind so zahlreich und so augenfällig, daß sie auch Schopenhauer nicht hätte übersehen können, wenn er eben nicht – seine Theorie gehabt hätte.

Schon aus der Tatsache der gekreuzten Vererbung erhellt es, daß das einzelne Individuum männliche und weibliche Eigenschaften in sich vereinigt, und daß es selbst auf den niedrigeren Stufen der Entwicklung nicht unbedingt als »homologes Sexualwesen« gelten kann. Man könnte wohl von hier aus die Auffassung begründen, daß jedes Individuum eine Mischung darstellt, da die absolute Männlichkeit und Weiblichkeit in der Realität nirgends vorkommt. Mit der Annahme einer graduellen Geschlechtlichkeit wäre eine Erklärung für die individuellen Abweichungen vom allgemeinen Geschlechtstypus gegeben.

Allein so viel Bestechendes die Theorie der Geschlechtsgrade auch hat, sie bietet doch keinen festen Anhaltspunkt dafür, was denn eigentlich außerhalb der primären Geschlechtssphäre, also im übertragenen Sinne, unter dem Männlichen und Weiblichen verstanden werden soll. Da auf dem physiologischbiologischen Wege kein solcher Anhaltspunkt zu gewinnen ist, muß man sich entweder an Ergebnisse der Durchschnittsmethode halten, die nur Oberflächen-Beobachtungen summiert, oder an das Idealbild – wobei man das begeht, was die Philosophen eine petitio principii nennen. Denn es ist nur eine willkürliche Voraussetzung, alle positiven Eigenschaften männlich und alle negativen weiblich zu nennen, da sie doch erfahrungsgemäß bei beiden Geschlechtern auftreten.

Es war Schopenhauer, der auf die verschiedenen Grade in dem sexuellen Charakter der Einzelnen hingewiesen und diese Gradualität der Geschlechtsdifferenzierung zur Erklärung der Liebesphänomene benutzt hat. Er sagt in seiner Metaphysik der Liebe: »Alle Geschlechtlichkeit ist Einseitigkeit. Diese Einseitigkeit ist in einem Individuo entschiedener ausgesprochen und in höherem Grade vorhanden als im anderen: Daher kann sie in jedem Individuo besser durch eines als das andere ergänzt und neutralisiert werden... Die Physiologen wissen, daß Mannheit und Weiblichkeit unzählige Grade zulassen, durch welche jene bis zum widerlichen Gynander und Hypospadiäus sinkt, diese bis zur anmutigen Androgyne steigt; von beiden Seiten aus kann der vollkommene Hermaphroditismus erreicht werden, auf welchem Individuen stehen, welche, die gerade Mitte zwischen beiden Geschlechtern haltend, keinem beizuzählen, folglich zur Fortpflanzung untauglich sind.«

Schopenhauer begnügte sich, die Geschlechtsgrade als ein physiologisches Phänomen zu beschreiben; er beachtete nicht, daß die physiologische Geschlechtsbeschaffenheit keinen Maßstab für die psychische des Individuums bildet, weil Individuen, die körperlich sehr ausgeprägte Geschlechtstypen darstellen, in ihrer Psyche oft ganz atypisch sind und mit ihrer Physis durchaus nicht übereinstimmen.

Viel tiefer hat Otto Weininger in seinem Buche »Geschlecht und Charakter« das Problem der Geschlechtsgrade zu fassen versucht. Er geht von der Annahme aus, daß jede Zelle des Organismus geschlechtlich charakterisiert ist oder eine bestimmte sexuelle Betonung hat. Allerdings sieht er sich genötigt, zu bekennen: »Worin die Männlichkeit(Maskulität) oder Weiblichkeit (Muliebrität) einer Zelle eigentlich bestehen mag ... darüber ist eine Aussage auf dem Wege der Wahrscheinlichkeit heute noch nicht möglich.« Die originäre geschlechtliche Charakteristik jeder Zelle führt er auf eine Modifikation jenes hypothetischen Idioplasmas zurück, welches jedem Gewebe den spezifischen Artcharakter verleihen soll. Dieses Idioplasma scheidet er in ein »Arrhenoplasma« als Träger des männlichen, und in ein »Thelyplasma« als Träger des weiblichen Prinzips. In jedem realen Individuum sind diese beiden Plasmen immer in größeren oder geringeren Prozentsätzen vereinigt: »ein Individuum A oder ein Individuum B darf man darum nicht mehr schlechthin als ›Mann‹ oder ›Weib‹ bezeichnen, sondern ein jedes ist nach den Bruchteilen zu beschreiben, die es von beiden hat«. Dadurch wird die, für die sexuelle Charakteristik vermeintlich ausschlaggebende Bedeutung der äußeren Geschlechtsteile begrenzt, »nach welchen allein die Geschlechtsbestimmung des Menschen bei der Geburt vollzogen und damit in gewisser Hinsicht über sein Lebensschicksal (wie sich zeigen wird, nicht selten unrichtig) entschieden wird«.

Zur Ergänzung der durch den verschiedenen Gehalt an Arrheno- und Thelyplasma bedingten ursprünglichen Geschlechtscharakteristik nimmt Weininger eine – auch von anderen schon vorausgesetzte – innere Sekretion der Keimdrüsen an, durch welche die Geschlechtlichkeit des Individuums erst vervollständigt wird, so daß die sexuelle Differenzierung auch als chemisches Phänomen zu erklären wäre.

Die Bedeutung der Weiningerschen Hypothese liegt vornehmlich in dem Bemühen, eine biologische Formel für die unendliche Mannigfaltigkeit der individuellen Entwicklung zu schaffen und die Fehlschlüsse, die sich aus der Anwendung genereller Typen ergeben, zu vermeiden. Freilich wird das Männliche und das Weibliche durch die Bezeichnungen Arrheno- und Thelyplasma nicht in seinem Wesen bestimmt; denn da beides bei jedem Geschlechte – nur dem Prozentsatz nach verschieden – auftritt, kann man darin nicht das konstitutive Prinzip der Geschlechtsdifferenzierung erblicken. Weininger nimmt eine hypothetische Scheidung des Protoplasmas vor und hilft sich auf diese Weise ähnlich über das Problem hinweg wie die Physiologen, wenn sie das Phänomen des Bewußtseins erklären, indem sie es gleichfalls schon dem Protoplasma zuschreiben. Damit aber wird in beiden Fällen das Problem nicht gelöst, sondern nur um einen Schritt weiter hinausgeschoben.

Sobald Weininger die biologisch-psychologische Betrachtungsweise aufgibt, die er im ersten Teile seines Werkes verfolgt, und sich der psychologisch-philosophischen bedient, durch die erst eine Nutzanwendung seiner Gradualitätstheorie gegeben werden sollte, sieht er sich genötigt, mit dem generellen Typus zu operieren, da aus seiner Hypothese eben kein Kriterium zu gewinnen war. Ja er annulliert im zweiten Teile die Voraussetzungen des ersten gänzlich, um auf dem Wege der logisch-deduktiven Methode wieder ausnahmslos gültige Kriterien für Mann und Weib einzuführen. Die Anerkennung der Geschlechtsgrade – unter denen im Sinne Weiningers nicht gradweise Annäherungen an den physischen Hermaphroditismus, sondern die Abstufungen der Wesensbeschaffenheit außerhalb der primären Geschlechtssphäre zu verstehen sind – schließt aber ausnahmslos gültige Kriterien aus, weil sie in der Auffassung wurzelt, daß der primäre Geschlechtsunterschied sich nicht auf den Gesamtkomplex von Eigenschaften erstreckt, die eine individualisierte Persönlichkeit in sich vereinigt. Da Weininger überdies bei der Konstruktion seines generellen Typus – den er »platonische Idee« nennt – für die Weiblichkeit den »trivialsten Erfahrungsbestand« benutzt und »das Alltäglichste und Oberflächlichste« zum Anhaltspunkt nimmt, während er als Männlichkeit einfach die höchsten geistigen und sittlichen Phänomene zusammenfaßt und auf diese Weise den

Geschlechtsunterschied als äußersten Wesensgegensatz systemisiert, muß er zu ganz anderen Ergebnissen kommen, als sie aus dem konsequenten Ausbau seiner Gradualitätstheorie zu gewinnen gewesen wären. Geht er doch so weit, zu behaupten, daß »auch der tiefststehende Mann noch unendlich hoch über dem höchststehenden Weibe steht«, weil nur der Mann eine Monade sei, nur er eine Seele habe, das Weib hingegen seelenlos ist, »kein Ich und keine Individualität, keine Persönlichkeit und keine Freiheit, keinen Charakter und keinen Willen hat«. Ja er sagt sogar: »die Frauen« – wohlgemerkt: die Frauen und nicht bloß die schematische Abstraktion das Weib – »haben keine Existenz und keine Essenz, sie sind nicht, sie sind nichts«.

Unter den Voraussetzungen der ursprünglichen biologisch-psychologischen Beobachtung wäre zum mindesten die Frage nicht zu vermeiden gewesen, bei welchem Grade der Männlichkeit die Seele denn anfange, da doch, wenn nur der Mann eine Seele besitzt, das männliche Idioplasma – das Arrhenoplasma – als physisches Korrelat der Seele gelten müßte, das gradweise auch der Konstitution des weiblichen Individuums beigemischt ist. Indem Weininger selbst dem männlichsten Weibe – also dem Weibe mit einem Höchstgehalt an Arrhenoplasma – die Seele abspricht, sie dem weiblichsten Manne aber zuspricht, bindet er die Seele an das primärste Geschlechtsabzeichen und erhebt wider Willen den Phallus zum Träger der Seele. Auf dem Umweg über eine scheinbar sehr fruchtbare biologische Theorie, mit dem Aufwand einer ungeheuren Gedankenarbeit mündet die Weiningersche Gradualitätslehre zuletzt doch wieder in der alten, groben, psychologisch undifferenzierten Anschauung, die Mann und Weib kraft der Bestimmung nach primären Geschlechtsabzeichen in zwei völlig getrennte Gegensätze scheidet.

In dieser prinzipiellen Unzulänglichkeit und Verfehlung des Grundproblems zeigt das Weiningersche Werk, daß die Aufgabe der Geschlechtspsychologie unlösbar bleibt, solange man den Geschlechtsgegensatz als einen wesenhaften, die ganze Konstitution und also auch die psychische Persönlichkeit durchdringenden Unterschied, als eine essentielle Trennung auffaßt.

IV

Welche biologische Notwendigkeit bestünde denn auch für eine essentielle Trennung der Geschlechter? schlechter? Auf der primitivsten Stufe des Lebens sind sie eine Einheit; es gibt an den Protoplasmaklümpchen, welche die erste Manifestation des organischen Lebens darstellen, keinerlei Anzeichen einer elementaren Scheidung, und noch die ersten Formen des animalischen Lebens sind geschlechtlich ungeschieden. Läge der Anstoß zur Scheidung schon im Urstoffe selbst, so könnte es keine ungeschlechtlichen Lebewesen geben.

Erst durch bestimmte Entwicklungsbedingungen, in einer Kette der mannigfaltigsten, schwankendsten Formen, vollzieht sich die Trennung der Geschlechter. Wilhelm Bölsche gibt in seinem »Liebesleben in der Natur« ein anschauliches Bild dieses entwicklungsgeschichtlichen Prozesses, dessen bestimmende Ursachen in der Vererbung zu suchen sind, welche bei der Fortpflanzung die wichtigste Rolle spielt. Soweit die Geschlechtstrennung diesen Interessen der Fortpflanzung zu dienen hat, soweit bestimmt sie die Organisation des Individuums. Aber das Individuum hat – und je höher es steht, desto mehr – ein Eigenleben, das von den Zwecken der Fortpflanzung nicht berührt wird. Die Wissenschaft ist nicht imstande, an der großen Mehrzahl der Organe, die diesem Eigenleben dienen, eine geschlechtliche Differenzierung nachzuweisen. Eine so weitgehende Differenzierung, die den Naturzweck erheblich überschritte, würde der Ökonomie der Natur durchaus widersprechen. Daher können die Unterschiede, die das Geschlecht mit sich bringt, nur relative, keine absoluten sein und in die Konstitution nicht tief genug eingreifen, um die Einheit des Gattungscharakters aufzuheben. Denn wenn es auch primitive Organismen gibt, die sich nach dem Geschlechte so weit voneinander entfernen, daß Männchen und Weibchen wie Angehörige verschiedener Spezies erscheinen, so ist das doch nur eine der zahllosen Möglichkeiten, denen die Geschlechtsdifferenzierung durch die Bedingungen der Anpassung an äußere Verhältnisse begegnete – eine jener Möglichkeiten, die im entgegengesetzten Falle auch die völlige Geschlechtsgleichheit der an der Fortpflanzung beteiligten Individuen, wie beispielsweise bei den Schnecken, bewirken konnte.

Über den Naturzweck der Geschlechtsdifferenzierung und seine biologische Bedeutung sagt Weismann: »Ebenso sekundärer Natur wie die Differenzierung der Zellen zu männlichen und weiblichen Fortpflanzungszellen ist die der Personen zu weiblichen und männlichen; und alle die zahlreichen Unterschiede der Form und Funktion, welche das Geschlecht bei den höheren Tieren charakterisieren ... sind nichts als Anpassungen, um die Vermischung der Vererbungstendenzen zweier Individuen herbeizuführen.«

In jenen Eigentümlichkeiten also, die in unmittelbarem Zusammenhange mit den Aufgaben der Fortpflanzung stehen, werden sich die Individuen nach ihrem Geschlechte am stärksten unterscheiden. Diese Eigentümlichkeiten kann man als teleologische Geschlechtsdifferenzierung bezeichnen. Wenn man die psychische Disposition, wie sie sich bei der menschlichen Gattung als Begleiterscheinung der Sexualität beobachten läßt, daraufhin ansieht, so wäre die teleologische Differenzierung beim Manne in allen Eigenschaften zu suchen, welche die sexuelle Eroberung begünstigen, in dem aggressiven Temperamente, das den Mann zu einem kriegerischen, unternehmenden, gewalttätigen Leben stimmt, und die bei dem Weibe, als einem willensschwachen, duldsam geduldigen, an Impulsen armen Wesen, die Passivität begünstigen, welche zum Empfangen, Tragen und Aufziehen der Nachkommenschaft am tauglichsten macht. Nichts anderes als die teleologische Schwäche des Weibes und die teleologische Stärke des Mannes kann man füglich meinen, wenn man von dem spezifisch Weiblichen und dem spezifisch Männlichen spricht: es ist die Zweckmäßigkeit der psychischen Konstitution für die Leistung des Individuums als Gattungswesen.

Diese lediglich der geschlechtlichen Bestimmung des Individuums dienenden Eigenschaften fallen in das Gebiet der primitiven Geschlechtsnatur. Durch das aber, was man, seit es eine geistig sittliche Entwicklung in der Menschheit gibt, unter der »höheren Natur« des Menschen versteht, oder auch nur durch die individuellen Abweichungen vom teleologischen Geschlechtstypus überschreitet die psychische Konstitution mehr oder weniger dieses Gebiet. Das Verhältnis der individuellen Differenzierung zur generellen und ihre Unabhängigkeit von der primitiven Geschlechtsnatur weist darauf hin, daß keineswegs eine durchgehende Übereinstimmung aller Organe in der Richtung der geschlechtlichen Polarität besteht.

Jeder höhere animalische Organismus ist ein zusammengesetzter und in gewissem Sinne uneinheitlicher Mechanismus. Je höher er auf der Stufenleiter der Entwicklung steht, desto komplizierter wird seine formale und funktionelle Gliederung. Vielleicht liegt in den physiologischen Bedingungen, unter denen seine Entstehung sich vollzieht, eine Erklärung dafür, warum das Geschlecht nicht jenen entscheidenden Einfluß über die Gesamtheit des Organismus hat, der ihm so häufig zugeschrieben wird. Ein Abriß seiner ontogenetischen Geschichte – in ungefähren Zügen – wird das deutlich machen.

Mit dem zunehmenden Wachstum der befruchteten Eizelle bilden sich drei Keimblätter hervor, welche schon in der ersten Anlage eine Entstehung der künftigen Organe aus gesonderten Zellengruppen wahrnehmen lassen. So entstehen aus dem äußeren Keimblatt (Ektoderm) das Zentralnervensystem, Rückenmark und Gehirn, sowie der Hauptsache nach die Nerven, die Sinnesorgane und die Oberhaut mit ihren Drüsen; aus dem inneren Keimblatt (Entoderm) gehen die Hauptorgane der vegetativen Drüsentätigkeit hervor, Lunge, Leber, Pankreas, Nieren usw., soweit es sich um die Zellenmassen handelt, die den speziellen vegetativen Prozessen dienen; das mittlere Keimblatt (Mesoderm) aber liefert vor allem die Bewegungs- Stütz- und Gerüsteinrichtungen, welche die aus den beiden andern Keimblättern entstehenden Organe zu ihrem Ausbau bedürfen, ferner die Organe des Blutkreislaufes und die Bewegungsapparate, Muskeln, Knochen, Knorpeln, Sehnen. Zugleich ist das Mesoderm dasjenige Keimblatt, aus dem die Sexualorgane gebildet werden. (Siehe Ranke, Der Mensch.)

Diese Keimblätter repräsentieren drei verschiedene, relativ seihständige Zellengruppen; und der menschliche Organismus, der aus ihrem Zusammenschluß hervorgeht, bleibt bis zur zehnten Woche seiner embryonalen Existenz ein hermaphroditisches Wesen, das sich erst geschlechtlich differenziert, das heißt, zu einem fortpflanzungsfähigen auswächst, nachdem die wichtigsten Organe für sein eigenes persönliches Leben schon geformt sind. Daß das bedeutendste darunter, das Gehirn mit dem Rückenmarkstrang, jene eigentümliche Autonomie besitzt, vermöge welcher das ganze Zentralnervensystem »ein bis zu einem gewissen Grade für sich bestehender, abgesonderter Organismus in unserem Organismus« genannt werden kann (Ranke), ist vielleicht dem Umstände zuzuschreiben, daß es aus einem anderen Keimblatt als die Generationsorgane hervorgeht und seine erste Ausbildung zu einer Zeit erhält, als diese überhaupt noch nicht bestehen.

Über die Ursachen, welche das Geschlecht des Embryo bestimmen, herrscht trotz zahlreicher Hypothesen – zu Anfang des vorigen Jahrhunderts zählte man ihrer gegen dreihundert, und die moderne Wissenschaft hat sie noch beträchtlich vermehrt! – völlige Ungewißheit; der Annahme, daß das Geschlecht schon bei der Zeugung bestimmt wird, steht die Annahme gegenüber, daß es sich erst, und hauptsächlich durch Ernährungseinflüsse, im Laufe der embryonalen Entwicklung entscheidet. Da beide Annahmen von ihren Vertretern durch Erfahrungen und Beobachtungen beglaubigt werden, ohne doch irgend eine Zuverlässigkeit in der willkürlichen Beeinflussung der Geschlechtsbestimmung zu bieten, so ist es nicht ganz auszuschließen, daß jeweils der eine oder der andere Fall eintritt – daß entweder eine der beiden Keimzellen selbst durch die ihr innewohnende Tendenz das Geschlecht bestimmt, oder daß sich beide bei ihrer Verschmelzung vollkommen neutralisieren, in welchem Fall das Geschlecht entweder unentschieden bleibt, wie bei den hermaphroditischen Individuen, oder durch anderweitige Einflüsse, denen der neue Organismus bei seiner Entwicklung begegnet, im nachhinein entschieden wird. Namentlich im letzteren Falle werden die Organe, die aus den Zellengruppen des Ekto- und Entoderm hervorgehen, ihre Unabhängigkeit von der erst später eintretenden Geschlechtsdifferenzierung behaupten.

Man hat lange im Gehirn den bestimmenden Faktor für die geistigen Geschlechtsunterschiede gesucht und die Merkmale dafür in verschiedenen Anzeichen zu finden geglaubt. Aber heute kann kein Zweifel mehr darüber bestehen, daß die menschlichen Gehirne bloß individuelle und keine geschlechtlichen Unterschiede aufweisen. Nach allen vergeblichen Versuchen, aus dem Gewicht oder der Konfiguration des Gehirnes das Geschlecht zu erkennen, hat die moderne Anatomie darauf verzichtet, von hier aus Belege zu dem Problem der Geschlechtspsychologie beizusteuern.

Nur der Sprachgebrauch, der nach Durchschnittswerten und Oberflächen-Generalisationen gebildet ist, kann dazu verleiten, etwa bei einer Frau, deren Intelligenz die gewöhnliche überragt, von einem »männlichen Gehirn« zu sprechen. Physiologisch ist dieser Ausdruck so nichtssagend, wie jene bekannte Formel, die Ulrichs zur Erklärung für das Phänomen der konträren Sexualempfindung geprägt hat: Anima muliebris in corpore virili inclusa – im Grunde nur eine Umschreibung der Tatsache, daß eben mit einem äußerlich völlig männlichen Organismus die sexuellen Empfindungen des weiblichen Geschlechtes verbunden sein können. Diese merkwürdige Abnormität, die in ihren Ursachen unaufgeklärt ist, beweist aber, daß nicht allein das Gehirn in seinem Gesamtkomplex, sondern sogar das zerebrale Zentrum, das den Geschlechtstrieb als Bewußtseinsleistung hervorbringt, in seiner Entwicklung von den Geschlechtsdrüsen unabhängig ist. Krafft-Ebing, der sich im übrigen in Dingen der Geschlechtspsychologie gänzlich auf den konventionellen Standpunkt stellt, sagt mit Hinblick darauf: »Eine interessante ... Frage geht dahin, ob die peripheren Einflüsse der Keimdrüsen oder zentrale, zerebrale Bedingungen für die psychosexuale Entwicklung entscheidend sind«, und hebt hervor, daß die lokalen Vorgänge in den Geschlechtsorganen »nur mitwirkende, nicht die ausschließlichen Faktoren in dem Werdeprozeß einer psychosexualen Persönlichkeit sind«. Zum Beweise dafür kann auch dienen, daß die Kastration beim Menschen keineswegs immer jene durchgreifende Wandlung des Geschlechtscharakters bewirkt, die man gewöhnlich vorauszusetzen pflegt. (Siehe Möbius, Die Kastration.)

Wenn die Entstehung des Gehirnes aus einem besonderen Keimblatt für die individuelle Differenzierung nicht ohne Bedeutung ist, so erscheint die Rolle, die das Mesoderm als das an der Ausbildung des Geschlechtes unmittelbar beteiligte Keimblatt in dem Bildungsprozeß des Organismus spielt, für die sexuelle Typisierung des Individuums ausschlaggebend. Denn indem es jenen Organen, deren funktionellen Teil die beiden anderen Keimblätter besorgen, Form, Halt, Bewegung und den Zusammenhang mit dem übrigen Körper liefert, wird es zum »Hauptmotor bei der Ausbildung der Gesamtkörperform«. Aus diesem Verhältnis des germinativen Blattes zu den Organen, deren Form es beeinflußt, ohne an ihrem spezifischen Charakter Anteil zu haben, erklärt sich die Verschiedenheit in der körperlichen Erscheinung der Geschlechter; das wesentliche des allgemeinen Geschlechtsunterschiedes, der ja nicht ein essentieller, sondern nur ein sekundärer ist, drückt sich darin am bezeichnendsten aus.

Nach dieser physischen Analogie läßt sich vielleicht am ehesten ein Anhaltspunkt für das gewinnen, was man als Männlichkeit und Weiblichkeit im übertragenen Sinn ansprechen kann, ohne daß man durch ungerechtfertigte Durchschnittsbestimmungen die Tatsachen der individuellen Differenzierung zu vergewaltigen brauchte. So wie die körperliche Erscheinung der beiden Geschlechter, von denen doch jedes die gemeinsamen Merkmale der Gattung trägt, eine formal verschiedene ist, so besteht auch der psychische Geschlechtsunterschied, auf seine ausgedehnteste Gültigkeit hin geprüft, in einer formalen Qualität.

V

Wir haben gesehen, daß es nicht möglich ist, in der geschlechtlichen Differenzierung ein Naturprinzip nachzuweisen, welches mit Notwendigkeit eine bestimmt umschriebene Wesensbeschaffenheit bedingt, daß die physiologischen und biologischen Methoden allenfalls zur Gruppierung der Individuen nach Majoritäten und Minoritäten führen, aber daß auch sie nicht imstande sind, einen einwandfreien Typus aufzustellen. Und wir haben im Sinne einer unbeschränkten Freiheit der Individualität die Momente verfolgt, die den Schluß gestatten, daß die geschlechtliche Differenzierung keine Schranke für die individuelle bildet.

Damit soll durchaus nicht gesagt sein, daß die Geschlechter nicht in vielen, vielleicht in den meisten Fällen durch seelische und intellektuelle Eigentümlichkeiten gekennzeichnet wären. Nur, daß diese psychischen Geschlechtscharaktere nicht notwendig mit dem Geschlecht verbunden sind, nur, daß sie bei einer gewissen Anzahl von Individuen, und oft gerade bei sehr vorzüglichen, sehr hochstehenden Repräsentanten ihres Geschlechtes, fehlen oder selbst in ihr Gegenteil umgewandelt erscheinen. Das bedeutet nichts anderes als: Die geschlechtliche Differenzierung erstreckt sich bei der Mehrzahl der Individuen auf ein größeres Gebiet der Psyche. Je primitiver ein Individuum ist, desto mehr werden die teleologischen Eigenschaften des Geschlechtes in seiner seelischen Ökonomie überwiegen, weil die Fortpflanzung im primitiven Leben einen größeren Raum einnimmt. Auf den höheren Stufen der individuellen Differenzierung und in demselben Maße, als das Eigenleben an Gehalt zunimmt, tritt die Herrschaft der Geschlechtsteleologie zurück, da sie als ein Anpassungsphänomen mit den geänderten Lebensbedingungen selbst sich ändert. Freilich gibt es auch geistig sehr hochstehende Individuen, bei denen die engere Geschlechtssphäre undifferenziert geblieben ist.

Daß in der sozialen Bewertung der Geschlechter die sogenannten Geschlechtstugenden den ersten Platz einnehmen, darf nicht dazu verführen, sie als so allgemein verbreitet und als so wertvoll anzuschlagen, wie jene wollen, die in dem atypischen Individuum schon eine »enorme Anomalie« erblicken. Den Hintergründen dieser sozialen Bewertung nachzugehen, ist eine Sache für sich; daß sie so häufig ohne weitere Kritik zur Basis dessen gemacht wird, was als das »Normale« in Dingen der Geschlechtspsychologie anzusprechen ist, zeigt nur, daß auch das wissenschaftliche Denken nicht immer vor philiströser Beschränktheit schützt.

Die Beschaffenheit der Individualität muß in jedem einzelnen Falle von dem konventionellen Bilde getrennt werden, das für die gangbare Menschenkenntnis den Geschlechtstypus repräsentiert. Selbst in der Erotik, wo die allgemeinen Bestimmungen der Aktivität und Passivität als die charakterisierenden für Mann und Weib die meiste Berechtigung zu haben scheinen, wird eine sorgfältigere Analyse die individuellen Unterschiede eben so groß finden als auf den übrigen psychischen Gebieten. Wer sich nicht durch die formalen Eigentümlichkeiten im Auftreten der Geschlechter täuschen läßt, weiß, was es mit der Annahme auf sich hat, daß der Mann immer der werbende Teil ist; und man braucht nicht lange zu beobachten, um zu bemerken, wie wenig Anziehung in Wahrheit die völlig passive Weiblichkeit ausübt.

Was man gewöhnlich in den normativen Begriff der Weiblichkeit zusammenfaßt, die teleologische Geschlechtsnatur, kann unter dem Gesichtspunkte einer höheren Lebensauffassung keine Direktive für die Individualität abgeben. Der Wert dieses normativen Begriffes, in seinem Verhältnis zum Einzelnen betrachtet, liegt nicht in seinem inhaltlichen Teile; nicht als Bestimmung und Ergänzung innerlicher Zustände, nicht als sittlicher Gradmesser, wie es ein sehr verbreiteter und doch sehr gröblicher Irrtum will, bildet er ein schätzenswertes Produkt der Kulturarbeit. Als formgebendes Prinzip hingegen gefaßt, erhält die Geschlechtlichkeit, wenn schon nicht eine ausnahmslose, so doch eine möglichst ausgedehnte Geltung, ohne in Widerspruch mit der Forderung der individuellen Freiheit zu geraten, die keine Beschränkung nach Durchschnittsbestimmungen verträgt.

Suchen wir uns darüber Rechenschaft zu geben, was wir zuletzt, nachdem wir die Einflüsse der Lebensweise und der Beschäftigung, der Sitte und des Herkommens von der Persönlichkeit abgestreift und unser Urteil von konventionellen Voreingenommenheiten, und insbesondere von unserer subjektiven Geschmacksrichtung losgelöst haben, immer noch als weiblich oder unweiblich, als männlich oder unmännlich betrachten können, so werden wir auf dem Grunde unseres Bewußtseins eine begrifflich schwer zu umschreibende Empfindung finden. Auf konkrete Beispiele gelenkt, zeigt sie aber ziemlich deutlich, daß sie nicht gegen bestimmte Eigenschaften gerichtet ist. Wir halten die großen, heroischen Frauen der Geschichte, deren Handlungen alle Tatkraft, alle Entschlossenheit und Tapferkeit einer ausgezeichnet männlichen Gemütsart beweisen, eine Porcia, eine Arria, eine Charlotte Corday, nicht für unweibliche Erscheinungen, ebensowenig die liebevolle Hingebung, Milde und Aufopferungsfähigkeit, durch die viele Heilige der christlichen Legende eine ausgezeichnet weibliche Gemütsart beweisen, für »unmännlich« – woraus allein schon hervorgeht, daß auf sehr hohe Stufen der persönlichen Vollkommenheit die gewöhnlichen psychosexuellen Kategorien gar nicht mehr anwendbar sind. Diese Unterscheidungen bewegen sich mehr in den Niederungen des gewöhnlichen Lebens und an den Außenseiten der Persönlichkeit. Zum mindesten treffen sie eine ganze Reihe von Eigenschaften nicht, die eine Auszeichnung der Persönlichkeit jenseits des Geschlechtes bedeuten, wie beispielsweise Seelenstärke, sittliche Besonnenheit, Willenskraft, Standhaftigkeit, Mut, Zuverlässigkeit u. v. a. m. Und in dem sittlichen Ideal, welches durch das Christentum der Welt gegeben würde, waren auch Keuschheit, Demut, Friedfertigkeit, ja selbst das Unterordnungsbedürfnis unter die Leitung eines höheren Willens, als Vorzüge ohne Ansehung des Geschlechtes hingestellt.

Daß eine weibliche Persönlichkeit anders auf uns wirkt als eine männliche, liegt nicht so sehr in dem, was sie ist, sondern wie sie ist, in einer Art und Weise des Seins. Daher kommt es, daß eine Frau in ihrem Auftreten den Eindruck der vollendetsten Weiblichkeit erwecken kann, wenn sie auch in ihren Eigenschaften völlig von dem Durchschnittstypus ihres Geschlechtes abweicht. Aber unter allen Umständen widerwärtig wirkt eine Frau mit dem Betragen der gewöhnlichen Männlichkeit, oder ein Mann mit weibischen Gewohnheiten und Allüren. In diesem Sinne ist auch das Goethesche Wort gemeint: »Man soll nicht zu sehr aus dem Kostüme der Welt und Zeit, worin man lebt, schreiten, und ein Weib soll ihre Weiblichkeit nicht ausziehen wollen«. Hier wird von der Weiblichkeit wie von einem Gewand der Seele gesprochen; und als ein Kulturprodukt, das über alle individuellen Unterschiede hinaus normativen Wert behalten soll, ist sie nichts anderes als ein ästhetisches Prinzip. Wenn sie sich dadurch auch nur auf Schein und Oberfläche erstreckt, so kommt ihr hier doch keine geringere Bedeutung zu, als diesem Prinzip überall sonst.

Einen sehr bezeichnenden Beleg dafür, wie sehr das Formale bestimmend für die Vorstellungen über die Weiblichkeit ist, kann man aus den Rassenunterschieden holen. Bei den romanischen Frauen beispielsweise erscheint das spezifisch Weibliche viel ausgeprägter als bei den nordischen. Das geht so weit, daß den Frauen gewisser nördlicher Distrikte Deutschlands, wo ein magerer, sehniger, grobknochiger Menschenschlag von ernstem und ungeschmeidigem Wesen zu Hause ist, oft genug von Franzosen und selbst von Süddeutschen vorgeworfen wird, sie seien »gar keine Frauen« – obwohl sie auf die Männer ihres eigenen Stammes als vollwertige Repräsentantinnen der Weiblichkeit wirken. In der Tat ist der Abstand zwischen einer Pariserin und einer norddeutschen Kleinstädterin vielleicht größer als zwischen dieser und Männern mit kleinem, zierlichen Körperbau und weichem, heiteren, liebenswürdigen Wesen, wie sie zum Beispiel im österreichischen Militär nicht selten zu finden sind.

Was den Kulturmenschen vom barbarischen Menschen unterscheidet, ist nicht in letzter Linie seine Form; es hieße eines der wertvollsten Kulturgüter verkennen, wenn man die Lebensform, die durch die Tradition erhalten und fortgepflanzt wird, als etwas Nebensächliches behandelte. Gerade die Kulturfrauen, in deren Leben das ästhetische Prinzip einen so hohen Rang einnimmt und die ihm so wesentliche Vorzüge verdanken, haben alle Ursache, die formale Weiblichkeit als Normativ zu schätzen. Von den ethischen Normativen der Weiblichkeit, durch welche der Individualität kraft der primitiven Geschlechtsteleologie Grenzen gesteckt werden, sich zu emanzipieren, ist ein Recht – ihre formale Qualität zu bewahren, eine Kulturaufgabe der freien Persönlichkeit.

Schon allein die Widersprüche, die das Gebiet der Geschlechtspsychologie zu einem Labyrinth unlösbarer Meinungsverschiedenheiten machen, bezeugen, daß Männlichkeit und Weiblichkeit, als eine Art und Weise des Seins, mit den verschiedensten Eigenschaften vereinbar sind. Die Vorstellungen, die sich jedes Individuum von der Beschaffenheit des anderen Geschlechtes macht, haben wohl nicht eine bloße Form, sondern unzweifelhaft das Wesen bestimmter Eigenschaften zum Inhalt. Aber das bildet keinen Einwand. Denn diese Vorstellungen sind rein subjektiver Natur; sie entspringen zum größten Teile aus der persönlichen Eigenart, die in dem Wesen des anderen Geschlechtes das Andersgeartete und Ergänzende, das Komplementäre fordert und intuitiv voraussetzt. Als objektiver Maßstab für die psychischen Geschlechtseigentümlichkeiten können sie nicht dienen, weil sie so verschieden und gegensätzlich sind, wie es eben in der Natur alles Individuellen liegt.

Diese Auffassung der Weiblichkeit nicht als einer Wesensart, sondern als einer Wesensform wird daher auch nur jene Gruppe von Menschen befriedigen, die von vornherein, d. h. vermöge ihrer individuellen Beschaffenheit, den geistigen Geschlechtsunterschied als etwas Unwesentliches betrachten; sie wird aber jenen nicht genügen, die durch ihre Beschaffenheit – deutlicher gesagt, durch ihren erotischen Geschmack – dazu gezwungen sind, in den Individuen des anderen Geschlechtes ein toto genere verschiedenes Wesen zu suchen.

Zum Schlusse aber, nachdem wir der Freiheit der Individualität eine unbegrenzte Perspektive eröffnet und dem Begriff der Weiblichkeit dennoch eine normative Geltung gesichert haben, hindert uns nichts, nochmals ausdrücklich einzuräumen, daß die Mehrzahl der Frauen weder in den Eigenschaften des Charakters, noch in denen des Intellekts dem Manne gleich ist. Ja, diese Tatsache ist nicht zu leugnen; und sie wiegt schwer, sehr schwer für das Leben auch derjenigen Frauen, die nicht zur Mehrzahl gehören.

Mutterschaft und Kultur

Es wird immer ein grober Mißbrauch sein, dem einzelnen Individuum gegenüber die Durchschnittsmethode anzuwenden, um seiner Entwicklung Richtungslinien vorzuzeichnen, oder a priori die Grenzen seines Wesens zu bestimmen. Sobald man aber einräumt, daß der Mehrzahlstypus des weiblichen Geschlechtes sich wesentlich von dem des männlichen unterscheidet, muß man sich zunächst auch mit den Konsequenzen dieser Erscheinung auseinandersetzen. Dabei lassen sich Generalisationen nach dem Durchschnittlichen nicht vermeiden; doch sei vorausgeschickt, daß jede Generalisation mit Vorbehalt zu nehmen ist, weil ihr Geltungsgebiet sich nur in die Breite und nicht in die Tiefe erstreckt. Je genereller die Fassung einer Behauptung ist, desto genereller muß auch ihre Anwendung sein. Beispielsweise: man kann wohl sagen, das Weib ist der kindergebärende Teil der Menschheit; aber schon wenn man formuliert: der Beruf des Weibes ist, Mutter zu werden, überschreitet man die Grenze, die der Generalisation gesetzt ist, indem man einen Begriff einführt, den Beruf, von dem sich individualistische Bestandteile nicht trennen lassen.

Mit diesem Vorbehalt also räumen wir ein, daß der weibliche Mehrzahlstypus an Intellekt wie an Willenskraft dem männlichen nicht gleich ist.

Über die Ursachen dieser Erscheinung weichen die Meinungen erheblich voneinander ab. Während die einen das Milieu, die Erziehung, alle Einflüsse einer Jahrtausende langen Unterdrückung zur Erklärung heranziehen, suchen sie die andern in der ursprünglichen Anlage und Bestimmung des Weibes, in seiner Gebundenheit durch die Mutterschaft. Die Gebundenheit des Weibes ist eine naturgewollte, so argumentieren diese, weil die Natur dem Weibe in der Mutterschaft eine schwere und verantwortungsvolle Bürde zugeteilt hat; jene aber machen nicht die Natur, sondern den Mann dafür verantwortlich, daß diese Bürde ein Hemmschuh in der geistigen Entwicklung des weiblichen Geschlechtes geworden ist. Denn der Einfluß des Milieus und der Erziehung, der ganze Begriff der »Unterdrückung« bezeichne nur eine sekundäre Erscheinung, deren eigentliche Ursache in der sexuellen Eigenart des Mannes zu suchen ist, in seinem Bedürfnis nach Herrschaft über das Weib.

Man braucht sich weder für den einen oder den andern Standpunkt zu entscheiden – obwohl sie gegnerische und als jene der Feministen und Antifeministen bekannt sind –; denn unverkennbar haben beide Ursachen dazu beigetragen, den Mehrzahlstypus des weiblichen Geschlechtes zu bestimmen.

Wer gerecht über das Weib und seine Stellung im geistigen Leben der Kulturmenschheit urteilen will, darf die Bestimmung zur Mutterschaft bei der Bewertung weiblicher Leistungen nicht unberücksichtigt lassen. Von »Gleichheit« der Geschlechter im allgemeinen kann nur die Rede sein, sofern es sich um das Recht der Selbstbestimmung nach Individualität handelt; und der absolute Maßstab ist nur anzuwenden, wenn etwa zwischen Bewerbern verschiedenen Geschlechtes in einer Sache entschieden werden soll. Daß aber die gleiche Leistung einer Frau subjektiv viel höher einzuschätzen ist, weil sie viel größere Hindernisse von innen und von außen zu überwinden hat, kann nur der Parteigeist, der für oder wider verblendet ist, verkennen. Und vollends die weibliche Intellektualität historisch an der männlichen zu messen, den Mann einfach als Vergleichstypus für sie zu benützen, das ist eine der größten Ungerechtigkeiten, die eine vermeintlich objektive Wertmessung sich zuschulden kommen lassen kann.

Schon in der Art der Geschlechtsbeziehungen selbst, welche die Vorbedingung der Mutterschaft sind, liegt für das Weib etwas Bindendes, eine Disposition zu Unfreiheit und Unterordnung. Die Natur hat reichlich dafür gesorgt, daß das Individuum sich nicht seinen Pflichten gegen die Gattung entziehen kann. Diese Pflichten sind beim Manne durch einen aggressiven Trieb gesichert; beim Weibe, wo der Geschlechtstrieb keine aggressive Tendenz hat, überdies durch eine eigentümliche Willensschwäche und Suggestibilität, die es dem Einfluß des männlichen Willens unterwirft. Die Suggestibilität ist ein wesentlicher Faktor bei der sexuellen Eroberung, dessen sich die Natur bedient, um das Weib leichter in die Gewalt des Mannes zu geben, als es bei der gleichen Willensstärke auf beiden Seiten möglich wäre. Denn – immer im allgemeinen und von Mehrzahlserscheinungen gesprochen – der Mann gerät durch die Stärke seines Triebes nicht in die Gewalt des Weibes, sondern er bemächtigt sich des Weibes; ja seine psychische Disposition ist selbst der vorübergehenden Abhängigkeit, in die er durch die sexuelle Gemeinschaft notwendigerweise versetzt wird, so feindlich, daß sie ihm nur durch Eigentums- und Herrschaftsvorstellungen erträglich wird, während dieselbe Gemeinschaft bei dem Weibe von Ergebenheits- und Abhängigkeitsgefühlen begleitet ist.

Man würde nicht im Interesse des weiblichen Geschlechtes handeln, wenn man, von einer in einzelnen Fällen verwirklichten und als Entwicklungsmöglichkeit gewiß nicht selten vorhandenen Ebenbürtigkeit und Gleichheit der intellektuellen Begabung ausgehend, diese Umstände übersehen wollte. Denn wie dem Manne die teleologische Stärke, die ihm als Geschlechtswesen verliehen ist, auch als Kulturwesen zum Vorteil gereicht, so wird dem weiblichen Geschlecht seine teleologische Schwäche in dem Grade verhängnisvoll, als sich das menschliche Leben von seiner ursprünglichen und primitiven Verfassung entfernt.

Allerdings gehen auch sehr hohe Phänomene des menschlichen Seelenlebens aus den teleologischen Geschlechtseigenschaften hervor. Die mütterlichen Instinkte des weiblichen und die kriegerischen des männlichen Geschlechtes sind der Nährboden, auf dem unter Umständen die bewunderungswürdigste Erhebung des Individuums gedeiht – nur sind sie an sich nicht der Gradmesser für den Wert, nicht die Grenze für die Entfaltung des Individuums.

Die teleologische Auslegung der psychischen Geschlechtsdifferenzierung bietet allein die Möglichkeit, für das spezifisch Weibliche und namentlich für seine Beschränkung im Vergleiche zum spezifisch Männlichen einen objektiven und gerechten Maßstab zu gewinnen. Denn das Weib ist als Individuum durch seine Gattungspflichten schlecht weggekommen. Gerade für das Weib ist daher die zunehmende Differenzierung durch Übertreibung der teleologischen Eigenschaften durchaus kein wünschenswertes Ziel.

Zwar könnte es scheinen, als ob die homologe Entwicklung der Persönlichkeit nach den Tendenzen der primitiven Geschlechtsnatur einen Vorteil bedeuten müßte, da ja das Individuum, das für seinen natürlichen Beruf am zweckmäßigsten organisiert ist, auch das tauglichste sein wird. Aber so einfach läßt sich das Problem nicht entscheiden. Mit ebensoviel Geist als Scharfsinn hat Charlotte Perkins in ihrem Buche »Women and Economics« dargelegt, daß durch das Zusammenwirken erotischer und ökonomischer Momente im Laufe der Kulturentwicklung die teleologische Geschlechtsdifferenzierung übermäßig gesteigert wurde, daß die Menschheit im Vergleich zur Tierheit »oversexed«, übergeschlechtlich ist, das heißt, daß die den Gattungsaufgaben dienenden Eigenschaften sich über ihr natürliches Geltungsgebiet hinaus ausgedehnt haben. Wie sehr aber diese Übertreibung eine psychische Beschränkung des Weibes im Vergleich zum Manne bedeutet, läßt sich an dem nächstliegenden Beispiel zeigen, an dem Verhältnis der Geschlechter zur Nachkommenschaft. Hier wird die teleologische Geschlechtsdifferenzierung des Weibes mit allen Suggestivmitteln, religiösen wie sozialen und familialen, bestärkt; die Mütterlichkeit nimmt unter den sozial approbierten Eigenschaften der spezifischen Weiblichkeit den ersten Rang ein, und die bloße Abschwächung der ihr zugrunde liegenden Instinkte gilt als Entartungssymptom, während die Väterlichkeit in der männlichen Psyche weder durch die Erziehung noch durch die allgemeinen Anschauungen irgend eine Förderung erfährt, und die gänzliche Abwesenheit der ihr dienenden Instinkte das Individuum in keiner Weise herabsetzt. Sie gehört eben beim Manne nicht in das Gebiet der primitiven Geschlechtsnatur; sie steht zu den teleologischen Instinkten der Männlichkeit in einem gewissen Gegensatz, weil sie den Mann dem Weibe gleichmacht, indem sie ihn bindet. Denn es gibt nichts – außer der engeren physischen Verbindung, welche das Kind in der ersten Periode seines Daseins mit der Mutter verknüpft – wodurch sich ihrem Gefühlswert nach die Väterlichkeit von der Mütterlichkeit unterschiede. Väterlichkeit ist gar nichts anderes als die männliche Form der Mütterlichkeit.

Aber gerade weil sie ein Hinausschreiten des Mannes über die Grenze seiner teleologischen Natur ist, hat sie in der Geschichte der Menschheit eine ungeheure Bedeutung. War es nicht die Vaterschaft, die der ganzen Epoche der Zivilisation ihren Stempel aufgedrückt hat? War es nicht die Vaterschaft, durch die das weibliche Geschlecht um seine soziale Freiheit, der Mann hingegen zur Herrschaft über Leib und Seele des Weibes gekommen ist? Charlotte Perkins stellt es geradezu als Bedingung für die Entwicklung der Menschheit aus primitiven Zuständen zu höheren Entwicklungsstufen dar, »daß die freie Betätigung der mütterlichen Kräfte bei der Frau eingeschränkt und dafür ähnliche Kräfte im Mann geweckt und ausgebildet wurden«.

Doch nicht allein aus der Übertreibung des spezifischen Geschlechtscharakters – aus diesem selbst erwachsen unter den Bedingungen des Kulturlebens für das weibliche Geschlecht schwere Folgen. Unter diesen Bedingungen bringt schon die ehrenvolle und hochgeschätzte Seite der spezifisch weiblichen Natur erhebliche Nachteile mit sich; betrachtet man ihre andere Seite, so enthüllen sich die schlimmsten Übelstände. Denn die gleichen teleologischen Eigenschaften, die in der einen Richtung das Weib für die Aufgaben der Fortpflanzung geeignet machen: die Willensschwäche, die sich äußeren Einflüssen widerstandslos unterwirft, die intellektuelle Inferiorität, die über die Beschäftigung mit dem sinnlich Unmittelbaren nicht hinausreicht, das Überwiegen des vegetativen Lebens in der geistig-körperlichen Konstitution – kurz alles, was man unter den Begriff der weiblichen Passivität subsumiert – sie sind es auch, die nach einer anderen Richtung das Weib jenem Zustand anheimgeben, in dem es lediglich Geschlechtswerkzeug bleibt, um als solches den niedrigsten männlichen Instinkten zu dienen. Mit anderen Worten: die Lichtseiten der teleologischen Geschlechtsnatur disponieren das Weib zur Mutterschaft, die Schattenseiten derselben Natur – zur Prostitution.

Der Instinkt der ausschließlichen Hingebung an einen Einzigen, der so oft den »Grundinstinkten« der Weiblichkeit beigezählt wird, ist erst ein Kulturprodukt, das Werk einer höheren Differenzierung des Weibes, und gehört nicht in das Gebiet seiner primitiven Geschlechtsnatur. Denn die Ausschließlichkeit der Hingebung setzt unter Umständen eine Kraft des sittlichen Willens, eine persönliche Macht über die Verführung äußerer und innerer Zustände voraus, die das weibliche Individuum weit über die Passivität und Schwäche seines teleologischen Grundwesens erhebt. Ohne den Besitz von Eigenschaften, die positiver, also »männlicher« sind, als es sich mit den lediglich aus der psychosexuellen Disposition der primitiven Weiblichkeit entspringenden verträgt, ist geschlechtliche Integrität als freie sittliche Leistung nicht denkbar.

Daß in der abendländischen Kulturgesellschaft die Eignung der primitiven Weiblichkeit zur Promiscuität des geschlechtlichen Verkehres als diffamierend gilt und die tiefste Deklassierung des Individuums zur Folge hat, zeigt nur, daß das Weib als bloßes Naturwesen unter den sittlichen Voraussetzungen dieser Gesellschaft – gleichviel, in welchem Maße Heuchelei und Verlogenheit dabei mitwirken – nicht mehr mit Ehren bestehen kann. Unter den Voraussetzungen des primitiven Lebens erfährt diese Seite der Weiblichkeit eine andere Beurteilung; und es ist ja bekannt, daß viele außereuropäische Völker, darunter selbst solche, die wie die Japaner auf einer hohen Stufe der Kultur stehen, sich in dieser Hinsicht wesentlich von den europäischen unterscheiden. Aber auch in den vorchristlichen Zeiten der europäischen Kulturvölker finden sich Sitten, wie jene der gastfreundlichen Prostitution, die auf eine von dem modernen sittlichen Empfinden stark abweichende Auffassung hinweisen. Der verborgene Zusammenhang, der in der Natur des Weibes zwischen seiner am höchsten bewerteten Eigenschaft – der Eignung zur Mutterschaft – und seiner entehrendsten besteht, hat also nur für die abendländische Auffassung der Weiblichkeit etwas Monströses; er zeigt sich deutlicher, wo die Empfindungen ursprünglicher geblieben sind, und tritt unverhüllt auf jener Stufe der Gesittung hervor, wo die Mutterschaft von der Promiscuität des geschlechtlichen Verkehres noch ungetrennt ist, und die primitive Weiblichkeit in Gestalt des Matriarchates die Herrschaft führt.

Die zunehmende Kultur aber scheidet die Tendenzen der primitiven Weiblichkeit in immer schärfere Gegensätze, ohne doch die Wirkungen aufzuheben, welche durch die teleologische Beschaffenheit der weiblichen Natur unter ungünstigen Verhältnissen herbeigeführt werden. Wenn nicht der Schutz äußerer Umstände es verhütet, müssen unter den ökonomischen Bedingungen der modernen Gesellschaftsordnung jene weiblichen Individuen, welche die teleologische Schwäche ihres Geschlechtes noch im atavistischen Grad an sich haben, einer Lebensform verfallen, wo sie der gesetzlosen Willkür der männlichen Sexualität preisgegeben sind. Gesetzt auch, die Primitivität des Empfindens, die das ungeschützte Individuum zur Prostitution führt, wäre als ein Degenerations-Symptom aufzufassen, wie Lombroso will – sie bildet auf jeden Fall eine furchtbare Bedrohung für jenen Teil des weiblichen Geschlechtes, bei welchem sich zur inneren Schwäche der Wesenheit die ökonomische Schwäche der äußeren Lebenslage gesellt.

In der sozialen Erscheinung der Prostitution tritt die teleologische Ungebundenheit der Männlichkeit in ihrem Verhältnis zur teleologischen Schwäche der Weiblichkeit mit der ganzen grausamen Unerbittlichkeit hervor, die in der elementaren Natur als ein Kampf des Stärkeren gegen den Schwächeren wütet; und die herrschende Moral, die den Mann freigibt, um alle Schuld dem Weibe aufzubürden, enthüllt sich an dieser Erscheinung als eine bloße Sanktion dieses Kampfes. Als Naturwesen ist allerdings der Mann für die Beschaffenheit seiner Geschlechtsnatur, in der das Unwiderstehliche und Unhemmbare des Triebes eine teleologische Vorkehrung darstellt, nicht verantwortlich zu machen – wohl aber dann, wenn gerade dem männlichen Geschlecht seine Fähigkeit zur Entwicklung höherer geistig-sittlicher Zustände einen Vorzug vor dem weiblichen verleihen soll.

Eine Gesellschaft, die das Weib um einer spezifisch weiblichen Schwäche willen so tief verstößt, dürfte die Ausbildung des spezifischen Geschlechtscharakters nicht uneingeschränkt als Entwicklungsprinzip für das Weib propagieren. Nicht nur die »edle Weiblichkeit«, nicht nur die geschützten Frauen dürfte man dabei vor Augen haben, sondern das weibliche Geschlecht als Ganzes mit eben den Eigentümlichkeiten, die seiner primitiven Natur und seiner sozialen Stellung anhaften, in der seine teleologische Schwäche sehr zu seinen Ungunsten zum Ausdruck kommt. Es ist ein verhängnisvoller Irrtum der Frauen aus den bevorzugten Ständen, daß sie glauben, von der Schmach der Preisgegebenen gänzlich frei zu sein. In Wahrheit bleibt weder ihre soziale Stellung noch ihr persönliches Einzelschicksal unberührt davon; und die Nachtseiten der teleologischen Weiblichkeit rächen sich auch an denen, die vermeintlich nur dem Kultus ihrer Lichtseiten geweiht sind.

»Das Weib« ist ein Januskopf: das eine Gesicht entsteht von der tiefsten Erniedrigung, mit welcher das Kulturleben ein menschliches Wesen besudeln kann, das andere Gesicht verklärt von der höchsten Würde, mit welcher die menschliche Gattung die Erfüllung ihrer schwersten Aufgabe belohnt.

Aber betrachten wir auch dieses Gesicht näher. Das Weib als Mutter genießt die überschwenglichste Verehrung; vor dieser ehrfurchtgebietenden und rührenden Gestalt neigen sich alle Mächte des Lebens, um ihr die Krone zu reichen. Wenigstens schallt diese Weise in tausendfachen Variationen aus allen Ecken und Enden jener Welt, die über der realen in den Wolken sentimentaler Gefühle und schöner Gedanken schwebt. In der realen Welt ist das Weib als Mutter etwas weniger gut daran. Nicht etwa bloß die uneheliche Mutterschaft – und man braucht nur dieses traurige, entwürdigte Bild heraufzubeschwören, um die ganze hohle Phrasenhaftigkeit der üblichen Mutterschaftsverherrlichung zu enthüllen – die Mutterschaft an sich, auch die mit allen sozialen Ehren ausgezeichnete, wird teuer erkauft. Der Preis, der dafür bezahlt wird, ist die geistige Freiheit und Ebenbürtigkeit; und je weiter das Leben zu höheren Formen fortschreitet, desto weiter muß auch das weibliche Geschlecht um der Mutterschaft willen hinter dem männlichen zurückbleiben.

Denn die teleologischen Eigenschaften, die das Weib zur Mutterschaft geeignet machen, bilden zugleich ein Hindernis der geistigen Entwicklung – darüber kann man sich nicht mit dem Einwand hinwegsetzen, daß die Erziehung der Kinder, die ja auch ein integrierender Bestandteil der Mutterschaft sei, hohe Anforderungen an den psychischen und intellektuellen Rang des mütterlichen Weibes stelle. Die modernen Veranstaltungen der Erziehung, die einer differenzierten Kulturgesellschaft angehören, haben mit den Einrichtungen der Natur zugunsten der Gattungszwecke nichts zu tun.

In welchem Verhältnis das Wesen der primitiven Weiblichkeit zu den Gattungszwecken steht, hat unter anderen auch Möbius in jener bekannten Abhandlung ausgeführt, in der die teleologische Geschlechtsnatur mit dem Namen »physiologischer Schwachsinn des Weibes« bezeichnet wird. Es ist wohl nur dieser aggressiven Bezeichnung zuzuschreiben, daß ein so oberflächliches Elaborat so viel Aufsehen machen konnte, und nur der philiströsen Gehässigkeit seiner Haltung, daß es so viel Erbitterung hervorgerufen hat. – Wer übrigens einen Beweis haben will, wie weit im einzelnen Fall das weibliche Denken das männliche an Qualität überragen kann, der sei auf Oda Olbergs Arbeit »Das Weib und der Intellektualismus« verwiesen, die, durch die Möbiussche Broschüre angeregt, die einschlägigen Probleme mit umfassender Weite des Blicks und überlegener Objektivität behandelt.

Möbius geht von der Anschauung aus, daß »das ganze Wesen des Weibes teleologisch am leichtesten begriffen« wird. So erklärt er teleologisch aus der sexuellen Stellung gegenüber dem Manne den Hang zur Verstellung oder zur Lüge, der so vielfach der Frau vorgeworfen wird: die Lüge ist ihre »natürliche und unentbehrliche Waffe, auf die sie gar nicht verzichten kann«; und um den Mutterberuf erfüllen zu können, muß das Weib »kindähnlich, heiter, geduldig und schlichten Geistes« sein. »Kraft und Drang ins Weite, Phantasie und Verlangen nach Erkenntnis würden das Weib nur unruhig machen und in ihrem Mutterberufe hindern, also gab sie die Natur nur in kleinen Dosen.«

Dagegen wäre nichts einzuwenden; diese Auffassung enthält eine Rechtfertigung der weiblichen Inferiorität aus dem Naturprozeß selbst. Daß Möbius diesem Naturprozeß als subjektive Mannespersönlichkeit gegenübersteht, die in der Sache Partei ist, beeinträchtigt seine Arbeit, mehr aber noch der Mangel eines höheren Gesichtspunktes, von dem aus er die Aufgaben der Zivilisation bewerten könnte. Er faßt das Weib nur als Naturwesen und nur unter der Perspektive des Mutterberufes auf. In einer hochentwickelten Kultur können aber weder Mann noch Weib als bloße Naturwesen betrachtet werden, ohne daß die ganze Kultur als ein Nonsens, als ein Entartungsprozeß erscheinen muß. Daher ist der Standpunkt, den Möbius einnimmt, ein ganz unklarer und widerspruchsvoller; er wirft einerseits den Weibern vor, daß sie alles Neue hassen und vielfach wie ein Bleigewicht an dem strebenden Manne hängen: »Wie die Tiere seit undenklichen Zeiten immer dasselbe tun, so würde auch das menschliche Geschlecht, wenn es nur Weiber gäbe, in seinem Urzustande geblieben sein. Aller Fortschritt geht vom Manne aus« ... anderseits aber hat er für diesen Fortschritt – denn was könnte »Fortschritt« bedeuten, wenn nicht wachsende Zivilisation? – keinen andern Vergleichswert als diesen Urzustand, den er für den einzig gesunden und normalen halten muß, da er es nicht allein als eine unvermeidliche Funktion der Zivilisation bezeichnet, daß sie Entartungserscheinungen wie die männischen Weiber und die weiblichen Männer hervorbringt, sondern die Anklage wider sie erhebt, daß sie die Quellen des Lebens abgräbt und das von ihr betroffene Volk zum Absterben bringt, sobald es nicht durch Barbarenblut wieder aufgefrischt werden kann. Das heißt also: der vom Manne ausgehende Fortschritt ist verderblich, und die auszeichnendste Eigenschaft des Mannes, die ihm den geistigen Vorrang vor dem Weibe sichert, ein Unglück für die Menschheit.

Was hat es denn mit den Begriffen Urzustand, Entartung, Fortschritt, Kultur für eine Bewandtnis? Welche Stellung will man der Zivilisation im Leben der Menschheit einräumen, und welche dem einzelnen Individuum bei den Aufgaben der Zivilisation?

Die Natur – worunter in diesem Fall der Komplex der primitiven Lebensfunktionen im Gegensatz zu den höheren, aus der menschlichen Intellektualität entspringenden Antrieben zu verstehen ist – hatte mit dem Weibe nichts anderes vor, als es zur Mutterschaft geeignet zu machen, selbst um den Preis, daß es an allen anderen Fähigkeiten gegen den Mann zurückstehen mußte. Sie wälzte eine ungeheure Bürde auf das Weib, indem sie das ganze Werk der Fortpflanzung von dem Augenblick der Zeugung an in den weiblichen Organismus verlegte und ihn während der längsten Phase seines individuellen Lebens unter diesen Zweck beugte. Auf diese Weise ist sie bei der Verteilung der Gattungspflichten an beide Geschlechter völlig ungerecht verfahren.

Ja so ungerecht ist diese Verteilung, daß schon in Urzeiten der moralische Sinn des Mannes zu ihrer Erklärung eine ursprüngliche Verschuldung als notwendig empfand, und die Leiden, die dem Weibe auferlegt sind, nicht anders denn als Strafe zu deuten vermochte. Deshalb macht die alttestamentarische Genesis das Weib zur Verführerin des Mannes und legt Gott die strafenden Worte in den Mund: »Ich will dir viele Schmerzen schaffen, wenn du schwanger wirst; du sollst mit Schmerzen Kinder gebären, und dein Wille soll deinem Manne unterworfen sein –«. Und so dauernd hat sich diese Anschauung behauptet, daß noch um die Mitte des neunzehnten Jahrhunderts, als in England die ersten Versuche der Narkose bei schweren Geburten gemacht wurden, die englische Geistlichkeit dagegen als gegen eine Aufhebung und Milderung der gottgewollten Strafe protestierte!

Der moralistische Wahn, der für das Elend des menschlichen Daseins eine angeborene Sünde voraussetzt, ist dem Weibe teurer als dem Manne zu stehen gekommen; er hat zum Schaden die Schuld gefügt und das natürliche Los des Weibes, anstatt es zu mildern, nur verschärft.

Wenn schon die Natur das Weib schwer belastet hat – durch die Zivilisation wird diese Bürde ins Unerträgliche gesteigert. Die Disposition zu Leiden aller Art, die Herabminderung der physischen Widerstandskraft, die körperliche Verweichlichung, welche die Zivilisation mit sich bringt, rächt sich am weiblichen Organismus härter als am männlichen, weil die ungestörte Abwicklung des Generationsprozesses volle Gesundheit zur Bedingung hat. Jede Beeinträchtigung der physischen Leistungsfähigkeit setzt auch den weiblichen Organismus als Generationswerkzeug herab; und je verfeinerter die Lebensführung, desto schwieriger werden die Aufgaben der Mutterschaft.

Wie schlimm aber auch die schädlichen Einflüsse der Zivilisation in physischer Hinsicht sein mögen, noch verhängnisvoller für das Weib als Persönlichkeit sind die geistigen Werte, die im Gefolge der Zivilisation auftreten. Die Kultur macht aus dem Menschen ein Doppelwesen, dessen intellektuelle Aufgaben den Vorrang über die natürlichen gewinnen; sie differenziert die Individuen noch nach einem anderen Prinzip als nach dem der Gattung, welches das Weib zur Mutter, den Mann zum Erzeuger und allenfalls auch zum Ernährer und Verteidiger der Familie bestimmt. Indem sie den Aufgaben der Gattung die Aufgaben der Persönlichkeit gegenüberstellt, entzweit sie das Individuum mit sich selbst und scheidet in seinem Bewußtsein zwei Interessensphären, die, vielfach einander entgegengesetzt, Quelle tiefgreifender Konflikte werden. Je mehr das individuelle Leben im Werte steigt, je mehr es durch Leistungen und Genüsse der Persönlichkeit ausgefüllt ist, desto mehr sinkt das Interesse an den Aufgaben der Gattung, denen das Weib in so viel höherem Grade untertan ist als der Mann – und damit zugleich sinkt der Wert, den das Weib als solches in der Kulturgesellschaft besitzt.

Die Zivilisation, die fast ausschließlich ein Werk des Mannes ist, zeigt in diesen Wirkungen, daß sie im Grunde genommen nur für den Mann berechnet ist. In primitiven Zuständen bildet die Mutterschaft für das Weib nach keiner Richtung ein Hindernis. Ob man nun eine gynäkokratische Verfassung der »Urgesellschaft« als erwiesen ansehen will oder nicht – die einfache Arbeitsteilung zwischen den Geschlechtern verbürgt dem weiblichen denselben Rang und Wert wie dem männlichen, was ja auch bei den Verwandten des Menschen, den höheren Säugetieren, der Fall ist. Erst unter den Bedingungen der Zivilisation wird das Weib vermöge der Mutterschaft zu einem untergeordneten und abhängigen Wesen, zu einem Menschen zweiter Ordnung. Die größere Bewegungsfreiheit, die der Mann von Natur aus genießt, macht sich gegenüber der geschlechtlichen Gebundenheit des Weibes geltend und sichert ihm die Herrschaft in der Zivilisation.

Daraus aber ist keineswegs ein Einwand gegen die Zivilisation an sich abzuleiten. So wenig wie der an den Kulturvölkern zu beobachtende Verfall den Einflüssen der Kultur zuzuschreiben ist, vielmehr dem Gesetze des Lebens selbst, das sich an allen Erscheinungen als Blühen, Reifen und Vergehen manifestiert, so wenig liegt es im Wesen der Kultur daß sie den Individuen weiblichen Geschlechtes bleibend die ungünstigeren Chancen der Entfaltung bieten muß. Die Einseitigkeiten und Unvollkommenheiten aller Kultureinrichtungen spiegeln nur die Mängel der menschlichen Intellektualität wider, die als ein Werdendes und sich Entwickelndes unvermögend ist, vollendet angepaßte Daseinsformen zu schaffen. Es liegt in der teleologischen Natur der Geschlechter, die dem Mann einen so großen Vorsprung vor dem Weibe sichert, daß er es ist, der zuerst als der kulturschaffende Teil auftritt; erst auf einer hohen Stufe der Kulturentwicklung, wenn sich die Konsequenzen bestimmter Kultureinflüsse an der Männlichkeit vollzogen haben, stellt sich für das weibliche Geschlecht die Möglichkeit ein, an der Kulturarbeit außerhalb der Familiensphäre mitzuwirken und die Einseitigkeit der Männerkultur aufzuheben.

Aber selbst unter der Beschränkung, welche diese Männerkultur dem weiblichen Geschlecht auferlegt, war dessen Aufgabe niemals so enge begrenzt, als es die modernen Antifeministen fordern, die das Weib ausschließlich auf die Pflichten der Mutterschaft verweisen. Sie übersehen, daß die Begrenzung der weiblichen Tätigkeit innerhalb des Familienkreises weder auf die primitivste noch auf die höchste Lebensform des Weibes zutrifft. Bei den sogenannten Naturvölkern kommt den Frauen eine Menge von Aufgaben zu, die sich nach unseren Anschauungen mit der Mutterschaft schlecht vertragen; sie verrichten gerade die schwersten Arbeiten, diejenigen, für welche der unzivilisierten Männlichkeit Geduld und Disziplin fehlen, und die Mutterschaft ist eine Sache, die nebenher geht. In den obersten Schichten der abendländischen Gesellschaft aber hat das weibliche Geschlecht die Pflichten der schönen Geselligkeit, der Standesrepräsentation zu erfüllen – und das Leben, welches die Dame führt, ist keineswegs das der Mutterschaft günstigste, ja in mancher Hinsicht ihr geradezu abträglich. Die Damen der Gesellschaft sind es wahrlich nicht, die den größeren Teil ihrer Zeit und Lebensinteressen ihren Kindern widmen. Es gehört zu den Erfordernissen eines vornehmen Haushaltes, die Erziehung bezahlten Hilfskräften zu überlassen; und den höchstgestellten Frauen der europäischen Kulturgesellschaft ist es nicht einmal gestattet, ihre Kinder selbst zu säugen.

Sogar die Annahme, daß in der Mutterschaft die höchste Aufgabe des Weibes bestehe, wird durch die Kulturgeschichte widerlegt. Zu allen Zeiten hat die sittliche Anschauung unter Umständen dem Verzicht auf die Mutterschaft ein besonderes Gewicht beigelegt; und die hohe Bewertung der Jungfräulichkeit im Dienste religiöser Vorstellungen zeigt deutlich, daß die menschliche Gesellschaft einzelnen Frauen noch einen anderen Beruf zuerkannte, als den sogenannten natürlichen. Schon in der antiken Kultur war die Vermittlung zwischen der profanen Welt und der göttlichen, das Priestertum, soweit weibliche Personen daran teilnahmen, vielfach an die Bewahrung der Jungfräulichkeit geknüpft; selbst in Rom, wo die Mutterschaft gewiß in Ansehen stand, genossen doch die Vestalinnen, also Frauen, denen um einer höheren Mission willen die Mutterschaft versagt war, die höchsten bürgerlichen Ehren. Gewissen Formen des griechischen und römischen Tempeldienstes scheint sogar die Anschauung zugrunde zu liegen, daß die Ökonomie der menschlichen Gesellschaft nicht allen Frauen die Mutterschaft gestatten könne, weshalb auch jene, die sich ohne den Willen zur Mutterschaft in den Dienst des Geschlechtes stellen – sonst überall als die verachtetsten, als die entartetsten behandelt – durch religiöse Vorstellungen zu rehabilitieren sind.

Ja in der christlichen Welt, die doch Mutterschaft und Jungfräulichkeit in ein Mysterium verschmolzen hatte, und zu deren Direktiven das Paulinische Wort gehörte, daß das Weib »selig werden wird durch Kinderzeugen« triumphierte die Jungfräulichkeit, die nun einmal in der Realität mit der Mutterschaft nicht zu vereinigen war. Eine große Anzahl ausgezeichneter Frauen des christlichen Geisteslebens hat der Mutterschaft die Jungfräulichkeit vorgezogen. Denn die religiöse Anschauung des Mittelalters betrachtete den ehelosen Stand als den der hohen Geistigkeit allein angemessenen; und die religiös gestimmten Frauen suchten wie die religiös gestimmten Männer die Vorbereitung für das ewige Leben, das, jenseits von Mann und Weib, beiden Geschlechtern den gleichen Zustand rein geistiger Seligkeit verhieß, in der klösterlichen Weltflucht – unbeschadet der Vorschrift, die ihnen das Kinderzeugen als Weg der Seligwerdung wies.

Um dieses versprochenen Himmelreiches willen entzieht sich auch heute noch eine nicht geringe Menge von Frauen in Klöstern der Mutterschaft, ohne daß sie deshalb in der sozialen Bewertung als minderwertige oder gar entartete Exemplare der Weiblichkeit gelten.

Es besteht also gar kein Grund, warum jene Frauen, die um geistiger Interessen willen auf die Mutterschaft verzichten, ein Vorwurf treffen sollte. Nur eine Zeit wie die Gegenwart, die keine geistigen Direktiven, keine allgemeinsamen Ideale mehr besitzt, kann den Entgang der Mutterschaft als einen Einwand gegen die geistigen Bestrebungen einzelner Frauen betrachten.

Überdies besteht die Notwendigkeit einer unbedingten Verzichtleistung durchaus nicht. Mutterschaft und geistige Arbeit schließen einander keineswegs völlig aus; sie bilden nur erschwerende Lebensbedingungen für das Individuum. Bedarf es erst eines Nachweises, daß die Mutterschaft an sich, das Tragen, Gebären und Aufziehen der Kinder, körperlich und seelisch sehr starke Ansprüche an das Individuum stellt, und daß diese Ansprüche im gleichen Verhältnis mit der Anzahl der Kinder wachsen? Wie sehr aber in den Problemen der Weiblichkeit auch das Selbstverständliche Frage geworden ist, zeigen Bücher wie das von Adele Gerhardt und Helene Simon, in welchem auf dem Wege einer umständlichen Enquete nachgeforscht wird, ob und wie weit »Mutterschaft und geistige Arbeit« einander hindern.

Allerdings: wenn es wahr wäre, daß jede Frau – was seit Rousseau eine Schule von Soziologen nicht müde wird zu behaupten – die Aufgabe habe, beständig schwanger zu sein, weil der »Genius der Gattung« diese Leistung fordert (Sombart), dann gäbe es keine Möglichkeit, Mutterschaft und geistige Arbeit zu vereinigen; denn die äußerste Ausnützung der weiblichen Fruchtbarkeit verträgt sich mit keiner Betätigung auf anderen Gebieten.

Aber in so schwierigen und komplizierten Verhältnissen, wie sie dem Bevölkerungsproblem zugrunde liegen, läßt sich mit Entscheidungen, die nur für die einfachsten und primitivsten Formen der menschlichen Gesellschaft zutreffen, nicht das Auslangen finden. Daß die willkürliche Beschränkung der Kinderzahl ein Recht des Individuums ist, kann prinzipiell nicht geleugnet werden, wenn es auch immerhin fraglich sein mag, ob die Malthusianische Behauptung zu rechtfertigen ist, daß sie sogar eine soziale Pflicht des Individuums ist. Als sittliches Problem kommt sie nur soweit in Betracht, als zwischen den Mitteln der Beschränkung, zwischen Enthaltung oder Vorbeugung, ein sittlicher Unterschied besteht.

Die Natur selbst, die mit elementaren Mitteln die Vermehrung fördert, sorgt auch mit elementaren Mitteln für die notwendige Einschränkung; und innerhalb der menschlichen Kultur verraten bestimmte Zustände, daß hier ebensowenig wie im Bereich der primitiven Natur die virtuelle Vermehrungsfähigkeit ungehemmt walten kann. Unter diesen Zuständen ist – wenn man den Krieg als einen abnormen Fall ausschließt – die starke Kindersterblichkeit in den unteren Volksklassen hervorzuheben, oder das unfreiwillige Zölibat der unverheirateten Frauen – ihre Anzahl beträgt in Deutschland ungefähr zwei Millionen –; mehr als alle anderen Faktoren aber wirkt in einer pseudomonogamen Gesellschaftsordnung wie die der modernen Kulturvölker die Prostitution dahin, die natürliche Vermehrung zu beschränken.

Es kann den Moralisten überlassen bleiben, zu entscheiden, welche Art der Beschränkung die verwerflichste ist; aber warum sollte die Kompensation des Bevölkerungszuwachses, den so viele andere Einflüsse hemmen, von den Ehefrauen allein gefordert werden?

Wenn anders die Geschichte der menschlichen Gesellschaft etwas zu lehren vermag, ist die willkürliche Beschränkung der Kinderzahl eine Erscheinung, die mit Notwendigkeit um sich zu greifen beginnt, sobald die Bevölkerungsdichtigkeit bei sehr gesteigerten Kulturmitteln eine bestimmte Höhe erreicht hat – ob nun die präventive Beschränkung wie bei den Kulturvölkern des Okzidents herrscht oder die barbarischere Methode der Kindesaussetzung und -tötung wie im Orient.

Von den Rigoristen, die gegenüber den verheirateten Frauen die Rechte der Gattung auf unbeschränkte Ausnützung der weiblichen Fruchtbarkeit vertreten, wird zuweilen auch gegen die Tendenzen der Frauenbewegung der Vorwurf erhoben, daß sie an der wachsenden Abneigung der Kulturfrauen gegen eine unbeschränkte Kinderzahl Schuld trage. Wer im Ernste glaubt, daß der geringe Einfluß, den diese Tendenzen bisher besessen haben, so ausgedehnte Wirkungen üben konnte, sei auf Frankreich verwiesen, wo der Stillstand des Bevölkerungszuwachses längst ein öffentlich gekannter Umstand war, ehe die ersten Spuren einer französischen Frauenbewegung zutage traten. Überhaupt: welche Kurzsichtigkeit, den weiblichen Teil allein für die Ursachen dieses Stillstandes verantwortlich zu machen! Da hatten die geistigen Urheber des Code Napoléon doch einen tieferen Blick dafür, als sie der Vermehrung, wenn auch auf außerehelichem Wege, durch die, der teleologischen Schwäche des weiblichen Geschlechtes gegenüber so unbarmherzige Maßregel Vorschub leisteten: la recherche de la paternité est interdite.

Die Frauenbewegung und die Abneigung gegen die unbeschränkte Kinderzahl sind zeitlich parallele Erscheinungen, aber sie stehen zueinander nicht in dem Verhältnis von Ursache und Wirkung. Vielleicht, daß beide einen Zusammenhang in den Untergründen des Gesellschaftsstadiums haben, in dem sie auftreten. Primitive Gesellschaften, die vorwiegend kriegerisch sind und einen unmäßigen Verbrauch an Menschenleben aufweisen, müssen an die Ausnützung der weiblichen Fruchtbarkeit die äußersten Ansprüche stellen; hochkultivierte und daher friedliebendere Gesellschaften gewähren ihren Mitgliedern ein längeres Durchschnittsalter, die Erneuerung der Generationen braucht nicht so rasch vor sich zu gehen, und das einzelne Individuum, dessen Heranbildung unendlich mühsamer, langwieriger und kostspieliger ist als in primitiven Zuständen, repräsentiert einen höheren Wert. Es ist also eine notwendige Konsequenz der Kultur, daß die unbeschränkte Ausübung der Mutterschaft im sozialen Bewußtsein nicht mehr von derselben unvergleichlichen Wichtigkeit umgeben erscheint; und ebenso unvermeidlich ist es, daß die Anzahl der Frauen, die sich ihr hingeben können, in demselben Verhältnis abnehmen muß, in dem die äußeren und inneren Lebensbedingungen für das Individuum komplizierter werden.

Eine Frau, die ihr Leben erfüllen soll, kann es entweder an eine zahlreiche Familie wenden, oder an einen Beruf. Wenn sie keines von beiden auf sich nehmen will oder kann, sinkt der Wert ihres Lebens im Vergleich zu der Leistung, welche das weibliche Leben früherer Kulturepochen bedeutete – denn zehn oder zwölf Kinder geboren und aufgezogen, und nebstbei einen Haushalt unter primitiven Produktionsverhältnissen geführt zu haben, das ist eine Leistung, die von wenig anderen überboten wird! – noch mehr aber sinkt dieser Wert im Vergleich zur Arbeitsleistung des männlichen.

Das ist das Los der bürgerlichen Frauen in der Gegenwart. Die wenigsten Berufe sind ihnen zugänglich; und die Ausübung jeder Tätigkeit außerhalb des Familienkreises ist ihnen aufs äußerste erschwert, sobald sie mit dem »natürlichen« Beruf des Weibes verbunden werden soll. Wer diese Frauen immer nur auf die uneingeschränkte Mutterschaft zu verweisen und ihnen die weibliche Lebenserfüllung früherer Zeiten als Muster vorzuhalten sucht, kennt die tieferen Ursachen einer Veränderung nicht, die mit dem Kulturstadium der Gegenwart untrennbar zusammenhängt. Wenn sich aber in der Gegenwart die Neigung ankündigt, den Frauen, die öffentliche Stellungen einnehmen, von Staats wegen das Heiraten unmöglich zu machen, oder gar die Ehe direkt zu verbieten, so wird dabei nur mit der einen Hand genommen, was man mit der anderen fordert, um den Faktoren, welche im Sinne der Bevölkerungsbeschränkung wirken, ganz offiziell noch einen mehr hinzuzufügen.

Man hat den Tendenzen der Frauenbewegung gegenüber auch mit dem Vorwurf der Entartung nicht gespart, weil sie angeblich das Weib seinem natürlichen Beruf entfremde und mit einem geistigen Ehrgeiz erfülle, der den Aufgaben der Mutterschaft abträglich ist. Dabei hat man immer übersehen, daß gerade die Frauenbewegung die Palliative gegen die Gefahr der Degeneration durch Müßiggang schafft, welche zum mindesten den Frauen der wohlhabenden Bevölkerungsschichten aus einer Gesellschaftsverfassung droht, in der ihr ursprünglicher Wirkungskreis sich auflöst, ohne daß ihnen ein Äquivalent sozialer Betätigung geboten würde.

Die numerische Überlegenheit einer Rasse wird durch andere, breitere Bevölkerungsklassen garantiert als durch jene, welche die Träger der geistigen Kultur sind; daher kann auch der bekannte Gegensatz, der in der Regel zwischen der physischen und der geistigen Produktivität herrscht, keinen Grund bilden, die Frauen dieser Klasse von dem Anteil an Intellektualität auszuschließen, der die Auszeichnung der Männer ihrer Klasse bildet. Daß aber durch die Beschäftigung mit geistiger Arbeit den Frauen die Geneigtheit ganz und gar abhanden kommen könnte, sich der Mutterschaft zu unterziehen, ist doch wohl eine unsinnige Befürchtung. In der Mutterschaft liegt vielmehr eine Garantie dafür, daß der Intellektualismus die Frauen nicht in jenes Mißverhältnis zu den natürlichen und primitiven Dingen des Lebens stürzen wird, wie es bei den Männern der Geistigkeit geschieht. Die Natur hat die mütterlichen Instinkte mit so starken Banden versichert, daß sie für die individuelle Willkür nicht leichthin zerreißbar sind – noch mehr: sie hat die Mutterschaft mit einer so hohen Seligkeit aufgewogen, daß sie für jedes nicht ganz verödete weibliche Herz eine unwiderstehliche Anziehung besitzt.

Wenn trotzdem einzelne Frauen um eines geistigen Lebenszieles willen auf die Mutterschaft verzichten, so hat man alle Ursache, darin eine heroische Gesinnung der Weiblichkeit zu erblicken. In dem Behaupten der Persönlichkeit gegenüber dem Traditionellen zugunsten eines eben in der Persönlichkeit beschlossenen höheren Willens – der im tragischen Fall auch den Tod nicht scheut – liegt ein durchaus heroisches Element; und nur der platteste Nützlichkeitssinn kann in der sozialen Schätzung des weiblichen Individuums die Äquivalente unberücksichtigt lassen, die es eventuell der Gesellschaft für den Entgang an Nachkommenschaft bietet.

Vor allem mit dem Begriff der Entartung müßte eine objektive Beurteilung der modernen Frauenprobleme vorsichtiger umgehen, da doch Entartung und Entwicklung eng verschwisterte, im vorhinein schwer zu unterscheidende Phänomen sind. Die Rückbildung zu einem imaginären Naturzustand, die zugleich die ganze ungeheure Arbeit der männlichen Zivilisation zu einer Verirrung stempeln würde, wie jede Art von Umkehr oder Zurückschraubung muß aussichtslos erscheinen. Als einzige Möglichkeit, den Übelständen einer hochgesteigerten Kultur zu entrinnen, kann nur die Kultur selbst gelten: durch eine weitere Steigerung die Unvollkommenheiten der jeweiligen Stufe zu überwinden, ist die Aufgabe aller sozialen Bemühung. Dahin gehören auch jene Veränderungen, die für das Weib die Bedingungen bereiten sollen, unter welchen es den Aufgaben eines erhöhten geistigen Lebens nachkommen kann, ohne seinen Aufgaben als Naturwesen ganz zu entsagen, die Bedingungen, unter welchen es an jener höchsten Errungenschaft aller Kultur, der freien Selbstbestimmung des Individuums, teil zu haben vermag.

Es wäre eine unbillige, die natürlichen Grenzen der durchschnittlichen Männlichkeit übersteigende Zumutung, diese Veränderungen von der Arbeit und der Erkenntnis des Mannes zu erwarten. Die Aufgabe, in einer künftigen Gesellschaftsordnung dem weiblichen Geschlechte eine andere Stellung zu erobern, muß von den Frauen selbst gelöst werden. Das ist die große soziale Mission jeder Frau, die sich durch Neigung und Tätigkeit über das traditionelle Lebensgebiet ihres Geschlechtes erhebt. In den hergebrachten Gesellschaftsformen ist eine Vereinigung von Mutterschaft und geistiger Arbeit nur unter großen Nachteilen möglich. Hier sind neue Einrichtungen zu schaffen – und diese Arbeit kann allein von solchen Frauen geleistet werden, die sich nach ihrer Wesensbeschaffenheit der Führung des männlichen Intellekts nicht unterwerfen müssen. Denn der Mangel der herrschenden Kultur in Ansehung der Stellung, die sie dem weiblichen Geschlechte gewährt, besteht eben darin, daß sie Männerwerk ist, vom Manne für die Zwecke des Mannes geschaffen, und so unangemessen dem Weibe als selbständigem Individuum, wie dies bei der Vorherrschaft einseitiger Interessen nicht anders sein kann.

Das gattungsmäßig Männliche wie das gattungsmäßig Weibliche hat in der Familie und in der Gesellschaft alles hervorgebracht, was es seinem allgemeinen Charakter nach vermochte. Es ist ein Mißverständnis, von der spezifischen Natur des Weibes, die man als eine bis zur höchsten Intuition des

Gemeinwohles erweiterte Mütterlichkeit auffaßt, eine neue Emanation in der Gesellschaft der Zukunft zu erwarten. Die Mütterlichkeit, die aus der spezifisch weiblichen Natur entspringt, kann sich ihrem Wesen nach nicht auf die Interessen der Allgemeinheit richten; denn ihre stärkste Kraft liegt in der Konzentration auf die eigene Nachkommenschaft, und gerade die Verblendung, mit der jede Frau ihre eigenen Kinder allen anderen vorzieht und überordnet, ist teleologisch unerläßlich.

Der soziale Sinn – das, was in der christlichen Terminologie die Nächstenliebe hieß – setzt eine höhere Differenzierung des Individuums voraus, als sie bloß mit den Instinkten der Mutterschaft gegeben ist; sonst würde er sich nicht zuerst als eine Eigenschaft des männlichen Geschlechtes manifestiert haben. Änderungen in der sozialen Ordnung können nur von Frauen bewirkt werden, die über das teleologische Maß ihres Geschlechtes hinausragen, die von dem Typischen abweichen und kraft ihrer Unabhängigkeit zu anderen Lebensformen gelangen. Sie sind, wenn man will, die »Unweiblichen« – vielleicht weniger brauchbar für die Zwecke des Mannes und der primitiven Geschlechtsbestimmung, und doch unentbehrliche Elemente des fortschreitenden Kulturprozesses.

Die Frauen des Durchschnitts aber hätten Grund genug, über alles Gegensätzliche hinweg eine Interessengemeinschaft mit ihnen nicht zu verleugnen: die Erfolge, die jene erringen, werden auch der Stellung zugute kommen, die sie selbst in einer künftigen Ordnung der Dinge einnehmen können.

Anhang über die Erziehung

Man ist gegenwärtig geneigt, die Erziehung als eine spezielle Leistung der Mutter anzusehen; der Anteil des Vaters tritt daneben stark in den Hintergrund – so stark, daß es fast den Anschein hat, als wollten die Frauen kraft ihrer physischen und ethischen Leistungen nach dieser Richtung die Nachkommenschaft wieder ganz in matriarchalische Gewalt bekommen. Es könnte also wohl sein, daß die Erziehung, die eine viel dauerndere, intensivere, umfassendere Beanspruchung der weiblichen Persönlichkeit bedeutet als die physischen Aufgaben der Mutterschaft, die Frauen unbedingt für den größten Teil ihres Lebens an die Familie binden und die Ausübung eines anderen Berufes neben den Mutterpflichten ausschließen müsse. Die Erfahrung des täglichen Lebens lehrt zwar, daß es Frauen gibt, die neben einer Schar von Kindern noch Zeit und Interesse für anderweitige Betätigungen ihrer Persönlichkeit übrig behalten, und solche, denen ein einziges Kind so viel zu schaffen macht, daß sie für die übrige Welt verloren sind – woraus hervorgeht, daß auch hier die individuelle Anlage das entscheidende Moment ist. Dennoch macht sich die Neigung geltend, die Aufgaben der Erziehung so hoch einzuschätzen, daß sie den sozialen Wert aller anderen menschlichen Leistungen überragt.

Den äußersten Ausdruck für diese Vorstellungen findet man bei Ellen Key: »Es bedarf ungeheurer Kräfte, um einem einzigen Kinde gerecht zu werden. Das bedeutet durchaus nicht, dem Kinde jede seiner Stunden zu geben. Aber es bedeutet, daß unsere Seele von dem Kinde erfüllt sei, so wie der Mann der Wissenschaft von seinen Forschungen, der Künstler von seinem Werke erfüllt ist«; – denn das ist die erhabene Aufgabe: »das neue Geschlecht zu erziehen, das einmal die Gesellschaft bilden wird, in der der vollendete Mensch – der ›Übermensch‹ – von einer noch fernen Morgenröte bestrahlt werden wird«. (Das Jahrhundert des Kindes.)

Hier werden zwei moderne Anschauungen miteinander verquickt, die völlig entgegengesetzt und unvereinbar sind: die Vorstellungen über den entscheidenden Einfluß der Erziehung im Leben des Einzelnen, und die Vorstellungen von einem neuen, höheren Geschlecht, vom »Übermenschen«.

Nietzsche, der Vater des modernen Übermenschen, hat – vielleicht nicht ohne Absicht – die genaueren Umrisse dieser Gestalt ziemlich dunkel gelassen; da er aber irgendwo sagt, am Ziel aller Entwicklung stehe »das souveräne Individuum, das nur sich selbst gleiche«, kann man zunächst darunter nichts anderes verstehen als den Menschen, der die Impulse seines Handelns aus sich selbst schöpft und, unabhängig von den Einflüssen seiner Umgebung, sich zur selbstherrlichen Persönlichkeit entfaltet – den Menschen, der sein eigenes Werk ist.

Gegenüber Individualitäten mit solchen Anlagen hat die Erziehung sehr wenig zu sagen. Damit ein Mensch ganz er selbst werde, muß er vor allem die Einflüsse seiner Umgebung und seiner Erziehung überwinden. Der besten wie der schlechtesten – außer man will unter einer guten Erziehung nur die Beibringung guter Manieren, einer automatisierten Beherrschung der äußeren Formen verstehen.

Und was sollte denn die Erziehung viel anderes vermögen? Schon die ganz allgemein gefaßte Formel, daß die Erziehung die guten Anlagen entwickeln, die schlechten unterdrücken soll, ist eine unzulängliche. Denn bei der Ungewißheit, was in einer seelischen Konstitution als gut oder böse anzusprechen ist, da doch jedes Individuum die Fehler seiner Vorzüge besitzt – von generellen moralischen Bewertungen ganz abgesehen – geschieht es nur zu leicht, daß die pädagogische Auswahl zwischen Gut und Böse die Spreu nicht immer vom Weizen unterscheidet. Überdies setzt alle Erziehung, die mehr sein will, als eine Erziehung zu äußeren Formen, bei dem Erzieher eine umfassende Intuition der zu erziehenden Individualität voraus; und eine solche Intuition kann nur in einer überlegenen Persönlichkeit entstehen. Die Eltern, die eine solche Intuition von ihren Kindern gewinnen sollen, dürften keine sie geistig überragende Nachkommenschaft haben. Keine »neuen Menschen« dürften es sein; denn wie in aller Welt sollen gewöhnliche Menschen ungewöhnliche erziehen? Aller Wahrscheinlichkeit nach werden gewöhnliche Eltern freilich gewöhnliche Kinder haben. Wenn Durchschnittsmenschen zusammenheiraten, so ist vorauszusehen, daß die Kinder aus dieser Ehe auch wieder Durchschnittsmenschen sein werden, trotz aller Erziehungsbefleißigung. Sollte es aber der Zufall wollen, daß der wundersame, unberechenbare Fremdling, das Genie, darunter auftritt, so wird es für seine Erzeuger das beste sein, sie lassen ihn seine eigenen Wege gehen, ohne ihn durch ihre pädagogischen Künste zu bedrängen.

Erziehung im aktiven Sinne ist der Ausdruck für eine Art des Seins; man erzieht mit dem, was man ist, nicht mit dem, was man weiß. Alle pädagogischen Kenntnisse und Absichten machen aus einer ungeeigneten Persönlichkeit keinen guten Erzieher. Die Forderung, daß wir uns vorher selber erziehen müssen, um erziehen zu können, hilft diesem Übelstande nicht ab. Denn sie setzt eine bestimmte Fähigkeit voraus, die nicht jeder hat – eben die Fähigkeit, sich selber zu erziehen. Und wenn es möglich ist, sich selber zu erziehen, dann können die Eltern diese Aufgabe um so eher den Kindern überlassen. Hat ein Mensch, der sich selber zu erziehen vermochte, nicht entschieden vor dem etwas voraus, der diese Arbeit an sich durch andere verrichten ließ –?

Am meisten werden der Erziehung, der guten wie der schlechten, die Durchschnittsmenschen zugänglich sein, und unter diesen besonders die schwachen und unselbständigen Individuen, die den suggestiven Einflüssen der herrschenden Normen leicht erliegen. Der Nutzen der Erziehung, ihr Sinn und Zweck kann also niemals die Heranbildung eines »neuen« Geschlechtes, oder gar des »Übermenschen« sein, sondern höchstens der Schutz und die Führung der minder Widerstandsfähigen, der minder Selbständigen.

Aber auch diesen gegenüber ist die Parallele, in welche die Erziehung eines Kindes mit der Schaffung eines Werkes gesetzt wird, nicht aufrecht zu erhalten. Namentlich die Frauen lieben es, sich mit dieser Parallele über den Verzicht auf geistige Leistungen hinwegzutrösten, den ihnen die Mutterschaft auferlegt. Man weiß ja: die Frauen sollen nichts selber sein und leisten, sie sollen vielmehr ihre Söhne zu dem »heranbilden«, was ihnen selbst zu werden versagt ist.

Unter allen verlogenen Direktiven, an denen die bürgerliche Ethik reich ist, gibt es kaum eine schlimmere als diese. Denn sie verführt geradewegs zu jenem Mißbrauch, der als zielbewußte Pädagogik berüchtigt ist, und sie bereitet jenen naiven Seelen unter den Frauen, die auf sie ihre Lebensziele bauen, die bittersten Enttäuschungen. Trotz aller Erziehungskünste – wer kann daran zweifeln? – bleibt ein Mensch das, als was er geboren wurde; ein kleines Ich wird auch durch die inbrünstigste mütterliche Hingebung nicht in ein großes, ein Durchschnittskopf nicht in ein Genie verwandelt. Die Frau, die sich die Ausübung eines Talentes in der Erwartung versagt, es bei ihren Söhnen »heranbilden« zu können, wird in neunundneunzig von hundert Fällen um ihren Lebensinhalt geprellt sein. Lebet doch euer eigenes Leben, liebe Mütter, und erspart dafür euren Kindern die Belastung mit all den Hoffnungen und Wünschen, die sie als eine Verpflichtung, es im Leben euch statt sich selber recht zu machen, mit sich schleppen müssen!

Nicht in der Regel, sondern viel eher im Ausnahmsfalle gleichen die Kinder soweit den Eltern, daß ein völliges Verständnis zwischen ihnen herrschen kann. Jede Generation entwickelt sich in einem gewissen Gegensatz zur früheren; die Elterngeneration verbraucht die geistigen Güter, deren Träger sie war, die Kindergeneration muß sich neue schaffen – darin besteht ihre geistige Lebensfunktion, und wenn sie sich darauf beschränken sollte, die überlieferten Ideale einer guten Erziehung lebenslänglich zu behalten, so würde sie sich ihres besten Rechtes begeben.

Auch biologisch ist das Kind gewöhnlich nicht das Ebenbild und die Fortsetzung der Eltern. So wenig wie die kulturgeschichtliche Entwicklung vollzieht sich die biologische in einer geraden Linie. Mutter und Vater sind bloße Durchgangsglieder – das Kind kommt aus einer viel größeren Ferne her; es ist mindestens im gleichen Maße das Kind unbekannter Ahnen als das der beiden Individuen, die sich zu seiner Erzeugung zusammengefunden haben.

Die Vorstellung der Eltern, daß sie selbst in ihren Kindern wieder aufleben werden, gehört zu den Illusionen, durch welche die Natur dem Individual-Bewußtsein die Ansprüche der Gattung annehmbar macht. Wenn schon das Triebleben von solchen trügerischen Vorspiegelungen begleitet ist, sollte doch das Gebiet der Vernunfterkenntnis davon frei bleiben. Mit der Vorstellung, daß das Kind das »Werk« der Eltern und im besonderen der erziehenden Mutter sei, wird eine solche irreführende Illusion auch dort erweckt. Wer die Mutterschaft als Äquivalent der geistigen Produktivität betrachtet, verkennt, daß ein Werk der Ausdruck, die Leistung einer Persönlichkeit ist, das Kind aber nicht. Es gibt allerdings eine beiden Fällen gemeinsame Vorstellung, mit denen das Individuum gleichsam die großen persönlichen Mühen und Opfer, die es um des Werkes willen auf sich nimmt, vor sich selber erklärt. Das ist die Vorstellung, in der Nachwelt fortzuleben, sein eigenes Dasein über eine unverhältnismäßig verlängerte Zeit auszudehnen. Darüber hinaus wird der Vergleich aber nur durch eine mißbräuchliche Interpretation der Erziehungstätigkeit möglich.

Das Verhältnis der Eltern zu ihren Kindern ist im tiefsten Grunde irrational, weil es auf dem Triebleben beruht. Soll es durch Vernunftgründe gerechtfertigt und erklärt werden, so kann es nur aus dem Naturbegriff geschehen, das heißt, aus der Stellung, die der Mensch als Naturwesen einnimmt; der Persönlichkeitsbegriff mit samt dem ganzen Komplex von Empfindungen und Strebungen, die zu ihm gehören, läßt sich dafür nicht gebrauchen. Soweit eine Frau Persönlichkeit ist, wird sie über die Mutterschaft hinaus Ansprüche selbständiger Betätigung an das Leben stellen – und der Konflikt, in den sie dadurch mit ihren Aufgaben als Naturwesen gerät, wird nicht aus der Welt geschafft, indem man eine willkürliche Verwechslung der Gebiete vornimmt und der Persönlichkeit überträgt, was doch der Gattung angehört.

Diese Verwechslung wird einem Manne schwerlich passieren, obwohl der primitive Mann, dessen Lebensarbeit in der Erhaltung einer zahlreichen Nachkommenschaft besteht, gewiß stärker unter die Ansprüche der Gattung gebeugt wird als etwa eine reiche Frau, die zwei oder drei Kinder zu erziehen hat. Gesetzt aber, diese Verwechslung sei eine intellektuelle Lizenz zugunsten einer möglichst gesteigerten Ausbildung der Mutterschaftsgefühle – es gibt für die Freiheit der Kinder und ihre persönliche Entwicklung nichts schlechteres, als die Neigung der Mütter, ihre Kinder als ihr Werk zu betrachten und in die Erziehung ihre ganze Lebensaufgabe zu setzen. Namentlich im modernen Großstadtleben, in welchem der Haushalt an die Frau so geringfügige Ansprüche stellt, werden die Übertreibungen der Mutterschaft häufig geradezu eine Gefahr für die heranwachsenden Kinder – um so mehr, als es in den kleinen Familien nicht zugeht wie früher in den großen, wo schon die Anzahl der Kinder eine Verteilung der mütterlichen Kraft auf so viele Individuen bedingte, daß das einzelne nicht zu sehr durch Erziehungsmaßregeln gestört und belastet werden konnte. Das unablässige Behüten, Betreuen, Fürsorgen, wie es die Mütter treiben, deren einzige Beschäftigung in der Erziehung besteht, und die von dem Ehrgeiz beseelt sind, in ihrem Kinde ein vollendetes »Werk« der Nachwelt zu hinterlassen, schafft nur unbrauchbare Menschen, denen erst die Strenge des Lebens außerhalb der häuslich-mütterlichen Sphäre nachhelfen muß, wenn sie die Folgen der genossenen Erziehung abstreifen sollen.

Und dann muß man doch einmal fragen: welcher erwachsene Mensch fühlt sich gerne als das Werk seiner Erziehung? Diese Vorstellung kann für niemanden etwas Beglückendes haben. Sie ist auch keineswegs geeignet, die kindliche Dankbarkeit zu fördern; sie erzeugt im Gegenteil nur allzuleicht in den Kindern die Neigung, für alles, was das Leben ihnen vorenthielt, sogar für ihre persönlichen Mängel, den Eltern eine Verantwortung aufzubürden. Dankbarkeit gegenüber den Eltern kann sich im Grunde nur unter der Voraussetzung erhalten, daß jeder sein eigenes Werk ist, und daß er den Eltern eine Entschädigung für die ihnen verursachte Müh und Plage schuldet. Denn eigentlich waren sie nur das Mittel, dessen er sich zur Erlangung seiner Existenz bediente – ein Gedanke, den Schopenhauer philosophisch-phantastisch in seiner »Metaphysik der Liebe« ausgeführt hat. Aber ohne alle metaphysischen Hintergründe, rein aus dem Wesen der Gattung, sind die Eltern als Durchgangsglieder aufzufassen, gleichsam als der Boden, auf dem der neue Mensch als ein Werk der Natur wächst. Wäre man wirklich in irgend einem Sinne das Werk seiner Eltern, dann hätte man auf alle Fälle so vielen Grund zur Unzufriedenheit über die Stümperei, die dabei unterlaufen ist, daß das Gefühl der Dankbarkeit gar nicht aufkommen könnte.

Anderseits würde kein besonnener und gewissenhafter Mensch unter dieser Voraussetzung die ungeheure Verantwortung auf sich nehmen, ein neues Wesen in die Welt zu setzen und aufzuziehen. Das Gefühl der Verantwortlichkeit gegenüber der eigenen Nachkommenschaft als eine persönliche Pflicht zu bestärken, mag vielleicht bei kranken, mit hereditären oder erworbenen Defekten belasteten Individuen den Nutzen haben, daß sie auf Nachkommenschaft ganz verzichten. Dennoch erscheint bei der Ausbreitung erblich übertragbarer Schädlichkeiten und Mängel, bei der Unsicherheit über die, der Heredität entgegenwirkenden regenerativen Kräfte, in denen die Vitalität einer Rasse besteht, dieser Weg sehr fragwürdig. Statt das Bewußtsein des Kulturmenschen mit einer so tiefen Depression zu beladen, müßte alles soziale Bemühen darauf ausgehen, die Übelstände selbst, welchen die Einzelnen erliegen, zu beseitigen und die Einflüsse zu bekämpfen, die in Gestalt sozialer Verhältnisse die Degeneration fördern.

Und hier mündet auch das Problem der Erziehung. Weit mehr als die umfassendsten Vorkehrungen einer individualisierenden Erziehung wirken die äußeren Lebensverhältnisse bestimmend auf den heranwachsenden Menschen. Aber dieser

Einsicht, die sehr unbequem ist, verschließen sich gerade die Mütter am hartnäckigsten. Sonst müßte doch jede Frau, die es ernst nimmt mit dem Schicksal ihrer Kinder, über die Ohnmacht verzweifeln, mit der sie beispielsweise ihren fünfzehn-sechzehnjährigen Söhnen gegenübersteht, sobald ihnen die Welt in der scheußlichen Gestalt, welche die sexuellen Dinge unter der ausschließlichen Männerherrschaft angenommen haben, entgegentritt. An diesem Beispiel mögen die Frauen, die auf dem Nurmutter-Standpunkt verharren, einsehen lernen, daß sie diesen Standpunkt noch lange nicht zu verlassen brauchen, um die Verpflichtung zu fühlen, an der sozialen Arbeit teilzunehmen.

Sieht man aber die Gleichgültigkeit und den Stumpfsinn, mit welchem Frauen, die ihr ganzes Leben der Erziehung widmen, an den Zuständen vorübergehen, in die ihre männlichen Kinder, kaum erwachsen, hineingestoßen werden, dann fragt man sich wohl, ob der ganze Erziehungschauvinismus nicht bloß dazu dient, dem Frauenleben mehr Wert und Inhalt vorzuspiegeln als ihm auf der gegenwärtigen Stufe der Zivilisation in Wahrheit zukommt.

Allerdings könnte es scheinen, als bewege man sich in einem Zirkel, wenn man die Einflüsse der Erziehung hintansetzt, um alles Gewicht auf die sozialen Lebensumstände zu legen. Neue Einrichtungen können nur durch Menschen geschaffen werden, denen die alten unerträglich sind, weil sie andere Bedürfnisse und Gesinnungen haben. Ist es daher nicht notwendig, daß ihnen von Kindesbeinen an diese Bedürfnisse und Gesinnungen eingepflanzt werden? Aber wer irgend etwas Neues einpflanzen soll, muß selbst schon ein neuer Mensch sein. Und damit steht man wieder am Ausgangspunkt: neue Menschen werden geboren, nicht erzogen, sie sind ein Werk der Natur, nicht ihrer Eltern.

Jede Zeit hat ihren besonderen Aberglauben. Die Vorstellungen über die Macht und den Einfluß der Erziehung sind recht eigentlich der Aberglauben einer Zeit, deren Erkenntnis von dem Sinn der Welt in dem Begriffe der Entwicklung gipfelt.

Ein ewiges Werden ohne ein erfülltes Sein, eine Zukunft, die sich beständig in eine nichtige Gegenwart verwandelt, kann aber das menschliche Bedürfnis nach einem Sinn und Zweck des Lebens nicht wirklich befriedigen. Wenn das Leben sich als ein unendlicher Wechsel der Generationen abspielt, bei dem der Einzelne nur Durchgangsglied ohne eigenen Inhalt ist, wird auch die Aussicht auf eine unbegrenzte Entwicklung gegenstandslos. Das Sein kann nicht weniger bedeuten als das Werden. Für das männliche Leben gilt dieser Grundsatz – sollte er für das weibliche nicht zu Recht bestehen? Seine Persönlichkeit ganz in die Mütterlichkeit, ganz in die Erziehung zu setzen, wie man es auch jenen Frauen vorschreiben möchte, die noch eines anderen Einsatzes fähig sind, heißt das Gewisse dem Möglichen opfern, das Sein dem Werden. Mit einer solchen Ausdehnung der mütterlichen Liebe aber bringt man – nach dem Worte der Malwida von Meysenbug – »das Opfer seiner selbst, das heißt das, welches man nicht bringen darf«,

Die Tyrannei der Norm

Gewiß: es gibt viele Frauen, die das weibliche Durchschnittsmaß an Intellekt und Charakter weit überragen, viele Frauen, die zu anderen Lebensaufgaben als den hergebrachten ihres Geschlechtes taugen. Viele – aber gibt es genug?

Es könnte ja sein, daß das Weib mit entwickelter Persönlichkeit eine zu seltene Erscheinung ist, um in der Ökonomie der Gesellschaft Geltung zu finden. Es könnte sein, daß es bloß eine Ausnahme bleiben wird, ein vorübergehender Einzelfall, der keinen Einfluß auf die Einrichtungen der sozialen Gemeinschaft besitzt. Zu allen Zeiten hat es Frauen gegeben, die der Mehrzahl der Männer an Intelligenz und an Tatkraft gleich oder sogar überlegen waren; und doch haben sie die soziale Stellung des weiblichen Geschlechtes weder in der Gesetzgebung noch in den herrschenden Anschauungen zu verändern vermocht. Sie sind Ausnahmen gewesen und als Ausnahmen behandelt worden. Ausnahmen – das heißt, sie waren nicht Glieder einer Entwicklungsreihe, sie hatten keine Nachfolge, sie bezeichneten nicht den Anfang eines Weges, der, durch sie zuerst gebahnt, von kommenden Generationen weiter verfolgt und ausgebaut wurde.

Das unterscheidet die selbständigen weiblichen Individualitäten früherer Epochen wesentlich von den Trägerinnen der modernen Frauenbewegung. Diese begnügen sich nicht damit, zu sein, was sie sind, und für sich allein die Stellung zu genießen, die sich eine kraftvolle Persönlichkeit unter allen Umständen erobert; sie wollen die sozialen Konsequenzen ihrer Wesensbeschaffenheit ziehen und streben nach einer Umwandlung der herrschenden Normen zugunsten all derer, die anders geartet sind, als es diese Normen voraussetzen.

Darin liegt die große Bedeutung der Frauenbewegung, ihr Charakter als soziale Reformation. Aber dadurch wird sie auch – zum mindesten, was ihre dauernden Erfolge betrifft – von der

Nachfolge abhängig, die sie sich zu schaffen vermag. Alles, was soziale Form, also Sitte, Brauch, Tradition werden soll, hat zur Voraussetzung eine Mehrheit; und die den Sitten zugrunde liegenden oder aus ihnen abstrahierten Anschauungen, die herrschenden Normen, sind der Ausdruck für den Durchschnittstypus, den die Menschen einer Epoche zeigen. Durch sie wird der einzelne mit seinen individuellen Bedürfnissen und Forderungen majorisiert; so weit er von ihnen abweicht, so weit muß er sich wider sie durchsetzen, oder, wenn seine persönliche Kraft nicht ausreicht, sich ihnen widerwillig unterordnen.

Dieser Kampf, der beständig von den abweichenden Einzelnen wider die herrschenden Normen geführt wird, um ihre Tyrannei zu brechen, greift tief in die Konstitution der Gesellschaft hinab, und der Prozeß, der sich dabei abspielt, ist nichts anderes als der organische Entwicklungsprozeß der Kultur selbst.

Man kann die in der menschlichen Gesellschaft vereinigten Individuen nach ihrem intellektuellen Charakter – wenn auch nur schematisch und ohne Berücksichtigung der Zwischenstufen – in zwei entgegengesetzte Gruppen scheiden. Sie entsprechen auf intellektuellem Gebiet den Tendenzen der Erhaltung und der Erneuerung, die nach der Darwinschen Auffassung bei der Entwicklung der Arten entscheiden; der große Psychiater Maudsley hat sie mit den kosmischen Grundgesetzen verglichen, indem er sagte: »Die Gedankenwelt der Menschheit wird ebensogut von antagonistischen Kräften beherrscht, wie die den Planeten angewiesene Bahn: eine zentrifugale oder revolutionäre Kraft gibt den expansiven Impuls zu neuen Ideen, eine zentripetale oder konservative Kraft macht sich in der einschränkenden Gewohnheit geltend; und die Resultante aus diesen Gegensätzen bestimmt die Richtung, in welcher die geistige Entwicklung fortschreitet.«

Das Element der Beharrung im geistigen Leben wird durch die Mehrzahl repräsentiert, durch jene, welche die überlieferten Anschauungen für unveränderlich, die alten Wahrheiten für heilig und ewig halten, für göttliche Gebote oder für den

Ausdruck eines über ihnen stehenden Sittengesetzes, dem sich jeder unterordnen muß.

Das Element der Bewegung aber, das Element der Erneuerung und Entwicklung, wird durch Einzelne repräsentiert, durch Individualitäten. Die Individualität ist die Quelle, aus welcher alle neuen Erkenntnisse, alle neuen Bedürfnisse, alle neuen Daseinsmöglichkeiten entspringen. In ihr offenbart sich die Natur selbst am unmittelbarsten und deutlichsten, weil die Ursprünglichkeit ihres Wesens nicht durch äußerliche Regulative, wie die der Sitte, des Herkommens, des Pflichtbegriffes, verwischt und verhüllt wird. Und diese Ursprünglichkeit als lebendige Kraft der Überlieferung entgegenzusetzen, durch die revolutionäre Gewalt einer abweichenden Eigenart erstarrte Lebensformen zu zersprengen und umzubilden, das ist ihre Mission in der sozialen Gemeinschaft.

Die Menschen der zentrifugalen oder progressiven Geistigkeit bewerten das Leben anders als die Menschen der konservativen. Ihnen gewährt die Vorstellung, daß sie einen neuen Weg eingeschlagen, daß sie ihren Fuß in das Unbekannte gesetzt, daß sie Gefahren und Wagnisse zu bestehen haben, dieselbe sittliche Befriedigung, wie den konservativen Individuen die Vorstellung, daß sie korrekt gehandelt und die Pflicht, die ihnen vorgeschrieben ist, erfüllt haben. Sie wollen nicht einem äußeren Gesetz, nicht einer überlieferten Regel gehorchen, sondern dem innern Gesetz ihres eigenen Wesens.

Je nach der Bedeutung ihrer Persönlichkeit bewegt sich das Schicksal dieser »Neuerer«, welchem Gebiet geistiger Tätigkeit sie auch angehören, von der bloßen Verkennung und Verspottung, über Mißachtung, Verfolgung, Elend, Wahnsinn bis zum Opfertod. Sie sind die Märtyrer der menschlichen Gattung. Ihnen verdankt sie jeden Schritt, den sie von den Zuständen der Tierheit aufwärts zu veredelter und verfeinerter Kultur gemacht hat. Und sobald ein Volk keine solchen abweichenden Individuen mehr hervorbringt, verfällt es dem Stillstand, der Erstarrung; seine schöpferische Kraft ist abgestorben.

Dennoch vollzieht sich auf allen Stufen der Kultur mit der

Notwendigkeit eines Naturgesetzes der Kampf zwischen der progressiven und der konservativen Geistigkeit. Solange das abweichende Individuum ein einzelner ist, bleibt es geächtet; erst wenn es um sich eine Nachfolge versammelt, eine genügende Anzahl von Anhängern und Bekennern, weicht die herrschende Norm vor ihm zurück und gewährt ihm Raum.

In der intellektuellen Bewegung des 19. Jahrhunderts hat dieser Gegensatz zwischen progressiver und konservativer Geistigkeit unter dem Namen »freier Geist« und »Philister« seinen bekanntesten Ausdruck gefunden. Aus der studentischen Ausdrucksweise herübergenommen, in der er die bürgerlich beschränkte Lebensweise gegenüber der flotten Ungebundenheit bedeutet, ist der Name Philister zuerst von großen Persönlichkeiten zur Bezeichnung der ihren Bestrebungen feindlichen Menge benützt worden. Richard Wagner verstand unter Philister den Menschen ohne künstlerischen Sinn, Schopenhauer den Menschen ohne geistige Bedürfnisse schlechtweg. Er erklärte diesen Mangel als eine Folge »des streng und knapp normalen Maßes seiner intellektuellen Kräfte«. Lombroso nennt die Abneigung gegen das Neue, den Misoneismus, geradezu »ein Merkmal des normalen, ehrlichen Menschen«. Sonach müßte sich ein Individuum in demselben Grade, als es progressiv ist, von dem Normalen entfernen, da das Durchschnittsmaß der menschlichen Intelligenz nicht die Bewegungsfreiheit gestattet, die zur Erhebung über die herrschende Norm und zur Erfassung neuer Gedanken erforderlich ist.

Gegenüber der Frauenbewegung hat das autoritäre Philistertum eine besonders große Rolle gespielt. Und nicht bloß in der Praxis des bürgerlichen Lebens. Nirgends macht sich die unkritische Normenphilisterei so breit wie in der Literatur über »das Weib«. Die meisten Darstellungen gehen eher dahin, für das Weib generelle Bestimmungen aufzustellen und Normen der psychischen Geschlechtsdifferenzierung abzugrenzen, als der Individualität den angemessenen Platz einzuräumen. Nicht eine Formel für die unendliche Mannigfaltigkeit der individuellen Entwicklung ist das Ziel, sondern ein allgemeingültiges

Kriterium, das die Lebensbedingungen des Individuums nach dem Geschlecht bestimmen und seine Stellung in der menschlichen Gesellschaft festlegen soll. Man sieht: das Bedürfnis nach der gesetzgeberischen Norm überwiegt bei jenen, die auf der Linie der konservativen Geistigkeit stehen, das Bedürfnis nach objektiver Erkenntnis; und selbst den freien Geistern unter den Männern geschieht es nur zu häufig, daß sie keine subtile Scheidung zwischen ihrem persönlichen Empfinden und ihrem kritischen Denken herstellen. Viele hervorragende Männer, die ihrer geistigen Richtung nach durchaus der freien Geistigkeit angehören, sind gegenüber dem weiblichen Geschlecht Philister. Die Gründe dafür liegen in der Wesensbeschaffenheit einer gewissen Art Männlichkeit; es ist ihre Erotik, die sie zum Mißbrauch der normativen Gewalt verleitet.

Das progressive Individuum weiblichen Geschlechtes muß also die Tyrannei der Norm zwiefach erdulden: es hat wider sich die Norm, die sich die herrischen Männernaturen vom Weibe geschaffen haben, und es hat wider sich die Norm, die als Resultante der weiblichen Durchschnittsbeschaffenheit regiert. Nicht nach seinen eigenen Eigenschaften wird es in seiner sozialen Stellung taxiert, sondern nach den Eigenschaften der Dutzendmenschen seines Geschlechtes, nicht nach dem, was es selbst ist, sondern nach dem, was am häufigsten vorkommt, was für die Oberflächen-Beobachtung am ehesten in die Augen springt, was als das Typische gilt. Wenn gegenwärtig die Auflehnung gegen diese Majorisierung, der im allgemeinen der einzelne Mann ebenso ausgesetzt ist wie die einzelne Frau, hauptsächlich unter dem weiblichen Geschlecht hervortritt, so ist das nicht zuletzt darauf zurückzuführen, daß der normative Typus den Mann so weit zu allen Freiheiten und Vorteilen seiner Klasse berechtigt, wie Staat und Gesellschaft in ihrer gegenwärtigen Form sie überhaupt gewähren. Dieser Typus kann einem geräumigen Panzer verglichen werden, der nach dem größten Maße zugeschnitten ist, vielleicht für den Schwächeren unbequem, doch für den Starken kein Hindernis seines Wachstums. Der normative Typus des Weibes hingegen gestattet der Entfaltung des Individuellen viel geringeren Spielraum: er ist privativ in seinen Wirkungen, ein beengendes Mieder, das von der Individualität zersprengt werden muß, wenn sie nicht ersticken will.

Eine sehr verbreitete Auffassung erblickt im Manne den Träger der bewegenden, zentrifugalen Geistigkeit, im Weibe die Verkörperung der beharrenden, zentripetalen, gemäß der naturwissenschaftlichen Anschauung, nach welcher bei dem männlichen Geschlecht die individualisierende, arterneuernde Tendenz, bei dem weiblichen die arterhaltende Tendenz überwiegt. Es ist eine der allgemeinsten normativen Vorstellungen, daß »das Weib« die Hüterin der Sitte, die Verteidigerin des Bestehenden und mit unlösbaren Banden an die Tradition gebunden ist.

Wenn das dem Durchschnittstypus gegenüber zutreffen sollte, so ist dagegen einzuwenden, daß die progressive Geistigkeit auch bei den Männern eine Eigenschaft der Wenigen und nicht der Mehrzahl ist. Alle revolutionären Epochen aber weisen die Namen von Frauen auf, wiewohl das weibliche Geschlecht von der Beteiligung an den öffentlichen Dingen immer durch sittliche Normen ausgeschlossen war.

Das klassische Beispiel dafür, daß der Impuls der Bewegung auch von dem weiblichen Geschlecht ausgehen kann, haben jene Frauen gegeben, welche die Ideen der modernen Frauenbewegung in die Welt brachten. Fast ein Jahrhundert lang mußten sie es sich gefallen lassen, als »Entartete« zu gelten. Sie waren nach den allgemeinen Anschauungen Mißratene, sie gehörten nicht zur bona species der Weiblichkeit.

Für sie gab es keinen Platz in den Normen, nach denen die sozialen Aufgaben des weiblichen Geschlechtes geregelt waren. Es ist noch nicht sehr lange her, seit man diese, über die Durchschnittsnorm der Weiblichkeit hinausragenden Individuen unterschiedslos mit der Bezeichnung »Mannweiber« abzufertigen pflegte; denn man konnte sie nur als unregelmäßige, hybride Erscheinungen betrachten, die störend in das Bestehende und Bewährte eingriffen, und die neuen Geleise, die sie zu bahnen suchten, nur als Irrwege, auf denen das Weib seiner »natürlichen Bestimmung« entfremdet, aus seinen natürlichen

Grenzen herausgelockt wurde. Auch jetzt sind die Stimmen noch keineswegs völlig verstummt, die vor der gesamten Frauenbewegung als vor einem Symptom der Entartung warnen.

Vom Standpunkte der konservativen Geistigkeit aus ist diese Auffassung ganz berechtigt; für die progressiven Intelligenzen bedeutet sie allerdings keinen Vorwurf, sondern eine Auszeichnung. Wie man eine Erscheinung des sozialen Lebens bewerten will, hängt eben in erster Linie davon ab, zu welcher Art Mensch man gehört.

Vom Standpunkte der freien Geistigkeit aus ist es ein philiströses Bemühen, allgemeine Normen des psychischen Geschlechtsunterschiedes aufzustellen, an sie zu glauben als an eine Richtschnur, die der Einzelne zu befolgen hätte, oder nach denen sein persönlicher Wert zu bemessen wäre. Für den freien Geist wird ihre objektive Gültigkeit in dem Augenblick hinfällig, als hochstehende Individuen auftreten, die ihnen nicht entsprechen; für ihn gibt es lediglich Geschmacksurteile, nach denen jeder das seiner Eigenart adäquate Individuum des anderen Geschlechtes auswählt. Er sieht nichts Auszeichnendes darin, wenn eine Individualität die typischen Eigenschaften des Geschlechtes besitzt, so wenig wie er es für eine Auszeichnung hält, die Merkmale eines Standes oder einer Berufskategorie an sich zu haben. Daß sie frei ist vom Typischen wie vom Konventionellen, das ist die Auszeichnung der Individualität; sollte ihre Freiheit gerade im Punkte der Geschlechtskonvention eine Grenze haben? Ein Gesetz, das aus einem Mehrzahlsphänomen abgeleitet ist, besitzt keine Gültigkeit gegenüber der Individualität; es kann durchaus nicht den Maßstab bilden, nach welchem eine geistig hervorragende Erscheinung als »normale« oder »abnorme« zu klassifizieren wäre. Will man das abweichende Individuum beurteilen, so darf man sich nicht auf den Boden der jeweilig herrschenden Norm stellen; man muß es unter der Perspektive des evolutionistischen Gattungsbegriffes betrachten, von dem das arterneuernde Prinzip ebensowenig zu trennen ist als das arterhaltende. Im Lichte der naturwissenschaftlichen Weltanschauung, die das Geschaffene in ein

Gewordenes und Werdendes verwandelt und gezeigt hat, daß die scheinbare Unveränderlichkeit der Arten in Wahrheit eine unbegrenzte Bewegung sei, erscheint jede Individualität als eine neue Daseinsmöglichkeit, eine Erweiterung der Gattung. Denn der verschwenderische Formenreichtum der Natur, der in den niedrigeren Regionen des Lebens unzählige Varianten und Spielarten hervorbringt, gipfelt in den höchsten menschlichen Rassen als individuelle Differenzierung.

Auch die Geschichte der menschlichen Gesellschaft ist als ein Fortschreiten vom Zwang allgemeiner Gesetze zur individuellen Freiheit aufzufassen. In primitiven sozialen Verbänden wird das Individuum am meisten dem Interesse der Gesamtheit untergeordnet; je höher die soziale Organisation steht, desto reicher ist sie an Formen, desto mehr individuelle Freiheiten gewährt sie.

Allein auch die vollendetste soziale Freiheit wird das Gleichgewicht jener antagonistischen Grundkräfte zur Voraussetzung haben müssen. Das Individuum unterdrücken zugunsten der Gesellschaft, ist eine archaistische Richtung – die Gesellschaft der Willkür des unbeschränkten Individuums preisgeben, eine dekadente. Die konservative Tendenz der Mehrzahl bildet ein notwendiges und unentbehrliches Gegengewicht zu den Tendenzen der progressiven Geistigkeit, ohne welches das soziale Leben der Menschheit ebensowenig bestehen bleiben könnte, wie das Weltall ohne die Wirkung der Schwerkraft gegenüber der Flugkraft. Dauer und Stabilität wird den Zuständen der menschlichen Gesellschaft nur durch die Mitwirkung der zentripetalen Geistigkeit verliehen. In Zeiten, in denen die zentrifugalen Tendenzen das Übergewicht gewinnen, in den Zeiten der Umwandlung, des Überganges, der »Umwertung«, haben die allgemeinen Zustände etwas Haltloses, Unsicheres; alle gültigen Werte werden Problem, das Leben erschöpft sich in ephemeren Gebilden, die aufgehen und verschwinden, ohne eine dauernde Spur zu hinterlassen. Die Tradition ist ein Werk der konservativen Mehrheit; für jede Kultur aber bedeutet die Tradition die einzig zuverlässige Grundlage, das organische

Prinzip, durch das sie erst ein einheitliches Gebilde wird und Kontinuität erhält.

Es ist ein sehr gewöhnlicher Fehler der freien Geister, daß sie bei der Propaganda der Freiheit die Beschaffenheit der Durchschnittsmenschen nicht berücksichtigen, daß sie in dem Philister bloß die Engherzigkeit brandmarken, ohne seiner sozialen Aufgabe gerecht zu werden.

Die verächtliche Note, die in dem Namen Philister mitklingt, verrät, daß er von dem Felde der Polemik stammt. Aber sollte auf dem Felde der Betrachtung der freie Geist nicht aufhören können, Partei zu sein? Mit einem weniger gehässigen Wort bezeichnet, darf der Philister der Normengläubige heißen.

Entspringt doch aus dem Verhältnis zu den Normengläubigen die soziale Funktion der progressiven Geistigkeit. Die Freiheit im negativen Sinn, das Freisein von Geboten und äußeren Regulativen, ist nur ein Teil von ihr; als positive Kraft ist sie schöpferisch, sie bringt aus sich Ideen hervor, deren weitere Bestimmung es ist, von anderen übernommen zu werden, für andere die Richtung anzugeben. Sie schafft neue »Ideale« – das heißt im Sinne einer von Metaphysik freien Interpretation Richtungslinien, in denen sich die Entwicklung der menschlichen Gattung fortbewegt.

Wenn der negative Teil der Freiheit das Individuum aus der sozialen Gemeinschaft loslöst, so wird es durch den positiven Teil desto inniger mit ihr verbunden. Soweit die progressive Geistigkeit sittlich schöpferisch ist, so weit ist sie, ähnlich wie die künstlerische Genialität, auf ein Publikum verwiesen. Der Gedanke, eine neue Lebensform zu schaffen, ein neues Gesetz zu verkünden, hat immer zur heroischen Stimmung der ganz Großen unter den Menschen der progressiven Geistigkeit gehört. Mit diesem Gedanken wurzeln sie in der Gattung, in dem Mysterium, das sich hinter dem Wesen der Entwicklung verbirgt. Damit bestätigen sie, daß sie der erste Ausdruck für etwas sind, das in den kommenden Generationen allgemein werden wird, die Vorläufer für andere, eine Ankündigung der Natur, daß die Gattung noch lebendig, noch in der Bildung begriffen ist. Alle die Vorstellungen, die im Bewußtsein der Gesellschaft als sittliche Normen auftreten, der ganze Gehalt an moralischen und intellektuellen Werten, die im Leben der Mehrzahl bestimmenden Einfluß haben, sie sind einmal von Einzelnen zuerst gedacht und empfunden worden. Bis zu einem gewissen Grade bildet sich die Mehrzahl nach den Idealen der Einzelnen. Ohne diese Wirkung besitzen diese Ideale keinen Zusammenhang mit der Entwicklung, sie sind eine vergängliche Laune, die mit ihrem Träger abstirbt und verschwindet.

Allerdings geht davon nur das in den allgemeinen Besitz über, was den Bedürfnissen und Fähigkeiten der Mehrheit entspricht; und der Prozeß, durch den sie, in Normen verwandelt, Gemeingut werden, spielt sich unter der Schwelle des sozialen Bewußtseins ab. Es ist eine notwendige Beschränktheit der konservativen Geistigkeit, daß sie die Genesis der Normen nicht erkennt und sie als etwas Feststehendes, nicht als etwas Gewordenes und Veränderliches betrachtet. In dieser Voraussetzung liegt die bindende Gewalt der Normen; das Bedürfnis der Normengläubigen, sich an sie zu halten als an ein unfehlbares Gesetz, wird nur durch die Vorstellung befriedigt, daß er einem höheren, nicht von Einzelnen herstammenden Willen gehorcht. Er verehrt in der Norm den Ausdruck des sozialen Willens, der Gesellschaft, der sich zu widersetzen für ihn die Vernichtung wäre, weil er für sich allein nicht bestehen könnte.

Wenn der Begriff der Entwicklung, auf die menschliche Gesellschaft angewendet, einen Sinn haben soll, so ist eine fortschreitende Hebung des Durchschnittstypus seine notwendige Voraussetzung. Undenkbar aber ist es, daß sich im Laufe der Entwicklung ein Fortschreiten der großen Mehrzahl von der Stufe der Normengläubigkeit zur Stufe der freien Geistigkeit vollziehen könnte. Zur freien Persönlichkeit muß man geboren sein wie zu einem anderen Talente, das geistige Produktivität voraussetzt. Denn auch jene freien Persönlichkeiten, deren geistige Bedeutung nicht über die private Sphäre hinausreicht, sind insofern produktiv, als sie die Intuitionen, die ihrem Handeln und Urteilen zugrunde liegen, aus sich selbst hervorbringen. Was daher niemals aus dem Leben der progressiven Geistigkeit in den Besitz der Normengläubigen übergehen, niemals »Norm« werden kann, das sind die Grundinstinkte und die ganze Gesinnung, die damit zusammenhängt. Es ist ein Vorrecht der Starken, das Leben nach eigenen Impulsen zu gestalten, allein es kann keine Maxime für die Schwachen, also für die Mehrzahl bilden.

Auf das Verhältnis zwischen der progressiven und der konservativen Geistigkeit spielt Nietzsche an, wenn er sagt: »Es würde eines tieferen Geistes vollkommen unwürdig sein, in der Mittelmäßigkeit an sich schon einen Einwand zu sehen. Sie ist selbst die erste Notwendigkeit dafür, daß es Ausnahmen geben darf: eine hohe Kultur ist durch sie bedingt.« Und er berührt die gesetzgeberische Mission des freien Geistes mit dem Worte Zarathustras: »Werdet hart, meine Freunde; denn ihr sollt eure Hand auf Jahrtausende legen« – während sein Geistesverwandter Max Stirner den Kampf gegen alle normativen Bestrebungen bis zu ihrer völligen logischen Vernichtung getrieben hat. Max Stirners Werk ist zwar eine große Tat des abstrakten Denkens, die absoluteste Äußerung der zentrifugalen Geistigkeit, aber unfruchtbar für die realen Zustände der menschlichen Gemeinschaft.

So lange die Frauenbewegung noch völlig revolutionär war, hatte sie alle Berechtigung, in dem Normengläubigen nur den Philister schlechtweg zu erblicken. Sie konnte diese ganze Art Mensch ablehnen und sich als ihr Gegensatz empfinden, wenigstens auf dem Gebiete der weiblichen Probleme. Nun ist aber der Augenblick schon gekommen, da sie aus dem revolutionären Stadium in das organisatorische übergehen, das heißt, sich in ein normatives Verhältnis zu ihren Anhängern setzen muß. Ihre Forderungen beginnen sich zu realisieren, sind zum Teil schon Rechtszustand geworden, und die wirtschaftlichen Verhältnisse bereiten die äußeren Bedingungen ihrer Verwirklichung rasch vor.

Damit verändern sich ihre Aufgaben und Perspektiven. Was früher der enthusiastische Traum weniger Einzelner war, hervorgegangen aus den Impulsen starker und ungewöhnlicher Frauen, das Bekenntnis einer über das Durchschnittliche weit hinausführenden Wesensart, soll nun Gemeingut vieler werden, es soll die neue Norm bilden, nach welcher das Leben dieser Mehrheit einzurichten wäre. Denn darunter gibt es natürlicherweise mehr Normengläubige als freie Geister, Menschen, die sich nicht dazu erheben können, ihre Eigenart in Freiheit auszuleben, unbekümmert um die Meinung und das Verhalten der Gesellschaft, der sie angehören; sie wollen diese Freiheit unter der Form eines neuen Gesetzes begreifen, als eine neue höhere Sittlichkeit, zu der sich jeder Fortgeschrittene bekennen muß.

Werden die Anschauungen der Frauenbewegung diesen Anspruch erfüllen? Oder waren sie vielleicht in ihren wesentlichen Stücken nur auf den Ausnahmefall der Weiblichkeit zugeschnitten? Müßte nicht, wenn sie sich verwirklichen sollten, eine Veränderung im Durchschnittstypus der Weiblichkeit eintreten?

Aber warum sollte eine solche Veränderung nicht auch in diesem Fall soweit möglich sein, als sie bisher bei allen sozialen Umwälzungen die notwendige Voraussetzung und Folge war? So weit als sie schon im Begriff der Entwicklung selbst enthalten ist?

Die Forderungen, welche die Frauenbewegung an die soziale Gemeinschaft stellt, beruhen auf der Annahme, daß ein großer Teil des weiblichen Geschlechtes einer Erhebung aus der Abhängigkeit und zu selbständiger Lebensführung fähig sei, sobald der Druck der äußeren Verhältnisse zugleich mit dem Druck der herrschenden Normen aufhört.

Es ist charakteristisch für die Zeiten des Überganges, daß mit einem Schlage die Anzahl der divergierenden Individuen wächst – vielleicht, weil der Druck der herrschenden Normen abgenommen hat, vielleicht, weil die suggestive Wirkung der neuen Ideen sich zu verbreiten beginnt. Alle, die zu schwach waren, sich aufzulehnen oder sich durchzusetzen, alle, die nicht die geistige Kraft besaßen, sich eine abweichende Eigenart einzugestehen, kommen aus ihrer Verborgenheit hervor und sammeln sich als Anhänger um jene, die durch ihr Auftreten mit dem Nachdruck eines mächtigen Willens und eines starken Bewußtseins weithin sichtbar das verkünden, was sich in dem Wesen der Schwächeren nur mit verwischten und undeutlichen Zügen ausspricht. Deshalb pflegt mit dem Wechsel der Lebensideale auch ein neuer Typus Mensch in den Vordergrund zu treten. Ja beinahe jede Generation hat eine andere geistigsittliche Physiognomie und unterscheidet sich mehr oder weniger von der vorhergehenden – das beweist die bekannte, stets wiederkehrende Klage der alten Leute über die Beschaffenheit der Jugend. Auch ist im jugendlichen Alter bei vielen Menschen, die später in die konservative Geistigkeit zurücksinken, das progressive Element vorherrschend.

Auf eine Umbildung des Durchschnittstypus kann zudem durch eine veränderte Erziehung hingewirkt werden – das ist durch alle Einflüsse, denen ein Individuum während seiner Entwicklungsjahre mittelst planmäßiger Veranstaltungen ausgesetzt wird; und durch ein verändertes Milieu – das ist durch alle Einflüsse, die in Gestalt äußerer Lebensverhältnisse einen bestimmenden Druck ausüben. Die wirtschaftlichen Umwälzungen, die für die soziale Stellung des weiblichen Geschlechtes so entscheidend sind, tragen wesentlich dazu bei, den Durchschnittstypus zu verändern, indem sie eine ganze Reihe von Eigenschaften unnütz oder sogar nachteilig machen, die früher für das Weib förderlich und unentbehrlich waren und daher mit allen Suggestivmitteln herangezüchtet werden mußten. Aus den neuen Aufgaben wachsen neue Fähigkeiten. Hat doch der Engländer Bury als das stärkste Argument zugunsten des Frauenwahlrechtes die Möglichkeit betrachtet, daß sich eine neue weibliche Eigenart entwickeln werde. »Eine solche Möglichkeit bot sich nicht mehr seit fast zweitausend Jahren.«

Allerdings – wenn kraft einer neuen Konvention »das Weib« künftig unabhängig, selbständig, willensstark, energisch und ähnliches sein »soll«, dann würde wieder die Tyrannei einer Norm herbeigeführt, mit aller Selbstverblendung und Heuchelei im Gefolge, die gewöhnlich unter der Herrschaft äußerlicher Vorschriften auftritt.

Aber die Forderungen der Frauenbewegung schließen eine solche Majorisierung nicht in sich, gesetzt selbst, die Hebung des Durchschnittes wäre eine zu optimistische Voraussetzung. Ihr Charakter als Freiheitsbestrebung, die Idee der freien Selbstbestimmung nach Individualität, die ihr Ausgangspunkt, ihre Grundlage und ihre Auszeichnung ist, werden sie immer zu einer Sache der Minorität machen. In der Frauenbewegung kämpft der weibliche Minoritätstypus um seine soziale Normierung; und sollte eine hochentwickelte Kulturgesellschaft, die mit allen Mitteln gesteigerter Erkenntnis ausgerüstet ist, nicht auch einer Minorität den ihr gebührenden Platz gewähren können?

Von der Männlichkeit

I

Man wird die Wandlung, die sich in der Stellung des weiblichen Geschlechtes vollzieht, nicht in ihren tiefsten Ursachen begreifen, solange man die Wandlung in den Lebensbedingungen des männlichen Geschlechtes unbeachtet läßt. Die beiden Geschlechter stehen in einer zu engen Verbindung, sind voneinander zu abhängig, als daß Zustände, die das eine treffen, das andere nicht berühren sollten. Vielleicht ist eine der wichtigsten Entstehungsbedingungen der Frauenbewegung in Veränderungen innerhalb des männlichen Geschlechtes zu suchen. »Die Geschlechtslaster der Frauen sind nun die der Männer geworden,« hat schon um die Mitte des 19. Jahrhunderts ein tieferblickender Mann geschrieben; »unsere Bildung ist eine vorwiegend lyrische, weibliche, die den Mann zum zarten Genossen des Weibes, nicht das Weib zur starken mannlichen Gesellin des Mannes erzieht. Das Männische, wo es nicht zu ersticken war, muß als unberechtigt und ausgeschlossen zu barer Roheit entarten; und da die Männer Frauen geworden sind, was sollen die Frauen, durch diese geschlechtliche Völkerwanderung aus ihrer natürlichen Sphäre verdrängt, tun –? .. Bleibt denjenigen Frauen, die keine Kinder werden wollen oder können, etwas anderes, als das Feld zu erobern, das die Männer verließen, um das Gebiet einzunehmen, welches ehedem das ihre war?« (Otto Ludwig, Shakespearestudien.)

Und Goethe ist von einer ähnlichen Auffassung ausgegangen, als er sagte: »Es ist keine Frage, daß bei allen gebildeten Nationen die Frauen im ganzen das Übergewicht gewinnen müssen. Denn bei einem wechselseitigen Einfluß muß der

Mann weiblicher werden, und dann verliert er; denn sein Vorzug besteht nicht in gemäßigter, sondern in gebändigter Kraft. Nimmt dagegen das Weib von dem Manne etwas an, so gewinnt es; denn wenn es seine übrigen Vorzüge durch Energie erheben kann, so entsteht ein Wesen, das sich nicht vollkommener denken läßt.«

Die Bedeutsamkeit dieser Aussprüche liegt nicht so sehr in dem Urteil zugunsten der Frauen, als vielmehr in der Bestätigung, daß etwas an der Männlichkeit nicht in Ordnung ist. Im allgemeinen kommt das den Männern nicht zum Bewußtsein. Es widerstrebt dem naiven Geschlechtsdünkel des gewöhnlichen Mannes, einzuräumen, daß zwischen ihm und dem Manne anderer Epochen im Grade der Männlichkeit ein Abstand sein sollte. Was ihm von Kindesbeinen an als Maßstab seines männlichen Wertes suggeriert wird, daran hält er sich, ohne zu fragen, ob es sich mit den Bedingungen und Einflüssen verträgt, denen er sein ganzes Leben lang ausgesetzt ist.

Wie ein altes Götterbild, das noch öffentlich verehrt und mit den vorgeschriebenen Opfern bedient wird, obgleich es längst aufgehört hat, seine Wunder zu verrichten, regiert der Begriff der Männlichkeit in der modernen Kulturgesellschaft. Der Vorstellungsinhalt, der sich damit verbindet, ist erfüllt von Überbleibseln vergangener Zeiten, von Rückständen alter Verhältnisse. Ja man kann wohl behaupten, daß das Mißverhältnis zwischen den modernen Lebensbedingungen und den herrschenden Normen bei dem männlichen Geschlecht noch größer ist als bei dem weiblichen. Durch seine soziale Natur steht aber der einzelne Mann ebenso wie das Weib in einem Abhängigkeitsverhältnis; sofern er zum Durchschnitt gehört, ist er der Tyrannei der Norm ebenso unterworfen, empfindet die Bestimmungen der Sitte und Moral ebenso als Herren über sich. Nur die Bestimmungen selbst sind andere.

Betrachtet man den Begriff der Männlichkeit, wie er sich in allgemeinen Umrissen im gewöhnlichen Leben oder in jenen Schriften darstellt, die einer normativen Grundlage bedürfen, in pädagogischen, populär-medizinischen, didaktischmoralischen, so findet man den primitiven teleologischen Geschlechtstypus, der sich von Generation zu Generation forterbt, ohne an den Zuständen der Wirklichkeit geprüft zu werden. Da ist Männlichkeit gleich Aktivität, Weiblichkeit gleich Passivität. Alles Männliche verhält sich der Außenwelt gegenüber aggressiv, alles Weibliche defensiv; der Mann hat expansive Impulse und starken Willen, er ist unternehmend, eroberungslustig, kriegerisch und verträgt keinen Zwang; das weibliche Geschlecht aber, durch seine Willensschwäche untergeordnet und unterordnungsbedürftig, ist zaghaft, friedfertig, geduldig u. dgl. m.

Wiewohl dieser Geschlechtstypus nicht einmal für alle sogenannten Naturvölker unbedingt zutrifft, läßt sich doch sagen, daß er sich desto deutlicher und reiner ausprägt, je tiefer die Lebensweise steht. Allein nur bei Völkern, deren Leben sich noch auf der Stufe unter der Kultur abspielt, ist die Arbeitsteilung dieser Sonderung der Geschlechter angemessen; die Aufgaben und Beschäftigungen des Mannes entsprechen da vollkommen den Tendenzen des primitiven Geschlechtscharakters. Man könnte sie nicht bündiger zusammenfassen, als es in dem Ausspruche jenes australischen Kurnai geschieht, den Ellis in seinem Buche über Mann und Weib zitiert: »Der Mann jagt, fischt, kämpft und sitzt herum; alles übrige ist Sache der Weiber.« Alles übrige – nämlich die Arbeit im eigentlichen Sinn, der Ackerbau, die Gewerbstätigkeit.

Die männlichsten Beschäftigungen sind die des Wilden, der männlichste Mann ist der Wilde, wie er ja auch der freieste ist, der unbeschränkteste. Erst wenn sich eine Modifikation in den Grundinstinkten seiner Geschlechtsnatur vollzogen hat, wird der Mann zur Kultur fähig; und schon mit den ersten Anfängen der Kultur, indem er einen Teil des weiblichen Arbeitsfeldes übernimmt, verzichtet er auf den vollen Gehalt seiner Männlichkeit. Er wird seßhaft, gebunden, abhängig. Kultur und Bildung nähern den Mann dem Weibe, verweiblichen ihn; sie sind antiviril. Und je mehr die Kultur wächst und sich verfeinert, desto stärker werden ihre antivirilen Einflüsse. »Wilde und barbarische Völker sind gewöhnlich vorwiegend kriegerisch, d. h. männlich in ihrem Charakter, während die moderne Zivilisation ihrem Wesen nach industriell, d. h. weiblich ist; denn die Gewerbe gehören eigentlich und ursprünglich dem Weibe und haben die Tendenz, den Mann dem Weibe gleich zu machen.« (Ellis, Mann und Weib.)

Das Kulturleben hat an der Männlichkeit langsam aber unaufhörlich eine Veränderung vollzogen, in der die femininen Einwirkungen immer mehr das Übergewicht erlangen, und die kriegerischen, also im engeren Sinne männlichen Tendenzen immer mehr zurücktreten.

Man muß in dieser Veränderung einen historischen Prozeß erkennen, der mit Notwendigkeit den Weg der Kultur begleitet – einen Niedergang, wenn man die primitive und ursprüngliche Art der Männlichkeit als die stärkste betrachtet, als diejenige, in welcher die Kraft der menschlichen Gattung ihren absoluten Ausdruck findet. Es ist leicht aus der Geschichte zu beweisen, wie oft die kriegerische Männlichkeit barbarischer und halbbarbarischer Völker den Sieg über Kulturvölker davongetragen hat, deren kriegerische Instinkte erloschen waren. Das scheint ein Einwand gegen die Differenzierung zu sein, welche die Kultur an der Männlichkeit bewirkt. Und so käme man zu dem paradoxen Schluß, daß durch die Zivilisation – die ja fast ausschließlich ein Werk der männlichen Intelligenz ist – der Mann selbst an der Zerstörung seiner Männlichkeit arbeitet.

Aber man würde den Inhalt dieses Begriffes zu einseitig begrenzen, wenn man nur seine primitive Seite berücksichtigen wollte. Schon in den Anfängen der Kultur macht sich eine andere Seite der männlichen Natur geltend und scheidet die einzelnen Individuen in verschiedene Gruppen. Es zeigt sich, daß innerhalb des männlichen Geschlechtes selbst zwei entgegengesetzte Grundtriebe herrschen. Der primitiven Männlichkeit, die in dem Ausleben des physischen Vermögens besteht, tritt eine differenzierte Männlichkeit gegenüber, die auf die Entfaltung und Steigerung des intellektuellen Vermögens gerichtet ist – der Macht aus körperlicher Überlegenheit die Macht aus geistiger Überlegenheit.

Dieser Gegensatz unter den Männern ist in seinen sozialen Wirkungen nicht weniger wichtig und belangreich, als der vermeintlich so tiefgehende Gegensatz zwischen dem männlichen und weiblichen Geschlecht. Er äußert sich als ein beständiger Kampf der beiden Grundtriebe um die Vorherrschaft in der menschlichen Gesellschaft. Die Lebensideale, die sie in die Welt stellen, bewegen sich in entgegengesetzter Richtung, schließen sich in ihren Endkonsequenzen gegenseitig aus. Dennoch bestehen sie während der ganzen Kulturentwicklung nebeneinander fort, nehmen die verschiedensten Gestalten an, verwandeln sich, vermischen sich und erzeugen die seltsamsten Widersprüche.

Die ältesten Repräsentanten dieser Lebensideale sind der Krieger und der Priester. In ihnen tritt der Gegensatz der männlichen Grundtriebe am stärksten hervor. Auch der Kampf um die Vorherrschaft läßt sich an der Stellung erkennen, die sie in der Organisation der frühesten Gesellschaftsordnungen einnehmen. Während bei barbarischen Völkern der Krieger auf der obersten Stufe der sozialen Bewertung steht, erscheint schon bei sehr alten Kulturvölkern der Priester im Range dem Krieger übergeordnet. Unter der Form des Priestertums hat die differenzierte Männlichkeit zuerst den Sieg über die primitive davongetragen. Allerdings wird das Ideal eines Standes oder einer Kaste nicht durch jeden Einzelnen verwirklicht; gerade im Priestertum hat der Zwiespalt zwischen der äußeren Lebensstellung und der inneren Anlage des Individuums oft zu den schlimmsten Entartungserscheinungen geführt.

Für die abendländische Kulturgesellschaft bedeutet die christliche Epoche in der Theorie die Oberherrschaft des priesterlichen Lebensideales. In der Praxis hat aber die kriegerische Männlichkeit sich niemals – und auch nicht zur Zeit, als der christliche Gedanke als solcher die stärkste suggestive Gewalt besaß – von der Lebensführung abwendig machen lassen, die ihr entsprach. Das ganze Mittelalter hindurch tritt der Gegensatz dieser heterogenen Lebensideale deutlich hervor; und wenn die Männer des frühen Mittelalters Schreiben und Lesen als eine Beschäftigung für Geistliche und Weiber ablehnten, so hatten sie vom Gesichtspunkt der kriegerischen Männlichkeit alle Ursache dazu. Sie witterten hier mit Recht die Fallstricke, in denen die elementaren Impulse der Männlichkeit unvermerkt gefangen und gebrochen werden, die Verführung zu einer Lebensweise, die den Unterschied zwischen dem Manne und dem Weibe aufhebt.

Die Verwandtschaft zwischen dem geistigen Lebensideal und dem weiblichen hat immer in den Augen der kriegerischen Männlichkeit etwas Herabsetzendes gehabt. Für sie sind die Friedfertigen und Beschaulichen keine ganzen Männer. Jene hingegen, die aus dem tiefsten Bedürfnis ihrer Wesensart, von Kampf und Gewalttätigkeit verschont zu bleiben, ein Himmelreich schufen, wo das Leben in der Form der sublimiertesten Geistigkeit als ein ewiges entzücktes Schauen gedacht war, betrachteten die Kriegerischen mit der gleichen Geringschätzung als die schlechtere Gattung, die nicht für die Nähe des Göttlichen taugte. Die christliche Vorschrift hat die Konsequenz der Vergeistigung so weit getrieben, daß sie, streng genommen, jede Betätigung der primitiven Männlichkeit ausschließt. Daher ist die Gestalt des frommen Kriegers, der mit der Anwartschaft auf das Himmelreich dem Berufsmord nachgeht, eine christliche Absurdität; sie zeigt nur, wie sich Instinkte, die in den Untergründen des Bewußtseins wirken, mit theoretischen Anschauungen paaren, die von außen in das Seelenleben hineingetragen werden.

Etwas von dieser Absurdität haftet auch an den modernen Anschauungen über die Männlichkeit. Die Gegenwart wird ganz und gar durch die differenzierte Männlichkeit charakterisiert. Ihre Auszeichnung vor anderen Epochen liegt in der Entwicklung des Denkens und in der Tendenz, die Mittel der Bildung möglichst allgemein zu machen. Sie hat einen technisch-intellektuellen und einen ästhetisch-kontemplativen Charakter; außerhalb dieser Gebiete ist das Leben in vollem Verfall begriffen – am stärksten auf jenen, welche die Domäne der primitiven oder kriegerischen Männlichkeit sind.

Der Kampf mit den elementaren Gewalten der Natur, in dem die primitive Männlichkeit sich zu sittlicher Größe erhob, wird durch die technische Beherrschung der Naturkräfte beinahe ganz auf das intellektuelle Gebiet verlegt, wo er nicht eine Sache des Mutes und der Körperkraft, sondern des Scharfsinnes und der Erfindungsgabe ist. Auch die Arbeit des Mannes wird durch die Maschine ersetzt. Der Maschinenarbeiter ist bloß der Vollstrecker eines Handgriffes, der meistens durch Weiber oder Kinder ebensogut verrichtet werden kann. Es liegt ganz in der Natur der Sache, daß auf dem Gebiet der Maschinenarbeit die Männer von den Frauen verdrängt werden.

Nicht weniger verliert die ethische Seite der physischen Überlegenheit, durch die der Mann sich zum Herrn und Beschützer von Weib und Kind machte, unter den Voraussetzungen des modernen Rechtsstaates ihre Bedeutung. Die »starke Faust«, die in anderen sozialen Zuständen für den einzelnen Mann unentbehrlich und das rechtmäßige Fundament seiner Herrschaft war, ist vollkommen überflüssig geworden.

Aber wenn auch das moderne Leben den Wirkungskreis der primitiven Männlichkeit mit jedem Tage mehr einschränkt, wenn auch die Kultur selbst als der fortschreitende Sieg der differenzierten Männlichkeit zu betrachten ist – die barbarische Bewertung besteht doch in den Sitten und Normen noch immer fort. Noch immer genießt das Militär den Platz als erster Stand; noch immer steht der Krieg hoch in Ehren, und alles, was damit zusammenhängt, ist von einem Nimbus überragender Wichtigkeit und Auszeichnung umgeben.

II

Als Friedrich Nietzsche versuchte, den kommenden Generationen ein kanonisches Buch neuer Lebensbewertung zu geben, ließ er Zarathustra sagen: »Der Mann soll zum Kriege erzogen werden und das Weib zur Erholung des Kriegers«. Er wollte die primitiven männlichen Instinkte rehabilitieren; in dem alten Gegensatz zwischen Krieger und Priester hat er für den Krieger Partei ergriffen und dem Priester die Schuld an der Vergiftung des Lebens zugeschrieben.

Aber gesetzt auch, jene Formel Zarathustras wäre der Beschaffenheit der großen Mehrzahl angemessen, eine Anweisung für die Groben, Gewöhnlichen, Ungeistigen, der Versumpfung zu entgehen, oder sogar für die Differenzierten ein Weg, sich vor den Übelständen der Feminisation zu retten – besteht denn irgend eine Möglichkeit, innerhalb des modernen Lebens die primitive Männlichkeit wieder aufzuzüchten und ihren Niedergang hintanzuhalten?

Man kann in dem Verlaufe dieses Niederganges drei Phasen unterscheiden. Die erste reicht in die Periode zurück, als der Ackerbau und die Gewerbe aus den Händen der Frau an den Mann übergehen; damit wird der Boden geschaffen, auf welchem der Gegensatz in den Grundtrieben der Männlichkeit heranwächst, indem die unkriegerischen Individuen, die vorher unnütz und verachtet waren, eine soziale Funktion erhalten und positive Werte schaffen. Die zweite Phase läßt sich für die europäische Kulturgesellschaft von der Zeit an rechnen, als das Schießpulver sowohl dem Kriege als der Jagd, diesen beiden bezeichnendsten Äußerungen der primitiven Männlichkeit, einen völlig veränderten Charakter verlieh; die dritte Phase, und zugleich diejenige, in welcher der Ruin der primitiven Männlichkeit offen zutage tritt, wird durch die Herrschaft der Maschine herbeigeführt und beginnt ungefähr in der Zeit, als der zivile Mann den Degen ablegte – ein äußeres Zeichen dafür, daß er das wichtigste Vorrecht der kriegerischen Männlichkeit, das Recht der Selbstverteidigung, endgültig an den Staat verloren hatte.

Es ist für die asiatischen Männer ein ehrendes Zeugnis, daß sie innerhalb ihres originären Kulturkreises die Erfindung des Pulvers hauptsächlich ästhetischen Zwecken dienstbar machten und seine tödlichen Eigenschaften in Feuerwerkskünsten spielerisch zu verpuffen liebten. Waren die europäischen Männer um soviel kriegerischer, um soviel todesmutiger, als sie die furchtbarste Mordwaffe daraus schufen? Oder waren sie nur von allen guten Instinkten der primitiven Männlichkeit schon zu sehr verlassen?

Ein wahrhaft kriegerischer Mannessinn hätte diese Waffe nie angenommen. Das kriegerische Element der männlichen Natur hat seinen Ursprung in der neuromuskulären Beschaffenheit; im allgemeinen ist das männliche Geschlecht tapfer und aggressiv auf Grund seiner Muskelstärke, wie das weibliche furchtsam und passiv auf Grund seiner Muskelschwäche. Aus dem Bewußtsein der physischen Kraft und dem Bedürfnis, sie zu äußern, stammen alle jene Erscheinungen gesteigerter Vitalität, die den Mann antreiben, sich im Kampf auszuleben. Für den primitiven Mann ist der Krieg der Zustand, in dem er sich selbst am intensivsten genießt – weshalb in der Anschauung der meisten barbarischen Völker der Krieg als die dem Mann entsprechendste Lebensweise, als die normale gilt.

Aber dieser Krieg besteht eben in einer Auslösung aggressiver Impulse, und die Waffen, mit denen er geführt wird, sind dem Zustand angemessen, dem sie dienen. Sie ermöglichen eine individuelle Tapferkeit, die über den Vorrang der Tüchtigkeit entscheidet; und sie gestatten dem Kämpfenden eine Verteidigung durch persönliche Geschicklichkeit oder auch durch äußere Hilfsmittel, wie die Bewehrung durch den Schild und die Umpanzerung der wichtigsten Körperteile. Das Schwert, der Degen, die Lanze, der Speer, selbst auch Bogen und Armbrust sind ehrliche, mannhafte Waffen.

Nicht so die Feuerwaffe. Die Feuerwaffe ist feig; sie macht den Angriff zu einem meuchlerischen Überfall aus dem Hinterhalt, die Verteidigung zu einer fatalistisch-passiven Ergebung in das Unvermeidliche. Der Mut, der den mit Schild und Schwert bewaffneten Mann zum Kampfe antrieb, war eine natürliche Äußerung der Mannhaftigkeit; der Mut, den der moderne Mann zeigen will, wenn er seine bloße Brust der Pistole eines Gegners bietet, ist gar kein Mut im eigentlichen Sinne mehr – er ist ein krankhaftes Verfallsprodukt aus christlich asketischer Selbstüberwindung und atavistisch männlicher Prahlerei. Nicht umsonst läßt ein spanischer Dichter – Pedro de Alarcon in seinem Manuel Venegas –, als er den Inbegriff der stolzen, hochgesinnten, selbstherrlichen Männlichkeit darzustellen unternimmt, selbst im Kampfe gegen Bären seinen Helden die Schußwaffe verschmähen, weil sie ihm zu feige und heimtückisch erscheint.

Welches Unheil aber hat diese feige und heimtückische Waffe in die Welt gebracht, seit das Raffinement der modernen Technik sie zu einer grauenhaften Vollendung entwickelte! Die ungeheuerliche Entartung des Krieges, die durch die technische Vervollkommnung der Feuerwaffen in Verbindung mit der allgemeinen Wehrpflicht herbeigeführt worden ist, steht in der Weltgeschichte beispiellos da. Der Söldnerkrieg, der eine Ableitung für alle unbändigen, abenteuerlustigen, den friedlichen Beschäftigungen abgeneigten Individuen bildete, war immerhin, welche Plagen er auch mit sich brachte, nicht mehr als ein Exzeß der elementaren Männlichkeit, der eben wie ein Elementarereignis ertragen werden mußte. Aber der molochistische Wahnwitz, der die moderne Kriegführung beherrscht, hat mit den Instinkten der Männlichkeit nichts mehr gemein. Kann denn gegenüber diesen rasenden Mordmaschinen, diesen Sprenggeschossen, durch welche die menschlichen Leiber haufenweise niedergemetzelt werden, wehrlos und wahllos wie Gräser durch die Sense des Schnitters – kann da noch von Tapferkeit des einzelnen die Rede sein? Diese greuelvollen Waffen würdigen den Mann zu einem bloßen Fleischklumpen herab, der sich ohne Widerstand zerfetzen lassen muß, um Ordre zu parieren. »Vom Heldentum hat sich uns nichts als Blutvergießen und Schlächterei vererbt – ohne allen Heroismus, dagegen alles mit Disziplin.« (Richard Wagner) Es ist nicht mehr die höchste physische Steigerung der männlichen Aktivität, die sich im Kriege betätigt, es ist die äußerste Passivität, die Erduldung eines übermächtigen Zwanges – das heißt, der moderne Krieg hat den Typus der Männlichkeit verloren und einen weiblichen, also widernatürlichen, Charakter angenommen.

Man lese nur einmal eine der wenigen wahrhaften, von der Suggestion des militärischen Ehrbegriffes nicht umnebelten

Schilderungen, wie es bei der in Schlachtreihe aufgestellten Mannschaft aussieht, und man wird begreifen, daß hier keine Spur von den ursprünglichen Empfindungen mehr vorhanden sein kann, die den primitiven Krieg zu einer Schule der Mannhaftigkeit machten. Emile Zola hat im »Débâcle« eine solche Darstellung gegeben; sie wird mit überzeugender Unmittelbarkeit durch die Worte eines preußischen Soldaten bestätigt, der an der Schlacht von Spichern am 6. August 1870 teilnahm: »Herzzerreißendes Weh, Verzweiflung, Angst, Entsetzen, verbissene Scheu, alles dies konnte man in den Blicken dieser dem Tod Geweihten lesen, nur keine glühende Begeisterung mehr, keine fanatische Lust zu morden oder sich morden zu lassen ... Wie die Küchlein, wenn der Raubvogel eines der ihrigen geholt, sich zitternd und ängstlich aneinanderschmiegen, so drängten wir uns instinktiv zusammen, um einer hinter dem andern Schutz zu suchen ... Bleich wie der Tod, schwer atmend, mit klopfendem Herzen und zitternden Gliedern harrten wir mit Bangen der Dinge, die da kommen würden. Fürwahr, der Selbsterhaltungstrieb ist oft stärker als alle guten Vorsätze – und nur eines Anstoßes hätte es in diesem Moment gebraucht, um die Bande der Disziplin zu lösen. Da, diesen kritischen Augenblick gewahrend, der sich in einer gewissen Unruhe im Bataillon bemerkbar machte, sehe ich unsern Kommandeur die Bataillonskolonne heruntersprengen, und ›die Herren Offiziere bitte die Revolver ziehen‹ höre ich seine befehlende, Gewehrsalven und Kanonendonner übertönende, scharfe Stimme erschallen « ... (»Mehr Licht in unsere Welt« von Gustav Müller.)

So zwischen zwei Feuern, vor sich die Gewehrläufe des Feindes, hinter sich die Revolver der Vorgesetzten, wird der moderne »Krieger« in die Schlacht getrieben. Bei den ganz Rohen, durch Bildung nicht Verfeinerten, erzeugt der Anblick des Blutes allenfalls eine blinde Berserkerwut, in der sie besinnungslos ihre Munition verschießen. Ganz furchtbar aber ist die Situation für jene, die, durch alle Einflüsse des modernen Geisteslebens den Instinkten der primitiven Männlichkeit entfremdet, an eine geschützte Lebensweise gewöhnt, zu intellektuellen Berufen erzogen, trotz alledem für den Kriegsfall die gleichen Aufgaben erfüllen sollen, wie der Berufssoldat. Die allgemeine Wehrpflicht ist ein Turm Babel an Instinktverwirrung. Was hat ein Künstler, ein Gelehrter, ein Beamter, ein Lehrer mit den Eigenschaften zu tun, die zum Kriege tauglich machen? In jeder Kultur war bisher der Krieg die Sache einer bestimmten Klasse, und die zu den Beschäftigungen des Friedens Erzogenen blieben davon verschont, wenn sie sich nicht freiwillig anwerben ließen. Aber die allgemeine Wehrpflicht, wie sie auf dem europäischen Festland besteht, ist die schlimmste Sklaverei, mit der je der freie Mann beladen wurde. Durch sie werden die Männer insgesamt zu Leibeigenen des Staates; sie müssen sich in regelmäßig wiederholten Abständen ihrer bürgerlichen Freiheit begeben, um sich der Disziplin und den Vorurteilen einer Klasse zu unterwerfen, an deren Vorrechten sie für gewöhnlich nicht teilnehmen. Da sie aber gezwungen sind, den Begriff der militärischen Ehre, der ganz auf den Instinkten der primitiven Männlichkeit basiert, in ihr bürgerliches Leben herüberzunehmen, erleiden sie einen wesentlichen Nachteil gegenüber den Berufssoldaten. Besäße die zivile Männerschaft noch mehr von den primitiven Impulsen des Geschlechtes, so wäre das Verbot des Waffentragens, dem sie trotz ihrer militärischen Dienstpflicht unterworfen ist, etwas Entehrendes für sie, und die Vorstellung, unbewaffnet dem Umgang mit bewaffneten Geschlechtsgenossen ausgesetzt zu sein, müßte ihr unerträglich sein.

Wenn aber das Militär in der modernen Gesellschaft alle Ehren genießt, die nach der primitiven Auffassung dem Krieger als der vollendetsten Verkörperung der Männlichkeit zukommen, so kann man das nur als Atavismus bezeichnen. Denn der Krieg ist so selten geworden, daß ihn im eigenen Lande kaum jede Generation wehrfähigen Alters erlebt; und die Beschäftigungen des Militärs in Friedenszeiten rechtfertigen diese Bevorzugung nach keiner Richtung.

Nicht weniger als bei dem modernen Kriege zeigt sich der Niedergang in den Instinkten der primitiven Männlichkeit bei der modernen Jagd. Zum mindesten die Treibjagd hat unter dem Gesichtspunkte der Gefahr, deren Überwindung neben dem Gewinn der Beute für den Mann früherer Zeiten den Wert der Jagd ausmachte, etwas Verkehrtes und Lächerliches; wenn es dabei noch Gefahr und Strapazen gibt, so fallen sie ganz in die Beschäftigung des Treibers und nicht des Jägers. Für den intakten Mannesinstinkt müßte es eher etwas Abstoßendes, ja Verächtliches haben, so aus sicherer Ferne wehrlos-unschädliche Geschöpfe, die da in Massen vorübergetrieben werden, niederzupfeffern; das Vergnügen an der eigenen Treffsicherheit könnte einen in diesem Punkte noch nicht abgestumpften Mann über das Unmännliche dieses Verfahrens nicht hinwegtäuschen. Aber ganz als ob es sich noch um Bären oder Wölfe, um die mannhaftunerschrockene Bekämpfung wilder und gemeingefährlicher Bestien handelte, gilt die Jagd als eine ausgezeichnet männliche Beschäftigung und wird immerzu das »edle Weidwerk« genannt.

Nicht viel besser in Ansehung der männlichen Qualität ist es um alle Arten von Sport bestellt, die durch heftige Leibesbewegungen und physische Anstrengungen als Remeduren der primitiven Männlichkeit gelten können. Als Remeduren wohl, sofern sie Abhärtung, Anspannung der Muskel- wie der Willenskraft bedingen – als Taten nicht. Der Sport ist stets nur ein Spiel; deshalb werden selbst die äußersten Leistungen auf seinem Gebiete – wenn sie auch in mancher anderen Hinsicht hoch anzuschlagen sind – nie einen heroischen Charakter haben, wie ihn die Tapferkeit gegenüber ernsten Gefahren verleiht. Was dabei herauskommt, ist im besten Fall eine Männlichkeit der Bravourstücke.

Als eine völlige Karikatur, in ihrer widersinnigsten und lächerlichsten Gestalt, erscheint die primitive Männlichkeit bei dem studentischen Kommentwesen. Denn hier tritt sie nur mehr als ein atavistischer Auswuchs im Leben solcher Individuen auf, die durch ihre Berufswahl Repräsentanten der differenzierten Männlichkeit werden sollen. Das Mißverständnis, das hier obwaltet, könnte als eine Jugendeselei hingehen, wenn es sich bloß in den Paukereien äußerte, die der »unbändigen Mannesnatur« durch kleine unschädliche Aderlässe Luft machen; da es aber gleichzeitig einen unwürdigen Zwang zum Alkoholmißbrauch mit sich bringt, der oft die depravierendsten Folgen hat, stellt das ganze Kommentwesen in seiner heutigen Gestalt eines der schlimmsten Verfallssymptome der Männlichkeit dar.

Niedergang, unaufhaltsamer Niedergang! Verträgt sich denn die Lebensweise, welche die Männer der geistigen Berufe führen, überhaupt noch mit irgend einem der Instinkte, durch die sich die primitive Männlichkeit auszeichnet? Das Bureau, das Kontor, die Kanzlei, das Atelier – lauter Särge der Männlichkeit. Ihre monumentale Grabstätte aber ist die Großstadt selbst. Hier sind die Gefahren des Lebens – das Element und die hohe Schule der Männlichkeit – ganz aus dem Wege geräumt; hingegen wirken alle Einflüsse des Großstadtlebens dahin, jenes Gebrechen zu fördern, das sich am wenigsten mit dem Charakter der Männlichkeit verträgt, die Nervenschwäche.

An dieser Wirkung läßt sich erkennen, wie labil im Grunde der angeblich ein- für allemal feststehende Geschlechtscharakter ist. Man pflegt das männliche Nervensystem für widerstandsfähiger zu halten als das weibliche und einen wichtigen Geschlechtsgegensatz darin zu erblicken, daß das weibliche größere Irritabilität zeigt, das heißt, die Neigung, auf Reize von außen rascher und ungehemmter zu reagieren. Was man als »männlichen Sinn« im allgemeinen bezeichnet, obgleich es sich keineswegs ausschließlich beim Manne findet, das Aufsichselbstberuhen, die Ruhe und Fassung gegenüber äußeren Eindrücken, ist hauptsächlich auf die Widerstandsfähigkeit des nervösen Apparates zurückzuführen. Die Schwächung und Überreizung des Nervensystems aber, die das moderne Großstadtleben erzeugt, steigert die Irritabilität auch beim Manne und verändert auf diese Weise das Bild des Geschlechtscharakters, das als das traditionelle der Männlichkeit gilt.

Deshalb ist der vehementeste Angriff auf sie die typische Großstadtkrankheit, die Neurasthenie. Man braucht nur die psychischen Erscheinungen, die zum Krankheitsbild der Neurasthenie gehören, daraufhin anzusehen, die Niedergeschlagenheit und Unsicherheit, das Angstgefühl, die Launenhaftigkeit, Willenlosigkeit und Entschlußunfähigkeit – lauter Symptome, die aus der reizbaren Schwäche entspringen – und man wird erkennen, daß der Neurastheniker einen nach der konventionellen Auffassung völlig weiblichen, ja weibischen Typus annimmt.

Für die Männer der geistigen Berufe bedeuten die Schädlichkeiten des Großstadtlebens keine so wesentliche Beeinträchtigung; die Bedingungen, unter denen sie ihren Beruf ausüben, vertragen sich auch mit den leichteren Graden der Neurasthenie. Denn diese Bedingungen selbst setzen vielfach eine wesentliche Herabminderung der aggressiven Impulse voraus, und der volle Gehalt männlicher Impetuosität wäre eher ein Hindernis dabei.

Ein Niedergang der differenzierten Männlichkeit wird also durch das Großstadtleben an sich nicht verursacht; nur mit den Idealen der primitiven Männlichkeit läßt es sich durchaus nicht vereinigen. Diese Ideale anerkennen, heißt den ganzen Entwicklungsgang der Kultur verneinen. In ihnen ist nichts Zukunftsmächtiges. Der Heroismus im Kampf gegen physische Gefahren, der die schönste Blüte der primitiven Männlichkeit ist, hat seine Wirkungssphäre zum größten Teil verloren; die Aufgaben, die ihm noch zufallen können, treten zurück, andere Ziele beherrschen das Leben und heben jene empor, die geschaffen sind, sie zu erfüllen.

Die Schattenseiten der primitiven Männlichkeit aber haben zu allen Zeiten ihre Vorzüge schwer verdunkelt. Sie ist es, die aus dem Menschen das bösartigste Raubtier unter allen Geschöpfen der Erde macht; sie ist es, die das Leben in einen Kriegsschauplatz verwandelt; sie ist es, die den Mord heiligt und das Blutvergießen zur Lust erhebt. Erst wenn die Konsequenzen ihres Niederganges sich im sozialen Bewußtsein vollzogen haben, wird ein neuer Tag für die Menschheit anbrechen.

III

Und so wäre denn die Möglichkeit für eine unendlich höhere Wirksamkeit der differenzierten Männlichkeit gegeben, als sie irgendeine frühere Kulturperiode bot. Die Umstände, die den Verfall der primitiven Männlichkeit bedingen, müßten den differenzierten Mann an die Spitze der Kultur stellen, auf jenen Rang, der ihm als ihrem Schöpfer zukommt.

Betrachtet man aber die differenzierte Männlichkeit, oder konkreter ausgedrückt, die Männer der geistigen Berufe im Spiegel der herrschenden Anschauungen und Zustände, so erfährt man eine große Enttäuschung. Fast zu allen Zeiten und in allen Kulturländern ist die Bestimmung des Mannes für ein Leben in der Region der Geistigkeit durch die soziale Tradition höher eingeschätzt worden als in der europäischen Kultur der Gegenwart. Sie steht in dieser Hinsicht, wiewohl sich vielleicht das menschliche Leben noch niemals weiter von seinen primitiven Formen entfernt hat, hinter den Kulturen des Altertums und des Orients beträchtlich zurück. Ob es nun wie in China der Literat ist, der in der Anschauung der Allgemeinheit den ersten Rang einnimmt, oder wie in Indien der Asket, oder wie im alten Ägypten der Priester – es ist die geistige, die differenzierte Art Mann, diejenige, deren Lebensinhalt die höchste Steigerung des geistigen Vermögens bildet, welcher die Krone des Lebens gehört. Selbst das Mittelalter erkannte den Geistlichen als den höheren Menschen an, wie selten der einzelne die Vorstellungen tatsächlich verwirklichen mochte, denen er seine Bevorzugung verdankte.

Vergeblich suchen wir in der sozialen Tradition der modernen europäischen Kultur nach dieser Bewertung. Es ist nicht mehr das priesterliche Lebensideal, in dessen Bereich die Männlichkeit ihre kulturschöpferische Macht entfaltet. Denn die Kluft, die zwischen dem modernen Denken und der überlieferten Religion gähnt, hat den Priester als Repräsentanten der Geistigkeit herabgesetzt. Seine Existenz ruht auf einer überlebten Weltinterpretation, die ihn von der Teilnahme an dem lebendigen Prozeß der geistigen Entwicklung ausschließt; und der Nimbus, der ihn als den Vermittler zwischen dem Reich Gottes und dem gemeinen Erdendasein umgab, ist zugleich mit dem Reich Gottes verblichen. Dennoch besitzt er immer noch eine ausgesprochene Überlegenheit in der Machtstellung gegenüber jenen, deren geistige Arbeit die alte Weltinterpretation überwunden hat: denn diese Machtstellung gründet sich auf die bewußte, sittlich-praktische Anerkennung eines höheren Menschentums, dessen Träger der Priester ist, auf den in seinem Lebensideale konsequent durchgebildeten Gegensatz zur primitiven Männlichkeit – was freilich nicht hindert, daß in einer mit Verfallsprodukten angefüllten Zeit, wie die Gegenwart, äußere Machtrücksichten eine paradoxe Interessengemeinschaft zwischen dem Militär und dem Klerus herstellen.

Den Männern der profanen Geistigkeit aber fehlt das Bewußtsein dieses Gegensatzes; daher sind sie unvermögend, aus ihren Lebenszielen heraus eine neue, mit normativer Gewalt ausgerüstete Rangordnung der Männlichkeit zu schaffen. So groß das männliche Denken in der Gestalt ist, die es als moderne Wissenschaft besitzt, so gering ist der sittlich-praktische Einfluß, den es unter den Mächten der Gegenwart hat. Der moderne Mann leidet an seiner Intellektualität wie an einer Krankheit. Entweder artet sie zur geistigen Ausschweifung aus, wie bei dem Typus des Gelehrten, der durch eine ins Extrem gesteigerte Einseitigkeit der geistigen Anspannung jedes Verhältnis zur Totalität des Lebens verliert, oder sie macht ihn, wie es bei dem gebildeten Mann des Durchschnitts so häufig geschieht, zu einer unvollkommenen und disharmonischen Erscheinung. Dieser Halb- und Halbe, der nirgends etwas Ganzes und Selbstgewisses vorstellt, nicht in der Region der Geistigkeit und nicht in der Region der primitiven Männlichkeit, der immer zwischen zwei Welten hängt, durch Neigung oder Nötigung bald hierhin, bald dorthin geschwenkt, er wird durch seine Zucht zur Verfeinerung, zur höheren Bildung, zur Überordnung des Denkens in einen unheilbaren Zwiespalt mit sich selbst gesetzt.

Ist es nicht auffallend, daß die Männer, durch ihre intellektuelle Entwicklung auf allen Gebieten zur Kritik geneigt, dem

Begriffe der Männlichkeit gegenüber am längsten unkritisch bleiben? Sie nehmen die Übelstände, die sich für sie aus der Inkongruenz zwischen den herrschenden Normen und den tatsächlichen Verhältnissen ergeben, lieber stillschweigend hin, ehe sie sich dem Verdachte der Unmännlichkeit aussetzen. Männlich zu sein, männlich so sehr als möglich, unbedingt, ungemischt männlich, das gilt ihnen als Auszeichnung; sie sind unempfindlich für das Brutale oder Niedrige oder Verkehrte einer Handlung, wenn sie mit dem traditionellen Kanon der Männlichkeit übereinstimmt. Diese Furcht, unmännlich zu erscheinen, einen Mangel an den Tugenden des primitiven Geschlechtsideales zu zeigen, erhält alle atavistisch ungereimten Vorurteile, alle sinnlos unangemessenen Einrichtungen, an denen das Leben des modernen Mannes so reich ist.

Wie schwankend und unbestimmt sind aber die Vorstellungen, die diesem Ehrgeiz der Männlichkeit zugrunde liegen! Man braucht nur die Bewertung: je männlicher desto überlegener, einmal dort zu prüfen, wo sie sich nicht mit dem weiblichen Geschlechte mißt – am nationalen Eigendünkel beispielsweise. Es ist bekannt, daß die romanischen Nationen sich gegenüber den germanischen als die männlicheren fühlen; Mantegazza sagt den »blonden Deutschen« sogar eine mehr weibliche Art zu lieben nach. Die Deutschen hingegen erkennen diese mehr weibliche Art den slavischen Männern zu – eine nationale Überhebung, der Bismarck in seiner Anrede an die steirische Deputation im April 1895 Ausdruck gab, indem er sagte: »Ich glaube, wir Germanen sind durch Gott von Hause aus stärker, ich will sagen, männlicher ausgestattet; Gott hat den Dualismus in allen Erscheinungen der Schöpfung zwischen männlich und weiblich dargestellt, und so auch in den europäischen Konstellationen ... Ich will keinen Slaven damit kränken, aber sie haben viele der weiblichen Vorzüge, sie haben die Grazie, die Klugheit, die Schlauheit, die Geschicklichkeit« – und deshalb riet er den Deutschen in Österreich, gegenüber den Slaven mit dem tiefinnerlichen Gefühl zu verfahren, daß sie die Überlegenen sind und das leitende Element bleiben werden, »wie es der Mann in der Ehe sein soll«.

Wer aber die slavische Literatur kennt, der weiß, welches minder schmeichelhafte Bild die Slaven von dem deutschen Mann haben; in ihren Augen ist seine nationale Eigenart nicht überlegene Männlichkeit, sondern kalte Berechnung, Habgier, Dünkelhaftigkeit, Empfindungsroheit. Und in der Tat – gemessen an den Äußerungen einer verfeinerten Menschlichkeit, einer über den Geschlechtsdünkel mit seinen Vorurteilen hinausgereiften Gemütskultur, wie sie etwa in Gontscharows »Absturz«, in Dostojewskys »Idiot«, in Tschernischewskys »Erzählungen von neuen Menschen« erscheint, hätten die Deutschen wenig Ursache, sich als die Überlegenen zu fühlen!

Sucht man nach einem positiven Inhalt für die Vorstellungen, die sich, im Gegensatze zur primitiven Männlichkeit, mit der differenzierten verbinden lassen, so könnte man allenfalls mit einer Übertragung aus dem Physischen und Materiellen ins Geistige das Auslangen finden. Vor allem der Krieg als der auszeichnendste Beruf des Mannes scheint eine solche Deutung im übertragenen Sinne zuzulassen. Der Kampf mit materiellen Waffen verwandelt sich in einen Kampf mit ideellen; der Kriegsschauplatz wird aus dem realen Leben in das Gebiet des Gedankens verlegt. Das männliche Element bleibt das streitbare auch in der geistigen Welt.

Allein das gilt nur mit großen Einschränkungen. Zu allen Zeiten haben sich an den Kämpfen um ideale Güter die Frauen, soweit es die jeweilige soziale Tradition gestattete, hervorgetan; und die Geschichte der religiösen Bewegungen nicht minder wie der revolutionären ist reich an Frauengestalten. Umgekehrt ist für gewisse Typen der Geistigkeit, für den Künstler wie für den Forscher, ein Leben abseits von allen Kämpfen das förderlichste; und nur ein banausisches Zeitalter, in dem jeder, der etwas bedeuten will, Partei ergreifen muß, kann den Respekt vor der kontemplativen Gemütsstimmung, aus der die edelsten Blüten der Geistigkeit hervorgehen, so weit vergessen, daß es auch dem Künstler und dem Gelehrten eine Kampfrolle zumutet.

Wie es aber mit der Politik, die am ehesten als ein Krieg im übertragenen Sinn angesprochen werden kann, in Ansehung der Männlichkeit bestellt ist, beleuchtet der Ausspruch Burdachs, daß die Frauen sich aller Wahrscheinlichkeit nach besser für die Politik eignen würden als die Männer – ein Ausspruch, den Havelock Ellis mit der Bemerkung kommentiert, daß das Spiel der Politik bei jenen, die es ausüben, spezifisch weibliche Eigenschaften zu entwickeln scheint. Damit wird den Frauen durchaus kein Kompliment gemacht – namentlich angesichts des modernen Repräsentativsystems, dessen Wahlmethode ganz darauf hinzielt, die Schwätzer und Maulhelden ans Ruder zu setzen und die Komödianten auszuzeichnen, die am besten den Masseninstinkten zu schmeicheln verstehen.

Ebensowenig wie der Krieg in Gestalt der Politik, ist der Krieg, der mit der Feder geführt wird, geeignet, spezifisch männliche Eigenschaften nach Analogie des primitiven Geschlechtsideales zu entwickeln. Das moderne Zeitungswesen, in dem der Angreifer gewöhnlich durch die Anonymität unsichtbar gemacht wird und ein bezahlter Strohmann für eventuelle Konflikte mit dem Gesetz aufzukommen hat, bildet nicht gerade eine Schule der Mannhaftigkeit und des persönlichen Mutes – außer, man wollte etwa die Leistungen der Kriegskorrespondenten und ähnliche mit Strapazen verbundene Aufgaben nach dieser Hinsicht anrechnen.

Näher vielleicht wird man dem Wesen der differenzierten Männlichkeit kommen, wenn man sie als die Kraft bezeichnet, das Leben nach dem eigenen Willen zu gestalten, als die Kraft, Herr über sich selbst zu sein und die Verantwortung für das eigene Handeln zu tragen. Zu führen, das ist männlich, sich führen zu lassen, weiblich. Nach der intellektuellen Seite läge das spezifisch Männliche in der größeren Helligkeit des Bewußtseins, vermöge welcher die Motive des eigenen Handelns klar erkannt und das Erkennen zum Leiter des Handelns gemacht wird.

In Wirklichkeit treffen freilich diese Kriterien nur als relative, nur bis zu einem gewissen Grade zu, sofern man ganz im allgemeinen die Mehrzahl der Männer der Mehrzahl der Frauen gegenüberstellt. An sich, ohne den weiblichen Vergleichstypus, würden sie auch die Mehrzahl der Männer von der Männlichkeit ausschließen. Das Verhältnis der Starken zu den

Schwachen ist unter den Männern wie unter den Frauen das der Wenigen zu den Vielen. Soweit die Kultur reicht, ist das Herrentum – das innerliche wie das äußere – auch unter den Männern das Vorrecht einzelner; die große Mehrzahl, auch der Männer, lebt in der Unfreiheit und mit dem Bedürfnisse der Abhängigkeit.

In der sozialen Gemeinschaft sind weitaus die meisten Männer nichts weniger als freie Herren ihres Tuns und Lassens. Der Staat, dieses schauerliche, abstrakte Gespenst, das sie mit eiserner Faust von der Wiege bis zur Bahre umklammert, erhält seine Realität eben durch das männliche Abhängigkeitsbedürfnis. Ja die Form, die der Staat im Leben der modernen Völker als konstitutionelle Monarchie angenommen hat, schafft das oberste Prinzip der ideellen Männlichkeit, die Initiative und den Willen zur freien Verantwortung, einfach aus der Welt. Prinzipiell hat in einer Verfassung, in welcher der Monarch für jede öffentliche Handlung den Ministern, die Minister dem Parlamente, die Parlamentsmitglieder den Wählern verantwortlich sind, jede Selbständigkeit aufgehört; was sich kundgibt ist – zum mindesten angeblich – nie der eigene persönliche Wille, das eigene persönliche Urteil, sondern immer ein anderer Wille, eine übergeordnete Macht. Die Persönlichkeit muß sich hinter dem nebulosen und phrasenhaften Begriff eines »Willens der Gesamtheit« verstecken, um öffentlich wirksam zu werden.

Selbst die geistigen Schöpfungen, die der männliche Geist aus sich hervorgebracht und als objektive Gebilde in die Welt versetzt hat, sind vielfach Symptome dafür, daß es mit dem Willen zum Herrentum und zur freien Verantwortung bei ihm schlecht bestellt ist. Welch ein Bedürfnis der Anlehnung, der Unterordnung, der Unselbständigkeit spricht nicht aus dem Glauben an einen transzendenten Gott, der als zorniger oder gnädiger Gebieter, als strenger oder barmherziger Vater die menschlichen Angelegenheiten ordnet! Der Mann, der vermeintliche Herr der Welt, hat sich diesem Gotte so in die Gewalt gegeben, wie nach seiner Meinung das Weib sich in die Gewalt des Mannes gibt.

Und wenn es nicht der Gottesgedanke war, dem er sich unterwarf, so schuf er sich irgend einen anderen Begriff, den er als Herrn über sich setzte. Denn auch die Philosophie, diese reinste Ausstrahlung der männlichen Intellektualität, hat das Herrentum und die freie Verantwortung der Männlichkeit nicht immer auf das beste gewahrt. Durch den kategorischen Imperativ, den Kant lehrte, wurde der ideelle Mann unter die Zuchtrute einer dürren Abstraktion gestellt, um endlich, kraft der unumschränkten Herrschaft der Kausalität, wie Schopenhauer sie verstand, zu einem völlig nichtigen Hampelmann herabzusinken, den der Weltwille am Gängelbande des Wahnes zappeln läßt, je nachdem er es für seine Zwecke braucht. Friedrich Nietzsche selbst, der entschiedenste Anwalt des männlichen Herrentumes, hat den Gemütszustand des Übermenschen auf das Gefühl der Unverantwortlichkeit bauen wollen, das die Einsicht in die unbedingte Notwendigkeit alles Geschehens begleitet.

Ganz im allgemeinen hätte also der Mann keinen Anlaß, sich im Punkte der Unfreiheit und des Abhängigkeitsbedürfnisses als ein vom Weibe grundverschiedenes Wesen zu betrachten. Immerhin könnte man einwenden, daß zwischen der Unterwerfung unter eine höhere ideelle Macht und der Unterwerfung unter eine endliche Person, wie auch der willensgewaltigste Mann es ist, ein wesentlicher Unterschied bestehe. Dann bliebe aber noch immer die große Schar der subalternen Männerschaft, deren freiwillige und unfreiwillige Abhängigkeit von sehr endlichen Personen nicht zu bezweifeln ist.

Der Mann als Herr und Gebieter ist eine Vorstellung, die ihren Ursprung vornehmlich in sexuellen Gründen hat. Dem Weibe gegenüber pflegt sich auch in dem abhängigsten Durchschnittsmann ein Herrschafts- und Überlegenheitsbedürfnis zu regen. Da die Stärke physisch wie intellektuell eine relative Größe ist, fällt es keinem Manne schwer, unter den Frauen das schwächere Wesen zu finden, an dem er seine Überlegenheit messen kann. Deshalb erscheint im Bewußtsein der großen Mehrzahl das weibliche Geschlecht als das inferiore, dessen Lebensweise und Arbeitsleistung von der des Mannes qualitativ weit geschieden ist – obwohl schwerlich jemand sagen könnte, was denn an der Tätigkeit eines Lehrers, eines Arztes, eines Beamten, eines Advokaten, unter modernen Lebensbedingungen so spezifisch männlich sei. Der große Unterschied zwischen Mann und Weib, und damit zugleich das soziale Herrentum des Mannes über das Weib, liegt in der Sphäre der primitiven Männlichkeit und hat innerhalb der differenzierten keine andere Berechtigung, als sie das sexuelle Verhältnis im engsten Sinne mit sich bringt.

Wenn sich also die Männer im allgemeinen einzuräumen scheuen, daß ihre Lebensweise innerhalb der modernen Kultur sich von derjenigen der Frauen nicht mehr durch das Wesentliche, sondern nur durch Äußerlichkeiten unterscheidet, wenn sie ihre Berufe so hartnäckig vor dem Eindringen der Frauen verteidigen, so ist das, was sich eingestanden oder uneingestanden dagegen sträubt, nicht zuletzt jenes Bedürfnis nach Abstand, das aus dem Bewußtsein der sexuellen Gewalt entspringt.

Mit seinen sexuellen Instinkten lebt der Mehrzahlsmann noch in einer anderen Welt, auf einer anderen Kulturstufe. Die geistige Kultur legt dem Manne Zumutungen auf, die seiner teleologischen Geschlechtsnatur widerstreiten. Zur Teleologie seiner primitiven Geschlechtsbestimmung gehört die Unbändigkeit des Triebes, der über alle Hemmungen hinweg sich in der Psyche des Individuums behauptet und die Persönlichkeit seinem Zwecke dienstbar macht. Die höhere Auffassung der Männlichkeit hingegen setzt ein ganz anderes Verhältnis von Triebleben und Persönlichkeit voraus, als es in den Untergründen der männlichen Psyche unbeschadet aller geistigen Differenzierung herrscht.

Und hier verbirgt sich vielleicht die tiefste Ursache, warum die differenzierte Männlichkeit nicht vermag, das Leben nach den Konsequenzen ihrer Wesenheit neu zu gestalten, hier die unterirdische Quelle des Zwiespaltes, den die Wenigsten überwinden, weil er ihnen nicht klar zum Bewußtsein kommt.

Es ist eine Erscheinung, die zu denken gibt, daß das männliche Geschlecht in demselben Grade, als es sich von seinen primitiven Zuständen entfernt, das natürliche und rechtschaffene Verhältnis zu seiner eigenen Sexualität verliert. Gibt es etwas Verkehrteres, ja Unsinnigeres als die Stellung, welche die modernen Kulturvölker den geschlechtlichen Dingen gegenüber einnehmen? Die heillose Verlogenheit und Heuchelei, die da herrscht, deutet auf einen folgenschweren Mangel in der Anpassung der Individuen an die sozialen Lebensbedingungen. Daß die Unbefangenheit und Unschuld des sexuellen Lebens in dem Maße verloren gehen konnte, wie es während des verhältnismäßig kurzen Zeitraumes von der Antike bis auf die Gegenwart geschehen ist, läßt sich nur aus einem abnormen Zustand der männlichen Psyche erklären – vorausgesetzt, daß sie es ist, welche bisher in der menschlichen Gesellschaft die führende und organisatorische Kraft bildete.

Wenn die männliche Geisteskultur, zu scholastisch-abstrakten Auswüchsen neigend und durch einseitige Spezialisierung aus dem Ebenmaß gebracht, die Gefahr in sich schließt, das Verhältnis des Einzelnen zur Totalität des Lebens zu stören, so wirkt die männliche Gemütskultur noch mehr als Gleichgewichtsstörung, indem sie das Individuum in ein Geistwesen, das zu einem gesteigerten Intellektualismus hinaufgezüchtet wird, und in ein Tierwesen spaltet, das mit seiner Sexualität auf der niedrigsten Stufe des Trieblebens zurückgehalten wird. Als unlösbare Dissonanz besteht in der männlichen Psyche die alte Feindschaft zwischen Geist und Geschlecht fort, der Krieg zwischen Gattung und Persönlichkeit, der die europäische Kulturmenschheit in ein so erstaunlich verschrobenes und unaufrichtiges Verhältnis zu den geschlechtlichen Dingen gesetzt hat.

Es gibt zwei Wege, auf denen die Freiheit der Persönlichkeit vor der Vergewaltigung des Geschlechtstriebes zu retten ist: die Askese, die »Ertötung des Fleisches«, zugleich eine Verneinung der Forderung, welche die Gattung an das Individuum stellt – wobei Abstinenz nur als ein anderer Ausdruck für Askese gelten kann – oder die Versöhnung jener beiden feindlichen Interessensphären, die Bejahung der Gattung im Geiste der Persönlichkeit, welche die Liebe bewirkt, indem sie die geschlechtlichen Beziehungen mit Persönlichkeitsgehalt erfüllt.

Weder der eine noch der andere dieser beiden Wege ist es, auf dem die Entwicklung des Jünglings zum Manne sich vollzieht. Für eine asketische Ordnung seines sexuellen Lebens vor der Ehe fehlen außerhalb der grundlegenden religiösen Vorstellungen irgendwelche sittliche Werte von suggestiver Gewalt, die allein den Mut der Selbstüberwindung so hoch entfachen können; eine Gesellschaftsordnung aber, die in der Ehe das einzige legitime Geschlechtsverhältnis anerkennt und die Erfüllung der Liebe an wirtschaftliche Bedingungen knüpft, gewährt das Anrecht auf Liebe nicht in jenem Alter, in dem es die Natur am gebieterischsten fordert. Somit verurteilt diese Gesellschaftsordnung den Mann in seiner blühendsten Lebensperiode, sich an die tiefststehenden und niedrigsten Wesen des weiblichen Geschlechtes zu halten, an jene, die durch die geschlechtliche Preisgebung ihren Lebensunterhalt erwerben. Daß ein solcher Erwerb nach der sozialen Bewertung als entehrend gilt, ist insofern berechtigt, als er ja einen atavistischen Rückfall des Weibes in die rohesten Zustände des Empfindens zur Voraussetzung hat; daß aber die soziale Verdammung dabei nur das Weib trifft und nicht den Mann, der gleicherweise an diesem atavistischen Rückfall beteiligt ist, gehört zu den Widersinnigkeiten, die nur aus der Vorherrschaft der primitiven Männlichkeit und der ihren Instinkten entsprechenden Anschauungen erklärbar sind.

Für den primitiven Mann liegt in der Promiskuität des geschlechtlichen Verkehres nichts Herabsetzendes. Einen so breiten Raum die Sexualität in seinem Leben einnimmt, so lose ist sie innerlich mit seiner Persönlichkeit verknüpft. Das Mißverhältnis zwischen seiner unentwickelten Erotik und der Gewalt eines ursprünglich polygamen Triebes ist so groß, daß keine Notwendigkeit, ja nicht einmal die Möglichkeit für ihn besteht, jedes Geschlechtsabenteuer mit einem persönlichen Empfindungsgehalt auszustatten, und seine grobschlächtige seelische Konstitution erleidet keine Erschütterung durch eine Art der Befriedigung, die erst auf einer höheren Stufe des Empfindens zu einem Zwiespalt zwischen den elementaren Forderungen des Geschlechtes und den Tendenzen einer verfeinerten Persönlichkeitskultur führt.

Bei denjenigen aber, an welchen sich diese Verfeinerung auch in der sexuellen Sphäre vollzogen hat, ist die Wirkung der seelenlosen Promiskuität eine ganz andere; denn bei ihnen entsteht ein verhängnisvoller Gegensatz zwischen den äußeren Lebensbedingungen, in die sie hineingebannt sind, und den inneren Bedingungen des Empfindens.

Nicht umsonst haben, soweit die Kultur zurückreicht, die Repräsentanten der differenzierten Männlichkeit, die Priester, immer die Nötigung gefühlt, sich in ein besonderes Verhältnis zur Sexualität zu setzen. Was für seltsame Formen die religiösen Vorstellungen darüber auch annehmen mochten, »Reinheit« in dieser Hinsicht, oder mit anderen Worten: die Unterordnung unter eine strengere Lebensregel als die des gemeinen Mannes, bildet das erste Gebot für den Mann der Geistigkeit. Die hohe Bewertung der Keuschheit, die sich als religiöses Gebot auf die metaphysische Bestimmung des Menschen gründen will, scheint darauf zu deuten, daß sie eine Umsetzung materieller Kräfte in geistige bewirkt. Wenn die höhere Männlichkeit in der Entfaltung und Steigerung des geistigen Vermögens besteht, in der Macht aus geistiger Überlegenheit, so muß sie sich von dem gewöhnlichen, grobmateriellen Mannestum zu allererst hier unterscheiden; denn hier, in der Überwindung eines die Persönlichkeit unterjochenden Triebes, liegt der Ursprung und das Mittel aller Vergeistigung. Die gefährlichste Beeinträchtigung der Macht über sich selbst in der männlichen Psyche ist aber der Geschlechtstrieb. Indem er das Individuum verleitet, unter das Niveau seiner Persönlichkeit herabzusteigen, nimmt er die Gestalt eines unwiderstehlichen Zwanges an, und hebt das Bewußtsein der inneren Freiheit auf, das aus dem Widerstehenkönnen, aus der Überordnung der höheren Willensantriebe über die niedrigeren entspringt.

In einer sozialen Ordnung, die dem Manne nur die Wahl läßt zwischen einer unabsehbaren und daher unmöglichen Enthaltung oder einer unwürdigen Befriedigung, solange seine ökonomische Lage ihm eine Eheschließung verwehrt, werden gerade die edelsten und feinfühligsten Individuen am schwersten getroffen. Das Geschlechtliche ist ein wunder Punkt in der Seele des verfeinerten Mannes – darüber darf man sich durch die herrschenden Allüren der Männlichkeit nicht hinwegtäuschen lassen. Diese Allüren sind Außenseite und Oberfläche; sie gehören zur Konvenienz im Auftreten der Männlichkeit. Aber daß auch die Männer der Geistigkeit von allem Geschlechtlichen als Problem peinlich berührt werden, daß sie, die unter sich so freigebig mit Zoten und faunischen Grimassen sind, nichts so sehr scheuen, wie eine ernsthafte Erörterung der sexuellen Fragen und lieber vor den greuelvollen Zuständen nach dieser Richtung die Augen schließen – das deutet darauf, daß hier etwas faul ist an dem Empfindungsleben der Männlichkeit. Ziehen es denn nicht die meisten Väter vor, ihre jungen Söhne der Führung des Zufalls zu überlassen und sie den schlimmsten physischen und psychischen Gefahren preiszugeben, ehe sie den Entschluß fassen, an diesen Punkt zu rühren –?

Es gibt keine Worte, um das Verhalten der bürgerlichen Gesellschaft gegenüber den heranwachsenden Knaben zu brandmarken. Die Erziehung der Mädchen in sexueller Hinsicht mag eine Unzulänglichkeit sein, eine Verkehrtheit, ein Unrecht selbst – die der Knaben ist ein Verbrechen. In einem Alter, in dem ihr Organismus unter den Erschütterungen der beginnenden Mannbarkeit bebt, werden sie wie geschlechtslose Maschinen behandelt, zur Langweile eines verknöcherten Schulstudiums, zur Überreizung einer sitzenden Lebensweise verurteilt, die ganz danach angetan ist, ungesunde Regungen zu nähren, um endlich ihre ersten männlichen Erfahrungen in den Armen eines käuflichen Weibes zu machen. Und so stumpfen sie sich schon im eindrucksfähigsten Alter gegen die schmachvolle Entwürdigung ab, die in diesem Wegwerfen des eigenen Leibes liegt, und so werden sie taub gegen das Veto der Natur, die mit Donnerworten gegen die Promiskuität redet und sie mit ihrem furchtbarsten Fluch verfolgt – mit Krankheiten, denen das Individuum und seine Nachkommenschaft in unabsehbarem Siechtum erliegt.

Man kann es dahin gestellt sein lassen, ob in der Tat »die männliche Natur ohne Verirrungen nicht zur Vollendung gelangen« kann, wie es ein älterer Moralist schmeichelhaft formuliert; ebenso kann es unentschieden bleiben, ob die »gleiche Moral für beide Geschlechter«, die das Leitwort einer sittlichen Bewegung bildet, wirklich ein gerechtes Postulat darstellt. Nicht moralische Gesichtspunkte allein lassen die Bedingungen, unter welchen sich das sexuelle Leben fast aller Männer entwickelt, verwerflich erscheinen. Oft genug, und mit Recht, hat man eingewendet, daß die Ehe in manchen Fällen moralisch kaum höher steht als die käufliche Liebe. Aber ein psychologisches Moment fällt dabei schwer ins Gewicht. Das Bewußtsein der inneren Freiheit und zugleich das Selbstgefühl der Persönlichkeit wird eine zuverlässige Grundlage nur in jenen Menschen haben, die aus den Anfechtungen des Geschlechtes als Sieger im Sinne einer höheren Willensentscheidung hervorgegangen sind. Damit eine solche Willensentscheidung möglich werde, müssen die Lebensbedingungen dem Einzelnen zu Hilfe kommen. Wenn sie aber, wie im modernen Leben, nur danach angetan sind, ihn mit den Ansprüchen seiner Sexualität den unwürdigsten Zuständen auszuliefern, dann wird eine Depression unvermeidlich eintreten, sobald einmal Persönlichkeit und Triebleben entzweit sind. Wie sollte das Lichtscheue, Heimliche, Unlautere, das dem bezahlten Geschlechtsverkehr anhaftet, auf die freie Mannhaftigkeit des Empfindens ohne Einfluß bleiben? Unter diesem Einfluß wird der Mann durch seine Sexualität entweder frivol, oder verlogen, oder unselig. Ein Flecken liegt auf ihm, der um so zerstörender wirkt, je feiner seine Persönlichkeit organisiert ist.

Diese Anschauung könnte als eine einseitig weibliche erscheinen. Es fehlt zwar auch nicht an Männern, die ähnlich urteilen; aber die Rigoristen sind ihren eigenen Geschlechtsgenossen immer der Unmännlichkeit und Muckerei verdächtig. So sei dafür ein Gewährsmann zitiert, dem gewiß niemand moralistische Strenge der Lebensauffassung nachsagen kann. Guy de Maupassant läßt – in der Erzählung »Der Riegel« – einen alten Junggesellen über den bezahlten Geschlechtsverkehr sagen: »Man behält innerlich eine Empfindung moralischen und physischen Ekels zurück, wie wenn man zufällig mit pechbeschmutzten Dingen in Berührung gelangte und man kein Wasser bei der Hand hat, um sich zu waschen. Man mag noch so fest reiben, der Flecken bleibt zurück.«

Um sich diesen Flecken nicht eingestehen zu müssen, flüchtet sich auch der Mann der Geistigkeit mit seiner Geschlechtsmoral in die Sphäre der primitiven Männlichkeit, obgleich er im übrigen nichts mehr mit ihr gemein hat. Aber da er in diesem Punkte vor ihr kapituliert, gibt er auf der ganzen Linie das Feld verloren. Er, der Repräsentant der höchsten menschlichen Entwicklungsstufe, der prädestinierte Führer der Welt, unterliegt seinem eigenen Geschlechte – nicht Herr, sondern Opfer einer sozialen Ordnung, in der die primitive Männlichkeit triumphiert, das gemeine Elementare, das zu sublimieren und dienstbar zu machen das Ziel einer ungeheuren Arbeit ist, die Leistung der Jahrtausende, die der Mensch an die Kultur gewendet hat.

Aber noch mehr! Der Bevorzugte der Natur, dem sie die Pflichten der Gattung um soviel leichter als dem Weib machte, um auf ihn alle Möglichkeiten der geistigen Entfaltung zu häufen, er verliert durch seine Halbheit und Inkonsequenz auch den Vorrang vor dem weiblichen Geschlecht. Wie überlegen die differenzierte Männlichkeit – der Mehrheit nach – ist, soweit es sich um intellektuelle Vorzüge handelt, in ihrer sittlichen Kultur kann sie sich mit dem edlen Frauentume nicht messen.

Gleichviel, ob in der weiblichen Natur selbst die Sexualität ein anderes Verhältnis einnimmt als in der männlichen, oder ob die geschlechtliche Differenzierung nur unter dem Druck entstanden ist, den die Forderungen des Mannes auf das Weib ausübten – die strenge Zucht zur geschlechtlichen Reinheit, zur Ausschließlichkeit der Hingebung an eine auserwählte Person hat unter den Frauen eine Verfeinerung und Veredlung des sexuellen Gewissens bewirkt; und der Heroismus der Selbstüberwindung, den die Frauen einsetzen, um die geschlechtliche Integrität der Persönlichkeit zu behaupten, ist ein Vorzug, der sich mit Notwendigkeit geltend machen muß, sobald die konventionellen Einschränkungen ihrer sozialen Stellung fallen, ein Vorzug, der ihnen gegenüber der differenzierten Männlichkeit ein Übergewicht verleiht.

Nach einer hergebrachten Anschauung soll diese sittliche Überlegenheit der Frauen das Äquivalent für die geistige Überlegenheit des Mannes bilden, wodurch das Gleichgewicht zwischen den Geschlechtern hergestellt sei. Das aber ist nur eine Ausflucht, die Bemäntelung eines Notstandes, über den der Mann nicht Herr werden kann.

Vielleicht wird in dem Punkte, wo die einseitige Männerkultur versagt, das Eintreten der Frau als soziale Mitarbeiterin eine Wendung schaffen. Daß der Wille dazu unter den Frauen, die sich ihrer sozialen Aufgaben bewußt sind, besteht, haben sie bewiesen; ob sie die Macht dazu gewinnen können, muß die Zukunft lehren. Der Mann der Geistigkeit aber wird erst dann wieder eine harmonische und machtvolle Erscheinung werden, sobald die Konsequenzen der Verfeinerung sich auch an seiner sexuellen Persönlichkeit vollziehen. Freilich müßte er, um als Phönix einer neuen Menschlichkeit wiedergeboren zu werden, vorher in sich alle Vorurteile und alle Schwächen verbrennen, die der primitiven Männlichkeit angehören, um nur das von ihr zu behalten, was von seinem Manneswesen unzertrennlich ist.

Das Weib als Dame

Wo man auch die Probleme, die mit dem Weibe in Zusammenhang stehen, anfassen mag: immer wird man auf etwas unlösbar Widerspruchvolles stoßen. Nirgends liegen die äußersten Gegensätze so unmittelbar nebeneinander wie hier. Durch die ganze Geschichte menschlicher Entwicklung erscheint das Weib in einem seltsamen Zwielicht: bald als ein übermenschliches, bald als ein untermenschliches Wesen, halb göttlich oder halb teuflisch, als Prophetin und Sibylle mit wundertätigen Eigenschaften ausgestattet oder als Hexe und Zauberin von dämonischen Kräften besessen. Diese Mischung von Aberglauben und Vorurteilen macht sich im günstigen und im ungünstigen Sinn geltend und bewirkt auch in der sozialen Stellung des weiblichen Geschlechtes eine widerspruchsvolle Ungleichheit. Unterdrückung bis zur Sklaverei und Verherrlichung bis zur Anbetung. Wenn man den Psychologen Glauben schenken darf, läge schon tief in der seelischen Konstitution des Weibes das Bedürfnis nach Unterordnung. Tatsächlich wird das Weib durch Gesetz und Sitte fast bei allen Völkern und zu allen Zeiten in die Gewalt des Mannes gegeben. Auch im modernen Staat ist das Weib als Tochter, als Gattin, als Mutter zu einer weitgehenden Abhängigkeit verurteilt, und die Frau als selbständige Erwerberin, als Beamtin, als Lehrerin, als Arbeiterin bekommt es empfindlich zu fühlen, daß das weibliche Geschlecht als das minderwertige und zur Dienstbarkeit bestimmte gilt. Und doch ist es zu einer Lebensform gelangt, in der es das Vorrecht unumschränkter Herrschaft genießt! Das Weib als Dame – sagt man zu viel, wenn man behauptet, daß unter dieser Form ein Teil des weiblichen Geschlechtes die glänzendste und genußreichste Oberhoheit besitzt? Ist die Dame nicht die wahre Herrin und Königin der bestehenden Gesellschaftsordnung? Gehören nicht ihr die wertvollsten Begünstigungen und Annehmlichkeiten, die diese Ordnung zu geben hat?

Zwei Dinge sind die Voraussetzung für diese Existenz: Vermögen und Schönheit. Allerdings berechtigt auch die Abkunft aus einer sogenannten guten Familie dazu; aber die geborene Dame, die nicht von Hause aus versorgt ist, muß gewöhnlich vom Thron herabsteigen, um zu arbeiten, wenn sie nicht in der Schönheit das Mittel besitzt, einen reichen Gatten und mit ihm eine angemessene Lebensstellung zu gewinnen. So kann man wohl Schönheit als die erste Lebensbedingung der Dame bezeichnen. Und zwar die durch kunstvolle Pflege gehobene Schönheit noch mehr als die bloß natürliche. Die Künste der Toilette, in denen der weibliche Geschmack eine so hohe Meisterschaft erreicht hat, gehören zu den wichtigsten Lebensaufgaben der Dame. Nicht ohne Ironie hat Balzac ihr Leben so geschildert: »Sie liebt es, ihre Haare zu glätten, zu parfümieren, ihre rosigen Nägel zu bürsten, in Mandelform zu schneiden, ihre zarten Gliedmaßen häufig zu baden ... Ihre Finger scheuen sich, andere als weiche, zarte, duftende Dinge zu berühren ... Ißt sie? Das ist ein Geheimnis. Teilt sie die Bedürfnisse der übrigen Arten? Das ist ein Problem ... Lieben ist ihre Religion ... Liebe zu ernten, ist das Ziel all ihres Strebens, Verlangen zu wecken, das ihrer Gebärden. Sie sinnt Tag und Nacht auf neuen Schmuck, nur auf die Mittel, zu glänzen, und verbraucht ihr Leben, um ihre Roben zu mustern, um Fichus zu zerreißen ... Sie fürchtet die Ehe, weil sie ihr die Taille verdirbt; aber sie tritt in die Ehe, weil sie ihr Glück verheißt.«

Der Mann aller Klassen ist während der europäischen Kulturentwicklung zum Typus des Nützlichen geworden, das Weib als Dame zum Typus des Schönen. Das ist um so bemerkenswerter, als darin eine Umkehrung der natürlichen Ordnung liegt; denn bei allen höheren Tieren und auch noch bei allen wilden oder halbwilden Völkern ist der Schmuck, die glänzende Ausstattung der Erscheinung, also die Betonung des ästhetischen Prinzips, das auszeichnende Vorrecht des männlichen Geschlechtes. Auch die Griechen haben unter dem Ideal der höchsten menschlichen Vollendung, dem Kalokagathos, einen Mann verstanden. Alle Vorzüge, die später Eigentum der Dame werden, die raffinierte Pflege des Körpers, die vollendete Anmut in Sprache und Gebärden, das harmonische Gleichgewicht körperlicher und geistiger Ausbildung, der sichere Takt in der Beherrschung der Umgangsformen, das wohlabgewogene Maß, die sittliche Besonnenheit – als schöne Männlichkeit hat sie die griechische Kultur gefeiert. Die Krone der Schöpfung zur Zeit der Hellenen war der Mann; in der Kultur der modernen Völker ist sie, wenigstens im gesellschaftlichen Leben, die Dame.

Man könnte wohl die Stellung des Weibes als Dame aus einer Entfaltung und Geltendmachung spezifisch weiblicher Genialität zu erklären versuchen. Zwar gilt es heutzutage für ausgemacht, daß das Genie nur beim männlichen Geschlecht auftritt. Dabei übersieht man aber, daß die weibliche Genialität sich gewöhnlich auf andere Gebiete erstreckt als die männliche. Eine solche spezifisch weibliche Genialität – wenn auch durchaus nicht eine ausschließlich weibliche – ist die Genialität des geselligen Verkehrs, die Gabe, die eigene Persönlichkeit durch die Umgangsformen zum Ausdruck zu bringen.

Als die Sitten in Mitteleuropa sich milderten und Raum für verfeinerte Bedürfnisse gewährten, hat das weibliche Geschlecht bestimmend auf die herrschenden Verhältnisse einzuwirken begonnen. Denn nun lagen die Dinge innerhalb des weiblichen Geschlechtes ganz anders als im Altertum und rechtfertigten einigermaßen die Auffassung, durch die das Weib zum höheren Wesen aufstieg. Die vornehmen Frauen des Mittelalters besaßen den Vorzug geistiger Bildung vor den Männern ihres Standes. Sie waren es, die in den Fragen der »Moralität«, nämlich der schönen Sitte und des tadellosen Benehmens, das entscheidende Urteil hatten; sie verstanden sich auf das richtige Maßhalten in allen Dingen, das im Mittelalter die Ehren der höchsten Tugend genoß, vielleicht dem Gesetze gemäß, nach dem die Männer jedes Zeitalters am meisten gerade das an den Frauen schätzen, was ihnen selbst abgeht. Auch waren sie kundig des Lesens und Schreibens, jener Künste, die nach mittelalterlichen Anschauungen sich mit den Beschäftigungen und Aufgaben des Mannes nicht vertrugen und dem weiblichen und geistlichen Sinn entsprachen. Gerade die Verwandtschaft zwischen der durch die Religion verherrlichten Sinnesart und den Tendenzen der weiblichen Natur mußte dazu beitragen, in einer christlich-religiösen Epoche die Wertschätzung der Frauen zu steigern. In ihnen hatte das Kompromiß zwischen Christentum und natürlichem Leben, das in den Maximen der katholischen Kirche zum Ausdruck gelangt, seine ersten vollkommenen Repräsentanten gefunden. Nicht die Männer, die Frauen waren die Träger der kirchlichen Kultur in der weltlichen Lebensführung.

Allein wie hoch man auch die kulturelle Bedeutung der mittelalterlichen Frau anschlagen mag: es scheint, daß dem Manne ein eben so großer Teil an jener außerordentlichen Wandlung zuerkannt werden muß. Ganz deutlich verrät die Dame ihre Herkunft aus der erotischen Phantasie des Mannes. Seinem Wesen nach besteht das ritterliche Empfinden gegenüber dem Weibe in einer Differenzierung der Männlichkeit selbst, das heißt, in einer Abänderung der das erotische Triebleben begleitenden Vorstellungen. Denn im letzten Grunde ist doch auch für die soziale Stellung des weiblichen Geschlechtes das sexuelle Moment bestimmend. Ein Blick auf die historische Entwicklung der erotischen Beziehungen wird das am besten verdeutlichen.

Es ist bekannt genug, daß die Liebe bei den Völkern der alten Kultur hauptsächlich auf Individuen des gleichen Geschlechtes gerichtet war. Über die griechischen Frauen herrschte der männliche Geschlechtstrieb in seiner härtesten und despotischsten Form und bestimmte aus seinen Bedürfnissen heraus die Bedingungen ihres Lebens. Die Hellenen und auch die Römer der älteren Zeit stehen in ihrem psychosexuellen Charakter den orientalischen und barbarischen Völkerschaften ganz nah; ihre erotischen Beziehungen vollziehen sich unter den Vorstellungen unbedingter Herrschaft des Mannes über Körper und Seele des Weibes. Das Weib als bloßes Geschlechtswesen, als Besitzgegenstand, eingeschlossen in die vier Wände des Hauses, aber nicht einmal dessen Verwalterin, Gebärerin der Kinder, aber nicht einmal deren Erzieherin – das ist die

Form, welche die griechische Erotik dem legitimen Leben zwischen Mann und Weib gab. Und jene weiblichen Wesen, denen die männlichen Ansprüche mehr Freiheit der Entwicklung gestatteten, waren von den bürgerlichen Ehren ausgeschlossen und standen um eine Stufe tiefer im Range der Weiblichkeit.

Man kann den Typus dieses Verhältnisses als den primitiven oder herrischen bezeichnen. Primitiv und indifferenziert wie der Trieb, dessen Ausdruck er ist, hat dieser Typus zum ganzen Inhalt den Zweck der Gattung, die Fortpflanzung. Von einem Versuch, die Interessen der Gattung mit denen der Persönlichkeit auf einer höheren Stufe des Empfindens zu vereinen, von vertiefteren, individualisierten Beziehungen und geistiger Gemeinschaft findet man dabei kaum eine Spur. Die Gegensätzlichkeit zwischen Gattung und Persönlichkeit ist noch nicht Problem geworden; aus dem einfachen Grunde, weil die Persönlichkeit noch Embryo ist oder weil selbst in den hervorragendsten Individuen die sexuelle Sphäre noch nicht individuell differenziert, noch nicht mit Persönlichkeitsgehalt erfüllt ist. Auch nach dieser Richtung erscheint Plato als der Vorläufer und Verkündiger eines neuen Zeitalters, er, dieses »schönste Gewächs des Altertumes«, dessen Persönlichkeit und Anschauungen schon die Symptome der welthistorischen Krankheit aufweisen, die als Entzweiung von Geist und Natur, von Körper und Seele das geistige Leben des nächsten Jahrtausends bestimmen sollte. Denn vielleicht war die letzte Ursache dieser Krankheit, in den dunklen Untergründen des menschlichen Bewußtseins verborgen, nichts anderes als der Konflikt zwischen Gattung und Persönlichkeit.

Bei diesem Konflikt, den noch Kant in seiner Metaphysik der Sitten dahin formuliert, daß sich im Geschlechtsakt der Mensch selbst zur Sache macht, »welches dem Recht der Menschheit an seiner eigenen Person widerstreitet«, kam das Weib zunächst schlecht weg. Es besaß zwar in der frühchristlichen Welt, sofern es nicht als Geschlechtswesen sondern als »Schwester« betrachtet wurde, die gleiche Verpflichtung zur Überwindung des Geschlechtes und die gleichen Anrechte auf ein ungeschlechtliches Himmelreich wie der Mann, aber es war gleichzeitig für den Mann ein Gegenstand der Versuchung, dasjenige Wesen, das in Gestalt der Eva »die Übertretung eingeführt« und die verhängnisvolle Frucht Adam angeboten hatte. Die weniger subtilen Geister verwechselten damals wie heute das Objekt der Begierde mit der Begierde, was besonders grell durch die fanatische Formel des heiligen Hieronymus ausgedrückt wird, die das Weib »die Pforte der Hölle« nennt. Diese Männer des innerlichen Zwiespaltes konnten den schmerzlichen Konflikt, der ihre Seelen zerriß, nur lösen, wenn sie das Weib zugleich mit der ganzen Welt der Zeugung von sich abtaten. Trotz aller Teilnahme der Frauen am christlichen Propheten- und Märtyrertum, trotz all ihren wohlerworbenen und im Evangelium verbürgten Rechten auf Gleichstellung, wird daher weder die erotische noch die juridische Stellung des Weibes in den ersten christlichen Jahrhunderten wesentlich geändert.

Aber in der Entwicklung der jungen Rassen behauptet das Irdische sein Recht und findet einen ästhetischen Ausdruck in der Gemütsstimmung derer, die durch ihre Anlagen und Neigungen wurzelecht mit dem Erdendasein verwachsen sind: in den Künstlern, den Dichtern und der Elite der Weltmenschen, die mit Künstlern und Dichtern gemeinsam dem menschlichen Dasein eine neue, edle Form zu geben streben. Das Leben in hohen und ekstatischen Illusionen, dieses auszeichnende Merkmal der mittelalterlichen Geistesrichtung, ergreift in Gestalt des Frauendienstes das sexuelle Gebiet und bringt ein neues Phänomen in der männlichen Psyche hervor. Diese Differenzierung der Männlichkeit, die mit der ritterlichen Erotik zum ersten Male in die Welt tritt, ist eine der größten Errungenschaften des Mittelalters; denn sie ist es, die einen neuen Typus des Verhältnisses zwischen Mann und Weib erschafft.

Die Abhängigkeit vom Weibe, in die der Mann durch seine geschlechtliche Natur gebracht wird – jene Abhängigkeit, von der die Männer der antiken Kultur sich dadurch zu befreien suchten, daß sie sich zu unumschränkten Herren des Weibes machten, die Männer der asketischen Christlichkeit aber dadurch, daß sie auf das Weib überhaupt verzichteten – verwandelt sich nun in eine freiwillige, ehren- und freudvolle. Aus dem Stolz vornehmer Naturen, die ihre eigene Wesensart als Bürgschaft und Rechtfertigung empfinden, geht die Verherrlichung und Verklärung des Weibes hervor, die dem ritterlichen Geschlechtsverhältnis zugrunde liegt. War der Mann abhängig vom Weibe, so konnte das Weib nichts anderes sein als die hohe Herrin, der zu dienen ein Vorrecht und eine Gunst bildet. Die Ritterlichkeit des Mannes gegenüber dem Weibe ist mit den edelsten Eigenschaften der menschlichen Natur verschwistert: mit dem Stolz, der nur dort dienen will, wo er verehrt, der Großmut, die jede Unterstützung in eine Huldigung verwandelt, der Selbstverleugnung, die an den eigenen Vorzügen erst Freude empfindet, wenn sie zugunsten anderer tätig werden. Alle Hoheit, aller Überschwang, alles Raffinement einer neuen Kultur strömt jetzt in der erotischen Sphäre zusammen und verkörpert sich leibhaftig in dem Bilde der Dame. Ja, sogar ein Hauch religiöser Inbrunst, ausgehend von der Verehrung der Himmelskönigin, »der höchsten Dame, der reizenden Heiligen Jungfrau, die der eigentliche Gott des Mittelalters war« (Taine), fehlt in diesem Kultus des Weibes nicht. Die Liebe erhebt die neue Generation in Zustände schwärmerischer Trunkenheit. Dante, der sagte: »Ich lausche, wenn in mir die Liebe spricht; was sie mir eingibt, schreib' ich nieder«, macht aus der Geliebten die Führerin in die höchsten Sphären der Geistigkeit, indem er ihre Gestalt in den mystischen Königsmantel der Allegorie hüllt und an ihren Namen die letzten Geheimnisse des Himmelreiches knüpft.

Die ritterliche Vorstellung vom Weibe ist zur Grundlage des höheren europäischen Gesellschaftslebens geworden, dessen Mittelpunkt die Dame bildet. Auch nachdem die Blütezeit des höfischen Lebensideales und zugleich die glänzende Mode des Frauendienstes längst vorüber war, verlor die Dame nicht mehr ganz das Prestige des höheren Wesens. Doch was zuerst der Ausdruck einer enthusiastischen Überzeugung war, nimmt allmählich die Gestalt einer bloßen Konvention an. Die Ritterlichkeit sinkt zur Galanterie herab.

Während der geschmeidige, rastlose, wandlungsfähige Genius des männlichen Geschlechtes mit fortschreitender Zivilisation sich aller Mittel geistiger Kultur bemächtigt, bleibt die Dame in dem Reich der Galanterie zurück und löst sich aus dem lebendigen Prozeß der Entwicklung los. Zwar bietet sich auch in der späteren Verflachung für ihre Herrschaft noch Spielraum genug; und die Kulturgeschichte des siebzehnten und achtzehnten Jahrhunderts, insbesondere die Frankreichs, wird in wesentlichen Zügen durch den Einfluß der Dame bestimmt. Aber das Künstliche und Hohle, das sich hinter dem äußerlichen Glanz dieser Epoche verbirgt und erst in jenem ungeheuren Zusammenbruch am Ende des achtzehnten Jahrhunderts ganz zutage tritt, ist zum nicht geringen Teil auf das Künstliche und Hohle in der Existenz der tonangebenden Frauen zurückzuführen. Die Galanterie, eine frivole und heuchlerische Manier, gesteht der Dame den Schein der Überlegenheit zu, um sie in Wahrheit auf den Platz zwischen Kindern und Unmündigen hinabzudrücken, der dem Weibe nach den Vorstellungen der herrischen Männlichkeit zukommt. Der Mann, doppelt überlegen durch seine physische wie geistige Ausrüstung, benutzt die Galanterie als Mittel, um sich die Machtansprüche der Dame vom Leibe zu halten. In demselben Maß, wie der Abstand zwischen der männlichen und der weiblichen Bildung zunimmt, verengert sich die Sphäre, die der Dame eingeräumt ist. Alle großen und ernsten Probleme des Lebens sind daraus verbannt; der Salon, in dem die Dame herrscht, ist nicht viel mehr als ein modernisiertes Gynaeceum, bewohnt von eleganten Puppen, deren oberste Aufgabe ist, sich zu schmücken, um zu gefallen.

Es ist ein teurer Preis, mit dem die Dame ihre Herrschaft bezahlt. In dem Bestreben, diese Herrschaft zu erhalten, muß sie sich hinter eine reaktionäre Tradition verschanzen. Als Repräsentantin des Schicklichen ist sie in einen bedenklichen Gegensatz zum Natürlichen geraten, das in der Region der Dame zum Unanständigen wird. Ganz feindlich aber steht sie allen Neuerungen gegenüber, die eine moderne Weltanschauung in das Leben des weiblichen Geschlechtes einzuführen versucht.

In dem Begriff der Dame selbst liegt etwas, das sich mit dem Begriff der freien Persönlichkeit nicht verträgt. Das Weib als Dame, scheinbar auf den höchsten Gipfel der schönen Menschlichkeit erhoben, führt als Individualität ein Leben innerhalb eng gezogener Schranken. Nicht auf freie Entfaltung des Individuellen, sondern auf die Ausbildung und Bewahrung einer Konvention sind die Bedingungen der Damenschaft gestellt. Der Mann des ritterlichen Zeitalters verehrte in der Dame seines Herzens weniger eine bestimmte, ausgeprägte Individualität als vielmehr einen Komplex von Tugenden und Vorzügen nach konventionellen Begriffen. Daher vollzog sich der Verkehr zwischen der Dame und ihrem Ritter in ziemlicher Ferne und ließ im Grunde eine intimere Lebensgemeinschaft gar nicht zu. Dieses Element des innerlichen Fremdseins ist untrennbar mit dem Wesen der Dame verknüpft; es bildet eine Scheidewand zwischen den Geschlechtern, die nicht beseitigt werden kann, ohne daß zugleich ein Stück von dem Wesen der Dame fällt.

Mit den Ideen der großen französischen Revolution, als die Rechte der Persönlichkeit auch unter den Frauen reklamiert werden, treten aber die Vorstellungen der Gleichheit und der Gemeinsamkeit zwischen Mann und Weib in den Vordergrund. Die Erkenntnis, um welchen Preis die Erziehung zur Dame erkauft wird, entwertet die Vorrechte, die damit verbunden sind, und der Trieb nach freier Selbstbestimmung bewirkt in einzelnen weiblichen Individuen eine auf völlig geänderten Voraussetzungen beruhende Annäherung an das männliche Geschlecht. Sie lehnen sich gegen die unwürdige und unfreie Stellung auf, die das Gesetz dem weiblichen Geschlecht anweist; aber sie verschmähen zugleich die Huldigungen des gesellschaftlichen Verkehrs, die aus einer phantastischen Auffassung der Weiblichkeit hervorgehen.

Unter diesem Gesichtspunkt betrachtet, verdient die moderne Frauenbewegung eine andere Würdigung, als man ihr vielfach zuteil werden läßt. Denn in diesen Vorstellungen der Gemeinsamkeit trägt sie den wertvollsten Bestandteil einer neuen Ordnung zwischen Mann und Weib mit sich; indem sie etwas, das sich vielleicht als Unterströmung schon lange in den Beziehungen der Geschlechter vorbereitet hat, zum System erhebt und eine Lehre daraus macht, bringt sie es erst zum allgemeinen Bewußtsein und verleiht ihm die suggestive Kraft, durch die es vorbildlich weiterwirken kann.

Schon Mary Wolstonecraft beleuchtet in ihrer »Verteidigung der Rechte der Frau« (1792) – einem Buche, das alle Richtungslinien der späteren Frauenbewegung enthält – die Mängel, die aus der Erziehung zur Dame entspringen, und kommt zu dem Schluß, »daß es gut wäre, wenn die Frauen nur angenehme, vernünftige Kameraden wären, ausgenommen ihrem Geliebten gegenüber«. Diese »Ausnahme« bedeutet jedoch eine bloß subjektive Einschränkung. Zugleich mit der beginnenden Umwandlung in der sozialen Stellung des weiblichen Geschlechtes vollzieht sich eine Umwandlung des erotischen Verkehrs. Als eine geistig-körperliche Gemeinschaft auf der Basis individueller Anziehung und Ergänzung ist der kameradschaftliche Typus des Geschlechtsverhältnisses zu einem neuen Ideal der Liebe geworden.

Die Voraussetzung dafür ist allerdings eine Veränderung auch in der Natur des Mannes. Nur die männlichen Individualitäten, aus deren psychosexueller Beschaffenheit das Bedürfnis entspringt, sich in der Liebe an ein ebenbürtiges Wesen zu wenden, werden die Vorstellung der Gemeinsamkeit an die Stelle setzen, die in dem primitiven Verhältnis die Vorstellung der Herrschaft, in dem ritterlichen die Vorstellung der freiwilligen Unterordnung einnimmt. Man kann in diesem kameradschaftlichen Typus eine Übertragung der antiken Liebesvorstellungen, wie sie den sinnlich-übersinnlichen Freundschaftsbündnissen zwischen Jüngling und Mann zugrunde lagen, auf das Verhältnis von Weib und Mann erkennen. Was in Platons Symposion als höchste Liebe zwischen einem jüngeren und einem älteren Freunde geschildert wird, ist für das moderne Empfinden nichts anderes als die Darstellung der edelsten heterosexuellen Beziehungen.

Mit dem Ideal der Gemeinsamkeit hat die Frauenbewegung eins der Vermächtnisse aufgegriffen, welche die Renaissance kommenden Jahrhunderten hinterließ. Die Anerkennung der freien Persönlichkeit, die Gleichberechtigung der Geschlechter zum Zwecke einer angehemmten und bedingungslosen Entfaltung individueller Eigenschaften sind in jenem allzu kurzen Aufleuchten höchster Kultur vorübergehend schon Besitz der menschlichen Gesellschaft gewesen.

So läßt sich in dem »Vollmenschen«, der in dem Ideenkreis der Frauenbewegung auftaucht, eine zwar abgeschwächte, aber in der Hauptsache zutreffende Fassung dessen erkennen, was die Renaissance als Bildungskanon aufgestellt hat. Und der Umstand, daß es die Frauenbewegung nicht auf dem Wege historischer Entwicklung übernommen, sondern aus sich selbst neu geschaffen hat, kann nur dazu beitragen, seinen kulturellen Wert zu beglaubigen.

Die Kluft zwischen den Geschlechtern, aus der im Verlauf der europäischen Zivilisation so verschiedenartige Gebilde aufgestiegen sind, glänzende Blüten der Gefühlsromantik wie der Minnedienst, und schauerlich groteske Ausgeburten feindseligen Wahnes wie der Hexenprozeß: in dem kameradschaftlichen Verhältnis erscheint sie zum erstenmal ganz überbrückt. Als freie Gefährten, ausgerüstet mit den gleichen Hilfsmitteln der Kultur, zu gegenseitigem Verständnis gereift und bereit, die Höhen und Tiefen des Lebens gemeinsam zu durchschreiten: so treten Mann und Weib in ein neues Zeitalter ein, das seine Signatur von ihrem Bunde erhalten soll.

Allerdings gibt es unter den modernen Frauen auch solche, die das Heil des Weibes in der Lossagung vom Manne erblicken; eine asketische, männerfeindliche Richtung voll anmaßender Überschätzung der Weiblichkeit, voll kurzsichtiger Verkennung dessen, was das Weib der hohen und verfeinerten Männlichkeit verdankt. Sollte man in dieser Abkehr von allem Männlichen nicht ein Analogon zur Abkehr der frühchristlichen Männer erblicken dürfen, wiederum einen noch ungelösten Konflikt zwischen Gattung und Persönlichkeit, dessen Schauplatz diesmal die weibliche Psyche ist? Diese Frauen stehen noch auf dem Boden der Damenschaft, obwohl sie ihren Meinungen und Forderungen nach nicht mehr die Existenz der

Dame führen. Sie unterziehen das Verhältnis von Mann und Weib einer Kritik, bei der sie die Auffassung des Weibes als des höheren Wesens zur Grundlage machen, ohne zu bemerken, welchen naiven Diebstahl an der Großmut der Männlichkeit sie dabei begehen. In ihnen verrät sich etwas von der wahren Gesinnung der Dame gegenüber dem Mann, von den Heimlichkeiten ihres erotischen Empfindens, das die Damen der alten Schule mit dem unverbrüchlichen Schweigen der großen Lebensklugheit verhüllten.

Für diese Frauen haben die Vorstellungen eines kameradschaftlichen Verhältnisses zum Manne keinerlei Reiz. Aber auch für einen Teil der Männer – und wahrscheinlich für die große Mehrzahl – wird das, was sie unter Kameradschaft verstehen, weitab liegen von den Vorstellungen, die sie sich über den Umgang mit Weibern machen. Im Grunde ist immer noch der primitive herrische Typus im Verhältnis von Mann und Weib der dominierende. Selbst in der Blütezeit des ritterlichen Verhältnisses haben bekanntlich nur die obersten Klassen, diejenigen, die durch eine bevorzugte Lebensstellung die Träger der geistigen Verfeinerung oder wenigstens der eleganten Mode waren, daran teilgenommen; und auch innerhalb dieser Klassen erstreckte sich die Verehrung des Weibes keineswegs auf das Eheleben. Nicht die Gattin, die Lebensgefährtin, genoß die Ehren des Dienstes, nur die Geliebte, die ferne und unzugängliche Frau eines anderen.

Was sich in diesen drei Typen, dem herrischen, dem ritterlichen und dem kameradschaftlichen, vor allem ausdrückt, ist die psychosexuelle Individualität, die besondere, angeborene Disposition im Verhalten des einzelnen Mannes gegenüber dem Weibe. Wenn auch in verschiedenen Epochen der menschlichen Kultur der eine oder der andere Typus mehr hervortritt und den allgemeinen Zuständen nach dieser Richtung seinen Charakter verleiht, bestehen sie doch gleichzeitig nebeneinander fort. Die vornehmen griechischen Hetären, die »Gesellschafterinnen« des Mannes, haben als die ersten dem erotischen Verkehr ein Gebiet geistiger Gemeinsamkeit erobert, indem sie an der Bildung und den Interessen der Männer teilnahmen. In diesen illegitimen Beziehungen milderte und verfeinerte sich zuerst der männliche Herreninstinkt, bis er in der Sphäre der schönen Geselligkeit die Herrschaft des Weibes unter der Form der Dame legalisierte.

Und nun hat es den Anschein, als ob die Tage dieser Herrschaft gezählt seien. Der Begriff der Dame beginnt hinfällig zu werden. Etwas Antiquiertes, eine Art Donquichotterie fängt an, sich an ihn zu heften. Noch ganz unbestimmt und unmerklich, nur erst wahrnehmbar in gewissen Beleuchtungen und Reflexen.

Die wirtschaftlichen und sozialen Umwälzungen, die die Funktion des »hauswaltenden« Weibes täglich mehr zu einem Anachronismus machen, gehen auch an der Existenz der Dame nicht spurlos vorüber. So weit eine Frau ihren Unterhalt selbst verdienen, also mit dem Manne in Konkurrenz treten muß, hört sie auf, unter den Bedingungen zu leben, die ihr nur innerhalb des Gesellschaftslebens garantiert sind. Auf dem Gebiete des Erwerbslebens endet die Galanterie als Umgangsform. Ein härteres Gesetz, eine strengere Verantwortlichkeit regieren hier und fordern unerbittlich andere Vorzüge, als sie aus der Bestimmung zur Dame hervorgehen können.

Aber auch in jene Kreise, die scheinbar ganz unberührt von modernen Ideen sind, dringen die Einflüsse einer in voller Wandlung begriffenen Kultur, – in jene Kreise, in denen die Dame noch unbestritten regiert und zu deren konservativen Stützen sie gehört. Nicht als neue Erkenntnisse freilich, nicht als bewußte Forderungen einer freien, individuellen Lebensführung treten sie auf, sondern ganz unverfänglich, unter verschiedenen Masken: als neue Vergnügungen und Spielereien für das aus Vergnügungen und Spielereien zusammengesetzte Daseinsprogramm der Dame. Zu diesen verlarvten, revolutionären Elementen gehört vor allem jeder Sport, der anstrengende Leibesübungen in sich begreift, rasche und heftige, nicht auf Grazie, sondern auf Treffsicherheit gestellte Bewegungen oder selbst nur seelische Abhärtung, die sich der Gefahr kleinerer Entstellungen und Verletzungen unbedenklich aussetzt. Dergleichen verstößt gegen den orthodoxen Begriff der Dame, der ein des Schutzes bedürftiges, in seiner Zartheit und Schwäche verehrungswürdiges Wesen zur Voraussetzung hat. Was die Dame zum »höheren Wesen« stempelt, ist ihr Gegensatz zum Tun und Treiben der Männlichkeit; deshalb ist alles kameradschaftliche im Verkehr der Geschlechter an sich schon unvereinbar mit dem Wesen der Damenschaft. Aber gerade auf dem Gebiet des Sportes ist das Kameradschaftliche im Verkehr der Geschlechter nicht auszuschließen. Dort hat es auch seine ausgedehntesten und überraschendsten Siege gewonnen. Man kann, das berühmte Wort Buckles über die ethische Mission der Lokomotive variierend, wohl behaupten: Das Bicycle hat zur Emanzipation der Frauen aus den höheren Gesellschaftsschichten mehr beigetragen als alle Bestrebungen der Frauenbewegung zusammengenommen.

Ja, der Begriff der Dame beginnt hinfällig zu werden. Und die Folgen dieses Auflösungsprozesses einer historischen Form müssen sich natürlich bald zeigen. Es dürfte der Dame kaum gelingen, sich über die unbequemen Bedingungen ihrer Vorrechte hinwegzusetzen und doch zugleich im ungeschmälerten Genuß der Vorrechte selber zu bleiben.

Und etwas wie eine Gefahr, die drohende Möglichkeit empfindlicher Verluste für das weibliche Geschlecht, scheint am Horizont aufzutauchen. Es wäre immerhin denkbar, daß alle die Güter, die sich das moderne Weib von der Freiheit der Selbstbestimmung verspricht, die Vorteile nicht aufwiegen, die das weibliche Geschlecht unter der Lebensform der Dame besessen hat. Es wäre immerhin möglich, daß die Nötigung zur Konkurrenz bei dem männlichen Teil die Veredelung des Instinktes, die sich als Ritterlichkeit manifestiert, und bei dem weiblichen Teil die Zucht zur Schönheit, zur Harmonie, zur körperlichen und seelischen Hoheit, aus der die Dame hervorgegangen ist, wieder zerstörte.

Hier liegt ein Kulturproblem: die Frauen müssen die alte Form überwinden, ohne deren kulturelle Errungenschaften preiszugeben, einen neuen Stil der Weiblichkeit bilden, eine Form des Seins, die sich in organischem Wachstum aus der bestehenden entwickelt, um Raum zu gewähren für das, was die Dame nicht war und nicht sein konnte: die freie Persönlichkeit.

Frauen und Frauentypen

I

Die Aussagen der Männer über die Weiblichkeit leiden an dem Nachteil, daß sie nur eine Kenntnis aus zweiter Hand zur Grundlage haben und keine Unterstützung durch die Selbstbeobachtung erfahren. Frauen von überlegener Urteilskraft können aus ihrer eigenen Psyche Tatsachenmaterial schöpfen, sie können sich selbst als Vergleich, als Beweis, als Bürgschaft benützen. Dieses subjektive Verfahren verleiht ihren Aussagen besonderes Gewicht. Wie »das Weib« sich im Bewußtsein solcher Frauen spiegelt, ist als Beitrag zur Psychologie des Weibes auf alle Fälle maßgebend. Freilich nur theoretisch genommen. Einen praktischen Wert, etwa als Richtschnur und Erziehungskanon, haben diese Aussagen schon deshalb nicht, weil die Vertreterinnen der spezifischen Weiblichkeit unter sich nicht einig sind, was man eigentlich darunter zu verstehen hat.

Versucht man die Anschauungen zweier hervorragender und feiner Beobachterinnen, wie Lou Andreas-Salomé und Laura Marholm in diesem Punkte zu vergleichen, so wird man auf völlig entgegengesetzte Eigenheiten als Grundwesen des Weibes stoßen, obwohl beide bei ihrer Auffassung der weiblichen Psyche von physiologischen Voraussetzungen, also von scheinbar zuverlässigen und untrüglichen Grundlagen ausgehen.

Während Laura Marholm, einer sehr verbreiteten Auffassung folgend, das Weib als ein Wesen darstellt, das in sich kein Zentrum, keinen eigenen Inhalt hat, das nicht für sich bestehen kann, faßt Lou Andreas-Salomé das Weib als das auf sich beruhende und in sich vollendete Wesen auf, in dessen ursprünglichem Sein schon Selbstgenügsamkeit und Selbstherrlichkeit enthalten sind, und das im Vergleich zum männlichen Wesen »wie ein Stück uralter, im ältesten Sinn vornehmster Aristokratie auf eigenem Schloß und Heimatsbesitz« erscheint. Das Marholmsche Weib hat seinen Schwerpunkt nicht in sich, es ist mit seiner ganzen geistigen Existenz auf den Mann angewiesen: »Des Weibes Inhalt ist der Mann«. Noch mehr: es empfängt außer seinem Inhalt auch seine Form von ihm: »Das, was das Weib über sich geschrieben liest, ist Richtschnur für das Weib, zu werden, wie der Mann es sich denkt. Es ist des Weibes Natur, sich in eine Form zu prägen und nach einer Form zu verlangen, in die es sich prägen kann«.

Das Salomésche Weib, Repräsentantin einer gleichfalls sehr verbreiteten Auffassung, will hingegen »mit allen möglichen geistigen Entwicklungsbestrebungen im Grunde nur sich selbst zu breiterer, reicherer Seinsentfaltung bringen«; es besitzt »jene Sattheit der schöpferischen Wiederholung von sich selbst, des Zusammenhaltens aller Kräfte innerhalb der eigenen Produktion, wie es für alles Weibliche charakteristisch ist«; es bildet eine Welt für sich, gemäß der Eigenart der weiblichen Eizelle, die »einen Kreis um sich geschlossen hält, über den sie nicht hinausgreift. Aber eben deshalb liegt auch im Weiblichen schon so elementar und primitiv angedeutet die intaktere Harmonie, die sichere Rundung, die in sich ruhende vorläufige Vollendung und Lückenlosigkeit«.

Durch die Abhängigkeit und Unselbständigkeit, die mit dem Empfangen von außen zusammenhängt, wird das Marholmsche Weib charakterisiert; es kann daher auch »mit der Konvenienz nicht brechen, denn diese ist seine einzige Stütze«. Und die Konvenienz ist nicht bloß außer ihm, sie ist auch in ihm. Sie ist zugleich »seine intimste weibliche Scham, sie ist die Richtschnur seines Empfindens«. Das Salomésche Weib aber »hat eine viel tiefer verborgene Verachtung vor dem traditionell Geltenden als der Mann ... Nicht das weiblichste Weib ist es, das am meisten des Hauses, der Sitte, des festgezogenen Kreises bedarf, um sich als Weib zu fühlen, vielmehr ist es sein schöpferisches Vermögen, all dieses aus sich selbst aufzurichten. So paradox es klingt, so kann man doch sagen: das Haus, die Sitte, die Schranke müssen viel mehr für den Mann da sein«. Bloß der Umstand, daß über dem Weibe so viele äußerliche Nötigungen regieren, erzeugt den Anschein des Gegenteils. Und ausdrücklich verwahrt sich Lou Andreas-Salomé gegen das verbreitete Mißverständnis, die beiden Geschlechter als bloße Hälften aufzufassen, wie »es in der populären Redewendung vom Weiblichen als dem passiv empfangenden Gefäß und dem männlichen als dem aktiv schöpferischen Inhalt« geschieht.

»Der Mensch als Weib« im Saloméschen Lichte ist eine Zusammenstellung aller Eigenschaften, die sich aus den physiologischen Bedingungen der weiblichen Korporisation ableiten lassen, eine modernisierte Auslegung dessen, was von alters her als spezifisch weiblich gegolten hat. Daher auch die Salomésche Anschauung, daß jene alten Bezeichnungen für das Wesen des Weibes, »als da sind: Häuslichkeit, am-Herde-walten, Religion, Selbstbescheidung, Unterordnung, Reinheit, Sittigkeit u. a. m.«, keineswegs Zufallsbezeichnungen sind, sondern, wenn auch grob und kompakt gefaßt, Symbole und Illustrationen für die wahre Wesensveranlagung des Weibes. Nach Lou Andreas-Salomé gestattet diese Wesensveranlagung keine völlige Individualisierung; das Weib hat immer vom Gattungsmäßigen viel mehr an sich als der Mann. »Denn das ist das Eigentümliche, daß das Weib dem Weibe gleicher ist, als der Mann dem Manne. In irgend einer geheimnisvollen und höchsten Bedeutung wird es wahr, was die schamlose Brutalität der Sinnlichkeit vom wahllos aufgegriffenen Weibe ausspricht, daß Weib oder Weib dasselbe gelte.« Das Weib ist das minder individualisierte Wesen, weil es »noch unmittelbar Anteil hat an dem Alleben selbst und wie dessen persönlich gewordenes Sprachrohr wirken kann«. Daher kommt es, daß es in seiner selbsteigenen Welt als dauernden Seelenzustand das besitzt, was das friedlose, sich ins Grenzenlose verlierende und spezialisierende Manneswesen nur in seinen höchsten Augenblicken erreicht.

Die Salomésche Art der Darstellung, die das Konventionelle verklärt, um aus ihm die Anhaltspunkte für »ein Bild im Umriß« der allgemein gültigen Weiblichkeit zu gewinnen, schließt so völlig die Zeichnung des Individuellen aus, daß es hier sogar aus dem Wesen des Weibes heraus grundsätzlich abgelehnt wird. Sie ist zugleich die Voraussetzung, unter der die generalisierende Methode sich rechtfertigt.

In der Marholmschen Darstellung hingegen führt sich die generalisierende Methode selbst ad absurdum, gerade weil »das Weib« der Laura Marholm ein individuelleres Gepräge trägt, weil es ein reales Wesen und nicht ein aus dem Gattungsmäßigen konstruiertes Schemen ist. Was für Widersprüche vereinigt dieses Weib in sich, aus was für wunderlich uneinheitlichen Bestandteilen ist es zusammengesetzt! Vorerst das »Zentrale« des Weibes, »die heiße Quelle... die des Weibes ein und alles, sein Mittelpunkt, sein Genie und sein Inhalt ist – die durchseelte, verinnerlichte Geschlechtlichkeit«. Deshalb ist es auch nicht der Mann, »für den die Wahl die wichtigste Angelegenheit ist, sondern das Weib«. Und diese Wahl mit feinfühliger Unfehlbarkeit zu treffen, »nachtwandlerisch sicher den einen organisch-sympathischen Geliebten unter tausend gleichgültigen oder abstoßenden Menschen herauszufühlen«, wird als Ausdruck der intakten, hochkultivierten Weibnatur gerühmt.

Aber mit Staunen hören wir alsbald: »es kommt für das Weib in erster Linie nicht so sehr darauf an, wen es liebt, sondern daß es liebt.« Ja wir erfahren, daß der Mann, je braver, wärmer, besser er ist, desto pathetischer die große Liebe verlangt, bei der man vollen Ernst bezeugt – und das Weib »macht sich doch nur was aus der kleinen Liebe, bei der man spielt!«

Die merkwürdigste Bewandtnis scheint es aber mit der berühmten »Wildheit« des Weibes zu haben. Diese Wildheit ist es angeblich, durch die das Weib enger mit der Natur zusammenhängt als der Mann, und die daher um jeden Preis erhalten bleiben muß. »Das beste und schlechteste Weibmaterial ist nicht ziehbar und erziehbar, kultivierbar und zivilisierbar wie der Mann – das ist nur das weibliche Mittelgut – es ist Unregierlichkeit, Respektlosigkeit, Instinkt, nichts als weiblicher Instinkt.«

An anderer Stelle aber spricht Laura Marholm doch von der »unbegrenzbaren Akkommodationsfähigkeit« und »schrankenlosen Suggestibilität« des Weibes; sie sagt: »Überall, wo das Weib eine Leitung findet, also ein Vertrauen empfindet, ist es folgsam. Nicht nur das gute, sondern auch das böse Weib«; und sie räumt den Männern ein: »Ihr könnt ja alles aus uns machen, Hetären und Amazonen, Vernunftmenschen und Heilige, Gelehrte und Blödsinnige, Frauen und Jungfrauen; denn wir fügen uns jedem Druck eurer Finger, und unsere Natur ist, uns nach euch zu wandeln.« Allerdings hebt sie diese Konzession in einem dritten Buch wieder auf, indem sie findet, »daß es das Weib ist, das das Gemütsleben des Mannes formt und mißformt, verzerrt oder entfaltet. Die Seele seiner Mutter oder die Seele seiner Schwester drücken auf die empfänglichen Seiten des Mannes ihren unverlöschlichen Stempel. Die Frage ist also doch schließlich in der Mehrzahl der Fälle nicht: wie ist der Mann? sondern: wie ist das Weib?« Und endlich behauptet sie: »Durch das Kind entscheidet sich das innerste Wesen im Weibe. Ihr verborgenster Fond kommt zum Vorschein... sie wird etwas Bestimmtes, während sie vorher etwas Unbestimmtes war.«

Trotz aller umständlichen Bemühungen, für »das Weib« einen einheitlichen und allgemein gültigen Typus zu schaffen, vermag Laura Marholm doch nichts zu geben als ein Konglomerat einzelner Charaktere, die in den wesentlichsten Punkten kaum verwandt, geschweige denn identisch sind.

Freilich enthält schon die Marholmsche Grundvoraussetzung einen groben Lapsus. Laut dieser ist das Weib seelisch und körperlich »eine Kapsel über einer Leere, die erst der Mann kommen muß zu füllen«.

Nun kann aber das Weib, physiologisch betrachtet, durchaus nicht als eine Kapsel über einer Leere bezeichnet werden. Diese Kapsel hat einen höchst respektablen Inhalt; sie bringt einen Organismus hervor, der im Tierreich auf den ersten Stufen des Lebens so selbständig schöpferisch veranlagt ist, daß er aus eigener Machtvollkommenheit, ohne Zutun eines männlichen Elementes, das Leben weitergeben und vervielfältigen kann. Laura Marholm hat nur gleich das wichtigste am weiblichen Organismus übergangen, die Hervorbringung der Keimzelle, durch die das Weib morphologisch den gleichen Rang und Wert mit dem Manne erhält. – Nebenbei bemerkt: der Marholmsche Mann, der zu seiner Frau sagt, daß er sie erst aus seiner Rippe geschaffen habe, begeht einen ähnlichen Irrtum. Denn auch nach der biblischen Genesis, der er seinen Vergleich entlehnt, hat nicht Adam das Weib aus seiner Rippe erschaffen, sondern – Gott. Mit so weitgehenden Vollmachten stattet selbst die patriarchalische Vorstellung vom Weibe den Mann nicht aus!

Noch von einer anderen Seite sehen wir die spezifische Weiblichkeit bei Ellen Key. Sie sucht im Gegensatz zur Saloméschen Auffassung für die Frauen eine »unbegrenzte Freiheit der Individualität« trotz der durch ihre Physis bedingten Gebundenheit zu retten. Dieses Bemühen, den individuellen Unterschieden gerecht zu werden, durchkreuzt bei ihr beständig die generalisierenden Schlüsse, die sie für ihre Beweisführung doch nicht entbehren kann. Unter ihren Händen verwandelt sich die Weiblichkeit so unaufhörlich, daß man endlich nicht mehr weiß, warum denn von etwas so Unbestimmbarem oder von etwas so Nebensächlichem weiter die Rede sein soll.

Ellen Key bekennt zwar, daß ein einziger Ausnahmefall weiblicher Überlegenheit eine unabweisliche Stütze für die Forderung auf volle Freiheit der Selbstbestimmung für jede Frau bildet – aber der Zweck ihrer Ausführungen ist trotzdem, durch Nachweise über das, was das wahre Wesen des Weibes ist, diese Freiheit einzuschränken. Wenn die Gesellschaft, wie Ellen Key fordert, keiner Frau Hindernisse in den Weg legen darf, zu zeigen, was die Natur gerade mit ihr beabsichtigt hat, müßten dann nicht zu allererst die normativen Bestimmungen über das Weibliche und Unweibliche aufhören? Wozu soll es dann dienen, dem einzelnen Individuum vorzuhalten, wie die große Menge seiner Geschlechtsgenossen beschaffen ist, und ihm Richtungslinien anzuweisen, die aus Untersuchungen über das Durchschnittliche gewonnen sind?

Vielleicht ist es gegenüber den extremen Standpunkten in der Frauenbewegung angezeigt, durch solche Darstellungen des allgemeinen Geschlechtscharakters daran zu erinnern, daß nicht alle Frauen für eine andere Lebensführung als die überlieferte geeignet sind. Vielleicht – denn es wäre ja möglich, daß die Frauenbewegung durch übereilte Verallgemeinerungen hie und da urteilslose Personen auf einen falschen Weg locken, sie mit dem äußerlichen Ehrgeiz erfüllen könnte, etwas anzustreben, wozu sie doch nicht taugen. Diese Bestimmungen nach dem Durchschnittlichen tragen aber gleichzeitig dazu bei, die normative Gewalt zu verstärken, welche die staatliche und gesellschaftliche Tradition ohnedies über das einzelne Individuum ausübt – wie sehr auf Kosten der persönlichen Freiheit, das wissen eben nur diejenigen, die nicht in die herrschende Norm passen.

Nach dem Erfahrungssatze, daß auf geistigem Gebiete dieselben Verhältnisse herrschen müssen wie auf dem des Körpers, sucht Ellen Key die fundamentale Ungleichheit dort, wo der wichtigste funktionelle Unterschied im natürlichen Leben der Geschlechter liegt. Wie bei Laura Marholm durch die Wildheit, ist bei Ellen Key das Weib durch die Mütterlichkeit »enger mit der Natur verwandt«, mit dem Mystischen, das hinter der Wirklichkeit steht; und, »wenn die Kraft der Mütterlichkeit einst auf Erden in ihrer vollen Selbstherrlichkeit hervortritt, dann wird sie, in einer tieferen Bedeutung als bisher, der Welt die Erlösung gebären –« nämlich, wenn die Frauen erst gelernt haben werden, ihre Mütterlichkeit, die sie bisher nur in der Hingebung an private und persönliche Verhältnisse betätigten, auf die öffentliche und allgemeine Sphäre zu übertragen.

Diese Sphäre war freilich nach Ellen Keys eigener Angabe immer diejenige des Mannes; und es ist nicht einzusehen, wie die historische Entwicklung der spezifisch weiblichen Kraft aus sich heraus plötzlich eine andere Richtung nehmen und eine wesentlich andere Kulturform hervorbringen sollte.

Gestützt auf das Kriterium der Mütterlichkeit teilt Ellen Key die Frauen, vom geistigen Standpunkt aus gesehen, in zwei Rassen: in Frauen, die lieben, und in solche, die es nicht können. Dadurch vermeidet sie es, einer sehr häufigen und sehr charakteristischen Art der Weiblichkeit, der egoistisch-frigiden, die Zuständigkeit absprechen zu müssen, wie Laura Marholm, die das Kriterium der Weiblichkeit einfach in eine gesteigerte Erotik verlegt.

Unter den Frauen, die nicht lieben können, gibt es »entzückende Augenblicksmenschen oder reiche Künstlernaturen, oder große Sinneszauberinnen; zuweilen sind es klare, kalte Verstandesmenschen, zuweilen auch kleine, enge Alltagsseelen«.

Allein was sie auch seien, von ihnen hat die Menschheit keinen Zuwachs der weiblichen Lebenswerte zu erwarten. Das hat sie nur von den Frauen, die lieben können. »Für diese Frauen ist ihr Dasein als Gattin oder Mutter, Schwester oder Tochter, Freundin oder Helferin das Lebensentscheidende.« Auch unter ihnen gibt es große individuelle Ungleichheiten; für die einen ist »die erotische Liebe das Höchste; jene ergreift die Mutterliebe tiefer; andere fühlen am tiefsten die allgemein-menschliche Sympathie, die Mütterlichkeit in der weitesten Bedeutung des Wortes. Bei ihnen allen aber ist es die Stärke der persönlichen Hingebung, die das Rassezeichen ausmacht. Daran erkennen sie sich vom Nordpol bis zum Südpol.«

Es ist ein altbekanntes Merkmal der spezifischen Weiblichkeit, das hier zugrunde liegt: die persönliche Hingebung, die Aufopferungsfähigkeit, noch mehr, das Aufopferungsbedürfnis. In dem Seelenleben vieler Frauen spielt die Vorstellung der Aufopferung eine hohe Rolle; sie empfinden eine sittliche Genugtuung und innere Befriedigung über eine Handlung nur, wenn ihnen zugleich die Gelegenheit geboten war, ihr eigenes Ich und seine Ansprüche zu überwinden. Sie wollen nicht unmittelbar ihre eigene Persönlichkeit ausleben, sondern einer anderen Persönlichkeit Raum gewähren. Kann sein, daß sich in dieser Eigentümlichkeit wirklich die »Natur des Weibes« am bezeichnendsten ausdrückt – vielleicht aber ist diese Eigentümlichkeit nur ein Kulturprodukt und dem Umstande zuzuschreiben, daß die Frauen, als sekundäres Geschlecht in einem dienstbaren und abhängigen Verhältnis zum männlichen stehend, immer nach ihrer Eignung zur Abhängigkeit bewertet wurden, oder auch, daß sie vermöge ihrer Suggestibilität viel stärker die Wirkung der herrschenden religiösen Gebote empfinden. Die Ideen der Aufopferung und Selbstüberwindung werden ja in der christlich-religiösen Welt am höchsten gestellt, sie repräsentieren ihre vornehmsten moralischen Werte. Ausgegangen allerdings sind sie von Männern, als Vorschriften ohne Ansehung des Geschlechtes – eine Tatsache, die wie die ganze christliche Vorstellungswelt in ihrer symptomatischen Bedeutung von den Verfechtern der spezifischen Geschlechtspsychologie viel zu wenig beachtet wird. Und es ist zu fürchten, daß in der »allgemein-menschlichen Sympathie, der Mütterlichkeit in der weitesten Bedeutung«, die sozialen und religiösen Genies unter den Männern den Frauen längst den Rang abgelaufen haben.

Die persönliche Hingebung an sich ist nicht immer, wie Ellen Key will, eine zuverlässige Basis für eine Gemeinsamkeit jener Frauen, deren Rasseabzeichen sie bilden soll. Nicht immer bedeutet das Aufgehen in der Mutterschaft ein Symptom weiblicher »Selbstlosigkeit«. Viele Frauen der Mutterschaft gehören ihrer ganzen Wesensbeschaffenheit nach nicht dem altruistisch-sentimentalen Typus der Aufopferung Ellen Keys an, sondern eher dem egoistisch-frigiden. Die enge physische Verbindung zwischen Mutter und Kind läßt sie das Kind als einen Annex ihres eigenen Organismus empfinden, auf den sich ihre Liebe wie auf ihr eigenes Selbst erstreckt, weil es für sie noch kein von ihnen unterschiedenes Wesen ist.

Man kann mit demselben Recht behaupten, daß »das Weib« kein Zentrum in sich hat, als daß es das konzentrischste Wesen und viel mehr sein eigener Mittelpunkt ist als der Mann – es kommt nur darauf an, welche Art von Frauen man unter dem Sammelnamen »das Weib« versteht. Wer wüßte nicht, welchen Grad der Kultus der eigenen Person, die an Selbstvergötterung grenzende Selbstliebe bei vielen Frauen erreicht? In dem Typus, den Ellen Key durch das Kriterium des Nichtliebenkönnens bezeichnet, ist das Element der Hingebung, dieser vermeintlich so untrennbar mit der weiblichen Psyche verwachsenen Eigenschaft, nicht enthalten. Trotzdem – oder vielleicht gerade deshalb! – repräsentiert er die mächtigste und gefährlichste Erscheinungsform des Weibes, diejenige des großen, wilden, durch keinerlei soziale Instinkte eingeschränkten, mit aller sinnlichen Gewalt des Ursprünglichen ausgerüsteten Egoismus. Wenn man die spezifische Weiblichkeit nach der Macht bewerten will, die sie im Getriebe des Lebens besitzt, dann ist weder der erotisch-exzentrische Typus – da ja die innerliche Abhängigkeit vom Manne für das Weib nicht Macht bedeuten kann – noch der altruistisch-sentimentale – der nur eine gemäßigte, teilweise durch sozialreformatorische Ideen beeinflußte Variante der erotisch abhängigen Weiblichkeit ist – sondern der egoistisch-frigide Typus an die erste Stelle zu setzen.

Diese Frauen treten gewöhnlich nicht aus dem Rahmen des Konventionellen heraus; denn viele der wohlakkreditierten Merkmale des »echten Weibes« stimmen mit ihren Neigungen und Bedürfnissen ganz überein. Die züchtige Sittigkeit bildet für ihre erotische Unempfindlichkeit eine angemessene Form, wie die Religiosität für ihre Abneigung gegen das männlich-plebejische Denken; das Walten am häuslichen Herde gewährt ihrer satten Selbstgenügsamkeit, die gesellschaftliche Stellung der Dame ihrem inneren Überlegenheits- und Herrschaftsbedürfnis Befriedigung. Gerade die Lebensform des Weibes als Dame hat zur Voraussetzung und, soweit sie nicht ein Werk des männlichen Geschlechtes ist, auch zum Schöpfer den egoistisch-frigiden Typus. Daher ist die Keysche Behauptung kaum aufrecht zu erhalten, daß von den Frauen, die nicht lieben können, keine Bereicherung der weiblichen Lebenswerte herrührt.

Hebt man den schönen, blumigen Schleier auf, den die Kunst der Darstellung über das Salomésche Weib breitet, dann wird man wohl Spuren dieser Art Weiblichkeit darunter wahrnehmen, ein und dasselbe Urbild, gesehen das eine Mal in warmer, idealistischer Beleuchtung, das andere Mal mit einem kälteren Auge. Diese Gestalt verleugnet ihre Verwandtschaft mit jener unzugänglichen, uneinnehmbaren Weiblichkeit nicht, die eine Welt für sich bildet – eine Welt, der gegenüber der Mann der ewig Ohnmächtige und ewig Fremde ist, der friedlos Schweifende ohne Heim und Eigenbesitz.

So lassen sich die einzelnen weiblichen Individualitäten nach verschiedenen Typen gruppieren, ohne daß man andere Hilfsquellen braucht als die miteinander unvereinbaren Behauptungen über »die wahre Natur des Weibes«, die von Frauen selber aufgestellt werden. Das Seltsame daran ist, daß ihre Urheberinnen nicht bemerken oder nicht bemerken wollen, welche Unterschiede in der Grundauffassung sie voneinander trennen. Daß Weib und Weib als das Gleiche gelten könne, wie Lou Andreas-Salomé sagt, erscheint im Munde einer ungewöhnlichen Frau einfach unbegreiflich.

Besteht doch eine so große Verschiedenheit unter den Frauen, daß das Verständnis, das aus der bloßen Geschlechtsgemeinschaft entspringt, in vielen Fällen völlig aufgehoben wird. Jener Freimaurerblick, von dem Laura Marholm spricht, der Blick, mit dem die Frauen angeblich untereinander die »Geheimschrift ihrer inneren Erlebnisse« lesen, er bewährt sich nur unter Mitgliedern desselben Grades, aber er versagt, wo es sich um größere Abstände handelt, um Unterschiede in dem, was ein Mensch als den Kern seiner Persönlichkeit, als das Mysterium seines besonderen Wesens empfindet.

Jeder Mensch von Eigenart weiß, daß es eine Art von Personen gibt, die zu ihm gehören, denen er sich verständlich machen kann, mit denen er etwas gemeinsam hat, und eine andere Art, die ungeheuere Mehrzahl, zu der er keinen Zugang besitzt, die seine Sprache nicht versteht, wie deutlich er auch rede, für die er in alle Ewigkeit ein verschlossenes Buch bleiben wird. Die Trennungslinie läuft keineswegs immer mit dem Geschlechte parallel. Namentlich geistig hervorragende Frauen finden ihre Wahlverwandten eher unter Männern. Und nicht allein intellektueller Momente wegen; sie haben in viel tieferen Dingen mehr Berührungspunkte mit ihnen als mit den Angehörigen ihres eigenen Geschlechts.

II

Jener innerste Kern, der die Menschen scheidet oder nähert, ist wahrscheinlich in der erotischen Eigenart zu suchen. Alle Abstände, die durch das Temperament, durch die intellektuelle Stufe, durch die Willensrichtung, kurz durch alle unbegrenzbaren Variationen in der Zusammensetzung der Persönlichkeit zwischen den einzelnen Individuen geschaffen werden, reichen weniger tief hinab. Ja, selbst der Unterschied des Geschlechtes nicht!

Bourget, der in seiner »Physiologie der modernen Liebe« ein Buch der vorurteilslosesten Beobachtung geschrieben hat, nennt unter den Lügen, welche die Frauen den Männern auftischen, diejenige der sexuellen Erweckung durch die Liebe als die gewöhnlichste. Die Veranlassung zu dieser Lüge liegt wohl in gewissen Vorstellungen, die der Weiblichkeit eben diese Erweckung als sittliche Forderung vorschreiben. Beim Manne darf das geschlechtliche Moment unverblümt auftreten, als nackter Trieb, der sich für seine vorübergehende Befriedigung mit dem Gattungsmäßigen an einem Individuum des anderen Geschlechtes begnügt – im weiblichen Bewußtsein soll er nur unter der Gestalt der Liebe erscheinen, das heißt, erst durch eine bestimmte Person geweckt werden. Über die wahre Bewandtnis täuschen die Frauen gewöhnlich nicht bloß die Männer, sondern auch sich selbst. Die Macht sittlicher Vorurteile und die Vergewaltigung der Natur durch sie ist nach dieser Richtung so groß, daß kaum jemand, selbst unter den Ärzten, in dieser dunkelsten Tiefe der weiblichen Psyche wirklich Bescheid weiß. Und wenn Bourget von Frauen spricht, die in allem, was die Liebe angeht, die Natur des Mannes haben, von Frauen nämlich, bei denen das Geschlecht »ein untergeordnetes, gleichsam getrenntes Leben neben dem Kopfe, außerhalb des Herzens« führt, so berührt er damit eine Erscheinung, die weniger wegen ihrer Seltenheit, sondern mehr, weil sie von der bürgerlichen Norm abweicht, als »Ausnahme« gilt. Schon allein in diesem Punkte unterscheiden sich die einzelnen weiblichen

Individuen so beträchtlich voneinander, daß von Wesensgleichheit kraft des Geschlechtes keine Rede mehr sein kann.

Aber man braucht nicht bis zu den Ausnahmen der weiblichen Natur zu gehen, und man wird auf Wesensgegensätze stoßen, die gerade dort entspringen, wo das Allgemeinweibliche scheinbar auf der zuverlässigen Grundlage des teleologischen Geschlechtscharakters ruht. Auch die heterogenen Frauentypen, die wir eben kennen gelernt haben, sind im letzten Grunde durch die erotische Eigenart unvereinbar voneinander geschieden.

Ein Zug ist es vor allem, durch den das persönliche Leben wie die historische Stellung des weiblichen Geschlechtes bestimmt wird – die Abhängigkeit. Sie entspricht ohne Zweifel einem inneren Bedürfnis, das aus der Wesensbeschaffenheit einer gewissen Art Frauen hervorgeht. Und sie hat ebenso unverkennbar ihren Ursprung in dem erotischen Gebiet.

Solche Frauen bedürfen eines Haltes, einer Führung, eines Gesetzes, das ihnen ein überlegener Wille vorschreibt. Der Mann ist ihr Inhalt, ihr Oberhaupt, ihr Eigentümer; und die Vorstellung der Unterwerfung unter seine körperliche und geistige Herrschaft löst bei ihnen die erotische Lustempfindung aus. Deshalb lieben sie die starke Faust, die befehlen und verbieten, drohen und bezwingen kann. Sie sind es auch, die in dem Manne ihres Herzens die Illusion bestätigen, daß sie sein Werk und Geschöpf sind; denn sie unterliegen der suggestiven Gewalt seiner Person so weit, daß sie sich ganz der Form anschmiegen, die seinem Geschmack entspricht. An ihnen stellt sich die teleologische Geschlechtsnatur des Weibes am unbedingtesten dar; ihre ganze Persönlichkeit ist von ihr durchdrungen und geht restlos in ihr auf.

Für den Mann bildet ihre Wesensart eine gewisse Bürgschaft, wenn nicht unbedingt des Glückes, so doch der Ungestörtheit. Darin ist auch der Grund zu suchen, warum gerade diese Varietät der weiblichen Natur so hoch geschätzt wird. Das Weib selbst hat von dieser Wesensart für sich wenig Gutes zu erwarten. Es liegt eher etwas Tragisches in ihr, eine Vorherbestimmung zu unberechenbaren Leiden, zu Angst und Qual ohne Ende. In sehr vielen Fällen ist das Los solcher Frauen nichts weniger als ein geborgenes Ausruhen in der sicheren Hut einer weisen und schützenden Macht. Vermöge der Anziehung, welche die Gegensätze aufeinander ausüben, fallen sie nur zu oft gewalttätigen, unbändigen, leidenschaftlichen Männern anheim, denen sie durch ihre Abhängigkeit auf Gnade und Ungnade ausgeliefert sind. Wer kennt nicht solche schwache, duldsame, sanftmütige, zärtliche Gattinnen, die vor ihrem Manne wie vor einem Elementarereignis zittern, wehrlos gegenüber seiner Eifersucht, seinem Mißtrauen, seiner schlechten Laune, seinem Jähzorn?

Am besten kommen dabei noch die Frauen mit sanguinischem Temperament weg, die leichtherzigen, oberflächlichen, zu Spielereien und Tändeleien, Listen und Finten geneigten, die Vogel- und Puppennaturen, die Meisterinnen der Hintertüren- und Alkoventaktik, die Klugen und Gewandten, die sich aufs Schmeicheln verstehen und die »schwache Stunde« zu benützen wissen. Sie alle sind ja gleichfalls zur Genüge als »das Weib« bekannt und beschrieben, wiewohl sie außer der Erotik der Unterordnung wenig oder nichts Gemeinsames haben. Viele von ihnen sind große Schweigerinnen, die nie Auskunft über die Heimlichkeiten und dunklen Verstecke ihres Seelenlebens geben – nicht einmal sich selbst; andere sind große Schwätzerinnen, die alles ausplaudern, ohne Scheu, sich und den Mann ihres Vertrauens bloßzustellen. Dann verrät sichs manchmal, daß die subjektive Illusion, die aus der erotischen Anlage entspringt, stärker ist als die Erkenntnis der wirklichen Verhältnisse. Der Mann ist nicht immer der strenge Herr und Gebieter, als den ihn seine Frau empfindet; allein sie liebt die starke Faust – und folglich muß er sie besitzen.

Diese Frauen fordern geradezu Unterdrückung, auch wenn sie darunter leiden müssen. So wie sie Eifersucht als einen Beweis der Liebe ansehen – und wohl deshalb, weil ihnen die Eifersucht des Mannes jene Furcht einflößt, die ihnen Widerstandsfähigkeit gegenüber der Versuchung gibt und als Ersatz für die mangelnde persönliche Willenskraft dient – so finden sie auch an stärkeren Gewaltausbrüchen noch Wohlgefallen, da sie als Ausdruck der wehrhaften Mannheit das Sicherheitsgefühl in ihnen bestärken. Wo die Sitten primitiv sind, wie in der bäuerlichen Bevölkerung, gelten sogar Schläge als ein Beweis echter Zuneigung des Mannes; sehr bekannt ist ja die Anekdote von jener weinenden Frau, die auf die Frage, warum sie so untröstlich sei, die Antwort gab, ihr Mann liebe sie nicht mehr, denn er habe sie schon seit einer Woche nicht geschlagen.

Etwas von dieser Empfindungsweise der primitiven Weiblichkeit hat Jacobsen in der Gestalt der Marie Grubbe dargestellt, in der Frau, die aus den Höhen der Gesellschaft in deren tiefste Niederungen herabsteigt, um dem Manne ihres Herzens anzugehören. Als er, der ehemalige Knecht, sie eines Tages prügelt, ist sie selbst erstaunt über sich, daß kein Gefühl rasenden Hasses in ihr entsteht; und sie fährt fort, ihn über Alles zu lieben, weil er eben ein Mann ist, der vor nichts in der Welt zurückschreckt, um seinen Willen durchzusetzen.

Überdies wird der Typus der erotischen Unterordnung – der Marholmsche, wenn man aus den zahlreichen Widersprüchen desselben die einheitlichen Bestandteile aneinander gliedert – in unzähligen Gestalten der Literatur verkörpert und gefeiert, vielleicht in der bekanntesten und gesteigertsten als Käthchen von Heilbronn. Er kann als der durchschnittliche, als der landläufige betrachtet werden, als derjenige, der gewöhnlich gemeint ist, wenn gesagt wird: »das Weib«.

Und dennoch gibt es Anzeichen, daß er nicht der allgemeinste, nicht der »normale«, nicht das eigentliche Weib sei.

Ebenso häufig wie die Voraussetzung, daß das Empfindungsleben bei dem weiblichen Geschlecht durch die Persönlichkeit des Mannes bestimmt wird, ist die Auffassung, daß das Weib im Manne nicht so sehr die Persönlichkeit, als vielmehr den Vater ihres Kindes sucht. Viele sagen, der Trieb der Mutterschaft erfülle die Seele des Weibes so ganz, daß für den Mann selbst nur ein Platz an zweiter Stelle übrig bleibt. Zum Beispiel Krafft-Ebing: »Während der Mann zunächst das Weib und in zweiter Linie die Mutter seiner Kinder liebt, findet sich im Bewußtsein der Frau im Vordergrunde der Vater ihres Kindes und dann erst der Mann als Gatte.« Oder Lombroso: »Die Liebe des Weibes (zum Manne) ist im Grunde nichts als ein sekundärer Charakter der Mutterschaft.« Oder Arne Garborg: »Das Weib liebt nicht wie wir. Ihre Neigung bedeutet, daß ihr Kind nun einmal einen Vater braucht; es ist nicht so übermäßig wichtig, ob es der oder jener ist.« Und noch andere mehr.

Soweit die Frauen der Mutterschaft zur altruistisch-sentimentalen Variante ihrer Gattung gehören, stehen sie in ihrer Erotik den Frauen der Unterordnung nahe; soweit sie aber der egoistisch-frigiden Art angehören, ist der Unterschied in dem Verhältnis gegenüber dem Manne sehr groß, und damit zugleich der Abstand, der sie von ihren Geschlechtsgenossinnen trennt. Wenn eine Frau in ihrer erotischen Hingebung an den Mann das Lebensentscheidende findet, wird sie vergeblich erwarten, in diesem Punkte von einer Frau, deren Lebensinteresse sich in der Mutterschaft konzentriert, verstanden zu werden. Der Grund, warum der Gegensatz, der hier herrscht, nicht auffälliger zur Erscheinung kommt, liegt nur in dem Mangel an reflektivem Erkenntnisvermögen unter den gewöhnlichen Frauen und in der Ähnlichkeit der Lebensbedingungen, durch die gemeinsame Interessensphären hergestellt werden.

Die Frauen der Mutterschaft mit egoistisch-frigider Grundnote fühlen sich nicht abhängig wie die Frauen der erotischen Unterordnung; sie haben eine viel geringere Assimilierungsfähigkeit und mehr Selbständigkeit gegenüber dem Manne, weil ihr Schwerpunkt nicht mit seiner Person zusammenfällt. Bisweilen geraten sie wohl durch den überlegenen Willen eines Mannes in schmerzliche oder leidenschaftliche Konflikte, viel öfter aber unterjochen sie vermittelst der Mutterschaft einen willens- und instinktschwächeren Mann. Zu ihren Kennzeichen gehört die Anschauung, daß die Kinder der Hauptsache nach Eigentum der Mutter sind, Fleisch von ihrem Fleisch, Blut von ihrem Blut, durch sie hervorgebracht in tausend Schmerzen und Opfern, und daß dem Manne nur der verschwindende Anteil an ihnen gebührt, den er bei ihrer Erzeugung hatte. Ihre Interessen und ihre Instinkte liegen weitab von denen des Mannes; sie haben meistens kein Bedürfnis nach einer wirklich intimen Lebensgemeinschaft mit ihm, und teilen auch trotz der Intimität der Ehe nur ganz äußerlich sein Leben. Was diese Frauen als elementare Kraft dem Manne überlegen macht, ist die Verbindung von individuellem Egoismus mit dem Gattungstriebe; sie fühlen sich so unmittelbar eins mit ihrem Kinde, daß sie dadurch an dem »Alleben der Natur« mehr Anteil zu haben scheinen. Das Überwiegen des Instinktlebens in ihnen erweckt den Anschein, daß das Weib der Natur näher steht als der Mann, und übt gerade auf Männer, die an ihrer übermäßigen Verstandeskultur leiden, einen hohen erotischen Zauber aus.

Ihrem »sittlichen« Range nach dürfte diese Art Frauen nicht so hoch zu setzen sein wie in der männlichen Vorstellung. Sonst hätte die Voraussetzung keine Berechtigung, daß dem weiblichen Geschlecht ein wesentlicher Anteil bei jener Differenzierung des Trieblebens zukommt, die sich in der Liebe kundgibt. Denn daß sie ausschließlich auf eine bestimmte Person um ihrer selbst willen gerichtet ist, das erst zeichnet die Liebesbeziehung vor einer bloßen Verbindung zum Zwecke der Fortpflanzung aus.

Dem Manne könnte diese Wesensart des Weibes sogar eine gewisse Gefahr bringen, wenigstens soweit es sich um seine Vaterschafts-Vorrechte handelt. Es wäre nicht unmöglich, daß in dem Augenblick, als das weibliche Geschlecht soziale Gewalt erlangte, diese Art Frauen den Mann als Vater stark in den Hintergrund drängen würde. Zum Glück für den Mann ist das Aufgehen in der Mutterschaft meistens doch mit jener Passivität gepaart, die zum primitiven Geschlechtscharakter des Weibes gehört und selbständiges Handeln nach allgemeinen Gesichtspunkten ausschließt.

Erst der extreme Typus der egoistisch-frigiden Weiblichkeit überschreitet diesen primitiven Geschlechtscharakter. Wird nicht auch eine »unersättliche Herrschsucht« als das Lebenselement des Weibes bezeichnet? Ist nicht das Saloméische Weib das ganz auf sich beruhende, und also vom Manne unabhängige Wesen? Ist nicht für Mrs. Egerton jene Frau die vorbildliche, die durch keine Manneshliebe jemals innerlich ganz befriedigt wird? Die sich selbst für »die Menschenblume, die Krone der Schöpfung« und den Mann nur für das »zufällige Beiwerk« hält –? Solchen Frauen erscheint der Mann im mildesten Fall als ein »komisches, großes Kind«, über das sie in stiller Überlegenheit lächeln, im schlimmeren aber als ein »Tier mit primitiven Instinkten« oder gar schlechtweg als »Mannbestie«. Und ihre Lehre lautet: »Halte deine Seele fest in der Hand und verpfände sie an keinen Mann«.

Bei diesem Typus tritt etwas auf, was man dem Herrschafts- und Überlegenheitsgefühl an die Seite stellen kann, das in der männlichen Psyche als Prärogative der Männlichkeit erscheint. In ihrer schroffsten Form ist diese Weiblichkeit nicht fern von Männerverachtung; das Verhältnis, das zwischen ihr und der ihr adäquaten Männlichkeit besteht, erinnert an jene Art der Liebe, von welcher Nietzsche sagt, daß sie »in ihren Mitteln der Krieg, in ihrem Grunde der Todhaß der Geschlechter ist«.

Dieser paradoxe Ausspruch beleuchtet zwar nicht das Wesen der Liebe, aber doch das Wesen der Geschlechtsbeziehungen, wie sie sich in den Untergründen des Bewußtseins abspielen. Für die Frauen hat der Genuß an der Ausübung persönlicher Macht nicht weniger Reiz als für den Mann; und das verbreitetste Geschlechtslaster der Weiblichkeit, die Gefallsucht, entspringt diesem Verlangen nach Macht. Die Natur hat dem Manne die physische Gewalt der Sexualität verliehen, aus der er sein Überlegenheitsbewußtsein schöpft. Aber die große Kunst der Weiblichkeit besteht darin, mit den Mitteln einer raffinierten sinnlichen Kultur diese elementare Gewalt zu entwaffnen und das primitive sexuelle Verhältnis zwischen Eroberer und Beute umzukehren. Jenes buhlerische Element, das ein so fragwürdiger Zug an der gewöhnlichen Weiblichkeit ist, erscheint als ein Produkt des latenten Kampfes, in dem das Weib seine sexuelle Macht derjenigen des Mannes entgegensetzt, um den Bezwinger zu bezwingen.

An der erotisch abhängigen Weiblichkeit ist das buhlerische Element eine relativ harmlose Eigenschaft, weil es nur den Ausdruck der Eitelkeit bildet, die sich an dem Gefallen genügen läßt, ohne herrschen zu wollen; aber gepaart mit einer egoistisch-frigiden Wesensart verleiht es dem Weibe, das überdies den erforderlichen sinnlichen Zauber besitzt, eine Macht, die jede andere menschliche Macht überragt.

Das Besondere und Bedeutsame an jenem Typus der weiblichen Prärogative hingegen ist, daß er die Überlegenheit des Weibes nicht auf die Geschlechtsmacht des buhlerischen Elementes gründen will, sondern auf die Unabhängigkeit vom Manne, die das Weib aus seiner sexuellen Kälte gewinnen kann, und die seiner geistigen Entfaltung Raum gewähren soll.

Keineswegs aber gehören zu dieser Art alle geistig überlegenen Erscheinungen des weiblichen Geschlechtes. Bei diesen tritt uns zuweilen ein ganz anderer Typus entgegen – das sind die Frauen, von denen Laura Marholm, allerdings mit einer Verwechslung von Ursache und Wirkung, sagt, sie seien »krank an einer inneren Spaltung, die erst mit der Frauenbewegung in die Welt gekommen ist«. Es ist zwar eine schwache Seite der Frauenbewegung, daß sie das Unterordnungsbedürfnis der weiblichen Psyche bloß aus Erziehungseinflüssen herleiten und seine erotische Basis nicht bemerken will – aber die Wurzeln des Konfliktes, unter dem jene Frauen leiden, reichen tiefer in die seelische Konstitution hinab als die Macht theoretischer Anschauungen. Die Entwicklung zur selbständigen Persönlichkeit, deren Ausdruck die modernen Frauenbestrebungen sind, bringt in manchen Fällen eine Dyskrasie des Wesens mit sich, eine schlechte Mischung zwischen den Tendenzen der weiblichen Sexualität, die nach Unterordnung, und den Tendenzen der Persönlichkeit, die nach Unabhängigkeit strebt. Solche Frauen suchen vermöge ihrer erotischen Eigenart gerade diejenigen Eigenschaften an dem Manne ihrer Wahl, die sie doch in ihrem außergeschlechtlichen Leben nicht ertragen können. Als Weib begehren sie nach dem, was sie als Persönlichkeit verabscheuen. Ihre Geschlechtsnatur fordert die herrische Überlegenheit des Mannes, weil nur durch Vorstellungen des Unterworfenseins, des Beherrschtseins ihre Erotik geweckt wird; aber ihr Wille zur Selbstbestimmung lehnt sich gegen die Unterwerfung auf, sobald deren Konsequenzen außerhalb der erotischen Sphäre fühlbar werden. Für sie gibt es keinen Weg zu einem harmonischen Verhältnis auf sexueller Grundlage. Sie sind zum Unglück verdammt wie alle Menschen des inneren Zwiespaltes.

Die Spuren dieser Dyskrasie, die noch so wenig beachtet worden ist, obwohl sie so oft das Verhängnis mißglückter Liebesbeziehungen bildet, lassen sich an dem Schicksal vieler hervorragender Frauen verfolgen, bei Mary Wollstonecraft, bei Marie Baschkirtzew und vielleicht am deutlichsten bei Sonja Kowalewska.

Man hat dieses Schicksal aus dem Mißverhältnis erklären wollen, das sich angeblich mit Notwendigkeit aus den geistigen Bestrebungen und der natürlichen Bestimmung des Weibes ergeben soll. Ist dabei aber nicht eine Verkennung der tieferen Ursachen unterlaufen? Das Glück der Liebe wird im wesentlichen, soweit es eben nicht von äußeren Umständen abhängt, durch ein innerliches Gleichgewicht bedingt, durch die Übereinstimmung der erotischen Eigenart mit den übrigen lebensentscheidenden Impulsen des Individuums. Daß in der weiblichen Natur die Liebe notwendigerweise als ein Bedürfnis der Unterordnung auftreten muß, ist eine willkürliche Voraussetzung und trifft nur bei jener Art Frauen zu, die sich mit ihrer Erotik nicht über die primitive teleologische Geschlechtsnatur erhebt.

Denn es gibt – und gewiß nicht so selten – Frauen, denen die Liebe durchaus keine Aufgebung der persönlichen Freiheit bedeutet. Die Vorstellung der starken Faust wirkt auf sie ebenso abschreckend, als sie auf andere verlockend wirkt – aber nicht, weil sie keiner innigen persönlichen Hingebung fähig sind. Nicht der Grad, sondern die Art der Hingebung ist das Bezeichnende. Man pflegt den Unterschied zwischen der männlichen und der weiblichen Art zu lieben darin zu suchen, daß das Weib unter völliger Selbstaufgebung, der Mann unter Selbstbehauptung liebt. Diese Unterscheidung fällt hier in nichts zusammen. An die Stelle der Unterordnung tritt die Gemeinsamkeit auf Grundlage einer Wesensergänzung, in der das Gattungsmäßige von rein individuellen Momenten überwogen wird. Das subjektive Ideal, in dem sich die individuelle erotische Anlage jedes Menschen spiegelt, nimmt bei diesen Frauen die Gestalt der Freiheit an; die lustbetonte Vorstellung ist nicht mehr diejenige des Dienens auf der einen Seite und des Herrschens auf der andern, sondern die Vorstellung der Gleichheit. Von ihnen gilt das schöne Wort Richard Wagners, das die Liebe der starken Naturen als »freie Hingebung an den, der uns nicht zu zwingen vermag« feiert.

Solche Frauen werden, wenn ihnen die Ungunst des Zufalles nur herrische Männer in den Weg führt, leicht Männerhasserinnen. Die landläufigen Redensarten über den Mann als den Herrn des Weibes, über die Pflicht des Weibes zur Unterwerfung und zum Dienen, verwirren und verstören sie namentlich im frühen Jugendalter oft bis zu einem asketischen Widerwillen vor aller Männerliebe. Erst wenn ihre Persönlichkeit sich unabhängig von den herrschenden Normen ausbildet und sie erkennen, daß jeder freie Mensch sein Leben nach dem Gesetze seines inneren Wesens gestaltet, oder wenn eine glückliche Begegnung ihnen offenbart, daß die individuelle Differenzierung aus dem einzelnen Mann ein ganz anderes Wesen macht, als wozu die Durchschnittsmethode ihn stempelt, gewinnen sie die Harmonie zwischen sich und der Welt zurück.

Sie sind es, die sich am meisten von dem teleologischen Geschlechtscharakter der Weiblichkeit entfernen. Die oberflächliche Beobachtung pflegt sie mit dem Typus der Prärogative zu verwechseln, weil auch bei ihnen der atypische Teil ihrer Natur die Stellung bestimmt, die sie den herkömmlichen Einrichtungen gegenüber einnehmen müssen. Und da das Bestehende auf eine andere Sorte zugeschnitten und bemessen ist, geschieht es wohl, daß das revolutionäre und polemische Element mehr an ihnen hervortritt, als es in der inneren Notwendigkeit ihres Wesens gelegen wäre. Dieses polemische Element wirkt an der Erscheinung der »Emanzipierten« auf die Unbeteiligten so unangenehm; und die Feindseligkeit jener Art Mann, die allein den Typus der erotischen Unterordnung als »das Weib« gelten lassen will, hat sie unterschiedslos mit dem mißliebigen Namen »Mannweib« gebrandmarkt. Daß eine Verwandtschaft zwischen ihrer Wesensart und der männlichen besteht, ist allerdings nicht zu leugnen; um dieser Verwandtschaft willen, die aber unter einem nicht einseitig sexuellen Gesichtspunkt möglicherweise einen Vorzug bedeutet, kann man sie als den synthetischen oder progressiven Typus der Weiblichkeit den anderen gegenüberstellen.

Ein Punkt verdient besonders hervorgehoben zu werden, in dem ihre Empfindungsweise auffällig von der gewöhnlichen weiblichen absticht: die Art und Weise, wie sie sich gegenüber den polygamen Sitten des männlichen Geschlechtes verhalten. Für die meisten Frauen steht die Anzahl der Eroberungen und Abenteuer, die ein Mann gehabt hat, im gleichen Verhältnis zu der Anziehung, die er auf sie ausübt; sie erblicken eher darin einen Vorzug. Die Vorstellung der Jungfräulichkeit an einem Mann hat keinen Zauber für sie. Wenn sie ihnen nicht geradezu abstoßend erscheint, so läßt sie sie doch gleichgültig. Sie betrachten die männliche Polygamie als etwas Selbstverständliches und Unabänderliches. Es ist aber kein ganz seltener Fall, daß junge Mädchen, sobald sie von dem Manne, den sie lieben, diese Dinge erfahren, in die tiefste Verzweiflung geraten, obwohl nach den herrschenden gesellschaftlichen Anschauungen daraus kein sittlicher Makel für den Mann erwächst. Sie kommen darüber, ihrer innersten Empfindung nach, kaum weniger schwer hinweg als im umgekehrten Fall die meisten Männer; nur eben die herrschenden Anschauungen bewirken es, daß der Konflikt in den schweigenden Tiefen der Seele verborgen bleibt, unter jenen scheuen und stummen Schmerzen, für die es kein Echo in der Außenwelt gibt.

Es wäre keine unmögliche Aufgabe, in den Geisteswerken einzelner hervorragender Frauen Andeutungen dafür zu finden. Sofern man die Werke eines Autors als Dokumente seiner Persönlichkeit betrachten und in den wechselnden Gestalten seiner Einbildung die Form erblicken kann, in der er sein Verhältnis zur Welt darstellt, gibt beispielsweise der Roman »Mauprat«, der eine Verherrlichung der männlichen Jungfräulichkeit enthält, ein nicht mißzuverstehendes Zeugnis, wohin die erotische Eigenart George Sands, dieser ebenso zärtlichen als unabhängig gesinnten Frau, neigte.

Von symptomatischer Bedeutung ist es auch, daß diese Empfindungsweise in den Tendenzen der Frauenbewegung Ausdruck gefunden hat. Nur leider verquickt mit moralisierenden Verallgemeinerungen. Alles Moralisieren jedoch verdunkelt das eigentliche Phänomen; denn nicht um ein sittliches Urteil, sondern um eine subjektive Empfindung, die Äußerung einer bestimmten Wesensbeschaffenheit, handelt es sich im Grunde.

Die bekannteste Darstellung eines solchen Mädchens ist jene Svava in Björnsons »Handschuh«, die mit ihrem Bräutigam bricht, als sie sein Vorleben erfährt. Aber auch hier ist das Gewicht nicht auf das psychologische Problem, sondern auf eine moralisierende Tendenz gelegt. Den äußersten Gegensatz zur Auffassung Svavas hat bezeichnenderweise Laura Marholm geliefert. In ihrer Erzählung »Was war es?« sagt der Liebhaber zur Heldin: »Die käufliche Liebe war mir immer widerlich. Ich habe noch nie ein Weib angerührt.« Da – wendet sich das Mädchen entsetzt von ihm ab: »es war ihr, als ginge ein kalter Schauder durch die Natur, etwas wie eine fröstelnde Enttäuschung.«

Wollte man schließlich nach Analogie der primitiven und der differenzierten Männlichkeit die Typen der Weiblichkeit gruppieren, so müßte man das Kriterium gleichfalls in der individuellen erotischen Anlage und nicht in äußeren sozialen Unterschieden suchen. Ein durchgebildeter Gegensatz der Lebensaufgaben wie bei dem männlichen Geschlecht existiert bei dem weiblichen nicht; und die naheliegende Gegenüberstellung der Dirne und der ehrbaren Frau wäre schon deshalb unzulänglich, weil die Prostitution eine sozial nicht approbierte Lebensform und die angeborene Disposition dazu eher einen atavistischen

Defekt des Individuums darstellt. Was man als primitive Weiblichkeit ansprechen kann, ist die Unfähigkeit, sich selbständig zu behaupten, die in dem weiblichen Unterordnungsbedürfnis ihren Ausdruck findet, der Mangel an Persönlichkeit, der das Weib als Geschlechtswesen einem fremden Willen anheimgibt, entweder, indem dieser Wille als elterliche oder verwandtschaftliche Autorität ihre Wahl bestimmt, oder als eheherrliche Gewalt über ihre Person gebietet. Das Weib aber, das aus eigener Machtvollkommenheit über sich als Geschlechtswesen verfügen will und dieses Recht der Persönlichkeit kraft innerer Notwendigkeit zum obersten Gesetze seines Lebens macht, das Weib, das arbeitet, um unabhängig zu sein, das eher ganz auf die Liebe als auf die freie Wahl verzichtet, wird als Typus der differenzierten Weiblichkeit gelten können, was für eine soziale Stellung es auch einnehmen mag. Denn das entscheidende Merkmal ist die Entwicklung des Persönlichkeitsbewußtseins, das die primitive teleologische Geschlechtsnatur aufhebt – am umfassendsten dann, wenn es auch die erotische Eigenart des Individuums durchdringt.

Übrigens sollte man sich hüten, die Qualität des Geschlechtswesens an sich als Wertmesser der Persönlichkeit zu benützen. In Dingen der Weiblichkeit werden Geschmacksfragen zu Prinzipienfragen gemacht. Es ist ganz müßig, darüber zu debattieren, welche Art der Weiblichkeit die echte und rechte sei. »Was soll man von einem Weibe denken, die nur vollkommen Weib sein wollte?« hat Max Stirner gesagt. »Das ist nicht jeder gegeben und manche würde sich damit ein unerreichbares Ziel setzen. Weiblich dagegen ist sie ohnehin, von Natur, die Weiblichkeit ist ihre Eigenschaft, und sie braucht der ›echten‹ Weiblichkeit nicht.« Für das Leben jedes Individuums ist die erotische Anziehung, die es ausübt, und die Instinktsicherheit, mit der es seine Wahl trifft, das Ausschlaggebende. Dabei kommt das allgemein Weibliche nicht in Betracht. Regiert hier nicht ein ganz persönlicher und privater Maßstab? Nicht ein Gesetz, das sich in jedem Fall einzig und allein auf die individuelle Natur der beiden Beteiligten gründet? Hineingebannt in die Schranken einer bestimmten Individualität, können wir die geheimnisvolle Basis, auf der unser Fühlen und Wollen sich schicksalsmächtig erhebt, nicht wählen und nicht ändern. Und vergeblich wäre es, eine Übereinstimmung und Gemeinschaft dort herstellen zu wollen, wo das Trennende und Gegensätzliche in den Urgrund unseres Wesens hinabreicht. Weib und Weib ist nicht das gleiche, so wie Mann und Mann nicht das gleiche ist – ohne diese Fundamentalerkenntnis wird die Geschlechtspsychologie immer ein Labyrinth unlösbarer Widersprüche bleiben.

Familienliteratur

Niemals noch ist die herrschende Vorstellung vom Weibe, das »Ideal« des Weibes, so sehr versimpelt gewesen wie im 19. Jahrhundert. Um den vollen Umfang dieser Versimpelung zu begreifen, muß man das Bild der Weiblichkeit in jener Literatur suchen, die eigens für die Frauen geschrieben wird. Denn das ist die fragwürdige Auszeichnung unserer Zeit vor anderen Kulturepochen: es gibt eine Literatur eigens für Frauen.

In der antiken Kultur existierte das weibliche Geschlecht als literarisches Publikum bis zur römischen Verfallzeit überhaupt nicht; das Theater war den Frauen unzugänglich, und der geringe Grad ihrer Bildung, ihre Unkenntnis des Lesens, ihre auf das Haus beschränkte Lebensweise verschloß ihnen auch den Zugang zur geschriebenen oder rezitierten Dichtkunst. Dennoch überliefert die antike Literatur ein reich individualisiertes Bild des Weibes, besonders in den Gestalten weiblicher Gottheiten.

Im Mittelalter hingegen waren gerade die Frauen, neben den Geistlichen die Trägerinnen der hohen Bildung und über die Geistlichen hinaus die Trägerinnen der schönen Sitte und edlen Geselligkeit, fast ausschließlich das Publikum der weltlichen Dichtkunst; und alles, was auf diesem Gebiete hervorgebracht wurde, war für sie bestimmt, ohne daß sie einen hemmenden oder beschränkenden Einfluß auf Stoff und Darstellung ausübten. Auch aus dieser Literatur tritt uns das Weib in einer Fülle von Individualitäten entgegen, unter denen es nicht an solchen fehlt, die wie Kriemhilde oder Isolde oder die Frauen des französischen Karlsepos sich weit von dem entfernen, was man heute als »Musterbild edler Weiblichkeit« zu betrachten gewohnt ist.

Dieses Musterbild und die literarischen Vorkehrungen zu seinem Schutze sind erst eine Schöpfung der Gegenwart. Zwar beklagt sich schon Goethe bei Eckermann über den Einfluß, den die Anwesenheit der jungen Mädchen im Theater auf die Bühne ausübe; aber seither ist dieser Einfluß ungemessen ins Breite gewachsen.

Denn nunmehr scheidet sich die Literatur in zwei getrennte Gebiete. Das eine ist das Gebiet des freien persönlichen Schaffens, wo die Individualität des Autors, seine eigene Welt- und Lebenskenntnis herrscht. Aber der weitaus überwiegende Teil dessen, was Jahr für Jahr geschrieben und gedruckt wird, gehört nicht dahin. Jene Verbreitung in Hunderttausenden von Exemplaren, die der literarischen Arbeit erst eine Wirkung ins Große ebenso wie einen nennenswerten, materiellen Ertrag gewährt – und das gilt leider ganz besonders von der deutschen Literatur – ist ein Privilegium des anderen Gebietes, der sogenannten Familienliteratur.

Der Name »Familienliteratur« bedeutet keinen Ehrentitel, wie jedermann weiß. Nicht die künstlerische Qualität des Werkes kommt hier in Betracht, kein künstlerischer Gesichtspunkt ist hier maßgebend. Nicht die Redlichkeit der Beobachtung, nicht die schöpferische Erfindung, nicht die neuen Probleme, die den Weg der literarischen Entwicklung bezeichnen. Gleichviel, ob es sich um Arbeiten belletristischen oder wissenschaftlichen Inhaltes handelt, ob es Romane oder Gedichte, Abhandlungen oder Anekdoten sind – was die Zensur des Familienblattes passieren will, muß nach einer bestimmten Schablone verfertigt sein, muß eine bestimmte Moral zur Grundlage haben, muß in einem bestimmten konventionellen Verhältnis zur Realität stehen. Vor allem natürlich ist es die belletristische Produktion, für die dieses System verhängnisvoll wird; denn sie hat in erster Linie die geistige Verproviantierung des Familientisches zu besorgen. Die Welt, wie sie hier dargestellt werden muß, ist von einer chinesischen Mauer eingeschlossen, innerhalb welcher die Vorgänge sich nach feststehenden Regeln abspielen; sie ist eine Puppenbühne, auf der eine Anzahl stereotyper Figuren und Gedanken in ewig wiederholten Variationen die fable convenue aufführen, die für den Familientisch das menschliche Leben und Treiben repräsentiert.

Mit rückhaltsloser Offenheit hat Arthur Zapp in einem höchst bezeichnenden Artikel »Schriftstellerleiden« – erschienen am 12. November 1898 in der »Zukunft« – den Terrorismus beleuchtet, der hier geübt wird. Er beschreibt den Leidensweg, den er vom selbständigen Schaffen nach eigenen Impulsen und eigener Beobachtung zum Fabrikanten von Familienblattromanen zurücklegte, und teilt schließlich die lehrreichsten Stellen aus einigen ihm zugegangenen Offertbriefen vielgelesener Familienblätter mit. In einem solchen Briefe heißt es: »Die in unserem Blatte zur Veröffentlichung gelangenden Beiträge dürfen weder eine politische noch eine religiöse Tendenz enthalten und müssen in erotischer Hinsicht so gehalten sein, daß sie auch vor jüngeren Mitgliedern im Familienkreise vorgelesen werden können. Auch darf weder eine Ehescheidung noch ein Selbstmord vorkommen. Die Handlung muß stetig an Spannung zunehmen und in jedem Kapitel muß irgend eine Wendung in der Fabel, ein neues Ereignis oder dergleichen eintreten. Der Ausgang muß ein glücklicher, einen angenehmen Eindruck hinterlassender sein.« In wunderbarer Übereinstimmung schreibt die Redaktion eines in weit über hunderttausend Exemplaren verbreiteten Blattes: »Unser Unternehmen ist für den Familienkreis bestimmt, so daß wir in erster Linie auf strenge Dezenz Gewicht legen müssen und auf absolutes Vermeiden alles politisch und konfessionell Anstößigen. Auch soll auf eine äußerlich ereignisreiche, immer in Spannung erhaltende Handlung und knappe Darstellung Bedacht genommen und ermüdende Schilderungen sowie Reflexionen vermieden werden. Unerläßlich ist auch ein befriedigender Schluß der Erzählung...« Und sobald sich der Autor verleiten ließ, von dieser Schablone – dem »Familienblatt-Romanleisten«, wie er selbst sie nennt – im geringsten abzuweichen, sobald er eine Milieuschilderung, eine psychologische Vertiefung der Charaktere oder gar einen satyrischen Ausfall auf Schwächen des modernen gesellschaftlichen Lebens versuchte, wurde die Arbeit unfehlbar zurückgewiesen.

Sehen wir uns den Frauentypus an, der in dieser Literatur waltet, so tritt uns eine eben so willkürlich zugestutzte, nach dem Rezept ausgestopfte Puppe entgegen. Das Weib, wie es sein soll, und das Weib, wie es nicht sein soll, sie tragen beide deutlich den Stempel ihrer Bestimmung und haben ihre Grenze in dieser Bestimmung.

Denn die Familienliteratur hat eine besondere Mission zu erfüllen, die sich mit der künstlerischen Darstellung der Wirklichkeit nicht vereinen läßt. Wer ist denn eigentlich unter jenen so maßgebenden »jüngeren Familienmitgliedern« zu verstehen? Der heranwachsende Sohn kaum. Nicht ihm gilt all die Zurückhaltung in konfessionellen, politischen, erotischen Dingen; nicht für ihn ist die romantische Handlung, der angenehme Ausgang, die ganze sentimentale Schönfärberei erfunden und zubereitet. Wozu auch? Da er doch an der Schule frühestens Gelegenheit hat, alle Unebenheiten der wirklichen Zustände in Theorie und Praxis kennen zu lernen. Man braucht bloß einen Band eines beliebigen Familienjournals zu durchblättern, um zu sehen, wer hier die Hauptrolle spielt. Niemals findet man den achtzehnjährigen Jüngling als Helden und Mittelpunkt; seine Leiden und Freuden existieren nicht für die Familienliteratur, und wenn er einmal auftritt, gibt er höchstens eine Art komischer Figur ab. Nein, hinter dem Familienpopanz, der da so despotisch regiert, steht niemand anderes als das junge Mädchen. Das junge Mädchen ist es, um dessen geistige Unberührtheit an dem Familientisch ewig gezittert wird; und für die achtzehnjährige Mädchenintelligenz muß alles zugeschnitten sein, was auf den Familientisch kommt. Für die achtzehnjährige – denn mit diesem Alter wird ja die intellektuelle Ausbildung bei den wohlerzogenen Mädchen der bürgerlichen Gesellschaft als abgeschlossen betrachtet.

Das nächste Jahrzehnt, das für den jungen Mann einen so ungeheuren Schritt zur Reife, zur Selbständigkeit des Denkens und Urteilens bedeutet, bleibt für das Mädchen, sofern es nicht während dieser Zeit heiratet, fast gänzlich unfruchtbar. Mit dem Augenblick, als das junge Mädchen in die Gesellschaft eingeführt wird, gilt es als erwachsen, als fertig; das Mädchen von achtundzwanzig Jahren hat vor dem Mädchen von achtzehn offiziell nicht das Geringste voraus. Im Gegenteil: das Streben der älteren Mädchen muß notwendigerweise darauf gerichtet sein, sich in ihrem ganzen Auftreten von dem körperlichen und geistigen Habitus des achtzehnten Jahres möglichst wenig zu entfernen.

Solange die Hauptaufgabe der weiblichen Erziehung darin besteht, das Mädchen in einem unfertigen Entwicklungszustand für den künftigen Gatten aufzubewahren, wird dieser Stillstand ein notwendiger Fehler des Prinzips sein – ein Fehler jedoch, der natürlich weit über das ledige Alter hinausreicht, und dessen Konsequenzen für das ganze Leben fühlbar sind. Mit der Ehe treten neue Pflichten, neue Beschäftigungen in das Leben des Weibes ein; die Muße, die den Mädchen des wohlhabenden Bürgertums so reichlich zugemessen ist, ebenso wie die Gelegenheit zu lernen, vermindert sich beträchtlich. So kommt es, daß die korrekten und gutgearteten unter den Durchschnittsfrauen zeitlebens ungefähr auf der geistigen Stufe ihrer Mädchenjahre stehen bleiben. Ihr Geschmack und ihr Gesichtskreis in literarischen Dingen verändert sich namentlich dann nur unerheblich, wenn die Stellung und Bildung des Mannes nicht dazu angetan ist, einen Einfluß im Sinne geistiger Entwicklung auf sie auszuüben.

Nun stellt aber gerade das weibliche Geschlecht die empfänglichsten, die eifrigsten, die zahlreichsten Leser. Das beweist die Prosperität aller Familienblätter, mit deren Verbreitung auch die besten freien Zeitschriften nicht annähernd in Konkurrenz treten können. Familienliteratur heißt mit einem anderen Worte Frauenlektüre. Als der große Däne Jacobsen seinen ersten Roman veröffentlichte, schrieb er an Eduard Brandes: »Es könnte ja sein, daß die Wächter des Volkes vorher schon das Buch in Bann erklärten und sagten, daß man es jungen Mädchen nicht in die Hand geben kann; und dann ist es jetzt und in der nächsten Ewigkeit verloren.«

Den hauptsächlichen Inhalt der Familienliteratur bildet, wie sich das bei einem weiblichen Publikum von selbst versteht, das Verhältnis zwischen Mann und Weib. Aber nicht etwa die Ehe, dieses schwierige und komplizierte, konfliktreiche und für das Frauenleben so entscheidende Verhältnis, ist das Thema, nur das Lieben und Verloben. Immer wird ein liebendes Paar durch eine »spannende Verwicklung« über die mannigfachsten Hindernisse hinweg zum »glücklichen Ausgang« der Ehe geführt. Sobald die Sache so weit gediehen ist, entläßt der Autor sein Publikum mit der beruhigenden Gewißheit, daß der Hochzeitstag die Krone des Lebens und der fröhliche Schluß aller Kümmernisse und Enttäuschungen sei. Nur wenn er es besonders gründlich macht, läßt er zum Schluß noch einmal für einen Augenblick den Vorhang aufgehen und zeigt uns die junge Frau, in Wonne und Seligkeit schwimmend, mit einem sechs Wochen alten Sprößling auf dem Schoß.

»Es ist etwas ganz Erstaunliches und Ungeheures in der Erziehung der vornehmen Frauen«, sagt Nietzsche; »alle Welt ist darüber einverstanden, sie in eroticis so unwissend als möglich zu erziehen...« Das Erstaunlichste in diesem System ist aber, daß gleichzeitig die weibliche Phantasie beständig mit erotischen Dingen beschäftigt wird; das Ungeheuerlichste, daß diese erotischen Dinge obendrein in einer falschen und verlogenen Gestalt eigens für die weibliche Phantasie präpariert und so die bittersten Enttäuschungen und Wunden gerade für die gläubigen und arglosen Gemüter vorbereitet werden. Bei der Wichtigkeit, welche das Heiraten im Leben der bürgerlichen Mädchen besitzt, sollte ihnen die Erziehung wenigstens diejenigen Kenntnisse, diejenigen Fähigkeiten vermitteln, die zu einer vernünftigen Selbstbestimmung geeignet machen. Die Sitte ist hier auf einem Punkte angekommen, wo sie geradezu absurd wird. Sie schreibt den Mädchen eine Unwissenheit und Weltunkenntnis vor, die vielleicht eine wichtige Bedingung war, als noch die Eltern die Wahl des Gatten trafen und das Verhältnis zwischen den Eheleuten weniger eine persönliche als eine bloß soziale Grundlage hatte. Indessen aber hat im Bewußtsein der Kulturmenschheit die persönliche Zuneigung und Liebeswahl zwischen den künftigen Ehegatten den Wert einer sittlichen Voraussetzung gewonnen, und zwar in dem Maße, daß sogar die Heiraten fürstlicher Personen, die ihre Wahl notorisch nach Gründen der Staatsräson treffen müssen, öffentlich als Neigungsheiraten hingestellt werden. Völlige Lebensunkenntnis einerseits und persönliche Entscheidung zum Zweck einer Verbindung für Lebenszeit andererseits schließen jedoch einander aus. Es ist keine Übertreibung, wenn man der Familienliteratur ein gut Teil der Schuld an den mißglückten Ehen zuschreibt, obwohl ja Ehescheidungen in ihrem Gesichtskreis gar nicht vorkommen dürfen. Aber eine Literatur, die ihrem Wesen nach heuchlerisch und verlogen ist, die zu ihrem obersten Gesetz eine lebensfeindliche und lebensunfähige Prüderie macht, muß die Phantasie derjenigen, für welche sie die einzig gestattete geistige Nahrung bildet, irreführen und verderben. In der andauernden Beschäftigung mit »spannenden« Romanen, das heißt mit solchen, in denen der natürliche Gang des Lebens nach einem willkürlichen Verfahren zugunsten äußerlicher Effekte verrenkt wird, liegt an sich schon ein korrumpierender Einfluß auf das Verständnis wirklicher Vorgänge und Begebenheiten; vollends die romanhafte Behandlung des Liebeslebens nach der Familienblattschablone trägt nur dazu bei, jene überschwenglichen Erwartungen von den erotischen Dingen, die eine gefährliche Schwäche der mädchenhaften Weltanschauung sind, ins Ungemessene zu steigern.

Und nicht bloß die Belletristik der Familienliteratur ist voll von solchen schädlichen Elementen. Man findet unter den approbierten Familienbüchern, unter denen, die »mit gutem Gewissen jedem jungen Mädchen in die Hand gegeben werden können«, sehr häufig solche, die ganz geeignet sind, verhängnisvolle Täuschungen hervorzurufen. Ein Beispiel für unzählige – und eines sogar, das sich von der Dutzendware des Genres vorteilhaft durch die Persönlichkeit des Autors wie durch Schwung und Tiefe der Empfindung auszeichnet – ist das Buch »Die Frau« von J. Michelet (übersetzt von Friedrich Spielhagen). Michelet selbst sagt in der Vorrede, daß er nur die gerade Linie gezeichnet und Lücken gelassen habe, da er weder den Ehebruch noch die Prostitution darin behandle. Also ein Buch mit den Rücksichten, die der Familientisch fordert. Das Leben des Weibes wird hier mit all der schwärmerischen Übertriebenheit dargestellt, mit welcher es sich in der Phantasie leidenschaftlicher und zugleich vornehmer Männer spiegelt. Was steht da nicht alles! Da soll die moderne Erziehung der Knaben darauf hinauslaufen, einen »Arbeiter«, diejenige der Mädchen hingegen, eine »Religion« zu schaffen. »Die Frau ist eine Religion... Sie ist die Flamme der Liebe und die Flamme des Herdes... Mit einem Worte: Sie ist der Altar.« Sie ist der Inbegriff alles Zarten, Heiligen und Vollkommenen, ist allen gemeinen Notwendigkeiten des Lebens entrückt. Jeden Morgen und jeden Abend soll sie beten: »Mein Gott, mache mich sehr schön.« Der Mann hingegen ist ein »herkulischer Arbeiter«, der seine Männlichkeit von früher Jugend in allen Stürmen des Lebens abhärten soll. Für ihn ist nichts zu rauh und nichts zu schwer; er muß Schwielen an Körper und Seele haben. Denn so wollen ihn die Frauen; sie wollen »ein gutes Kissen, auf das sie vertrauensvoll ihr Haupt legen können ... Um diesen Preis kostet es ihnen nichts zu sagen: er ist mein Herr – und ihr Lächeln meint: dessen Herrin ich sein werde«. Diese, wie man sieht, »echt weibliche« junge Dame vermag alles; sie erreicht spielend und ahnungslos die unerhörtesten Wirkungen. »Sie ist es, die mit sechzehn Jahren durch ein edles Wort den Mann über sich selbst hinaushebt, so daß er spricht: Ich will groß sein.« Und nichts Geringeres fordert Michelet von dem Auserwählten seiner Heldin, als daß er sich »aus dem jungen Bürgerssohn, dem ganz gewöhnlichen Studenten, zu dem edlen, königlichen, heroischen Wesen« erhebe, von dem sie stets geträumt habe, und zwar nicht etwa für die Dauer des Brautstandes und der Flitterwochen, sondern für immer, »durch eine entschiedene und gänzliche Umwandlung«.

So sehen die Direktiven aus, die das wohlerzogene Mädchen von seinen geistigen Führern für das Leben empfängt. Wer könnte da noch über die törichte Illusion der Mädchenintelligenz lächeln, daß die Liebe jeden annehmbaren Heiratskandidaten in den erträumten Romanhelden und Märchenprinzen verwandeln müsse! Oder gibt es in der Tat außer siebzehnjährigen Mädchen jemanden, der im Ernste glaubt, daß der »ganz gewöhnliche Bürgerssohn« in der Ehe etwas anderes sein wird als ein ganz gewöhnlicher Bürgerssohn?

Aber warum diese Irreführung, diese absichtliche Verfälschung? Warum ist das junge Mädchen seiner »Unverdorbenheit« und seinem »poetischen Gemüt« solche heillose Mißverständnisse schuldig?

Wir werden nicht lange suchen müssen, wenn wir die Erklärung für diese scheinbar so wohlwollende, in Wahrheit so unverantwortliche Täuschung des jungen Mädchens finden wollen. Ein Typus soll gezüchtet werden; diesem Typus wird das einzelne Individuum unbedingt untergeordnet. Seine übrigen persönlichen Lebensinteressen dürfen nicht aufkommen, sie müssen sich einem höheren Zweck beugen. Das ist die Eignung für den Heiratsmarkt und die Tradition der schönen Weiblichkeit, die hier die besten Chancen gewährt. Zu den wirksamsten Suggestivmitteln, durch welche die traditionelle Weiblichkeit herangebildet wird, gehört aber die Familienliteratur.

Es geht allerdings die Sage, daß sehr viele unter den wohlgehüteten Mädchen sich nicht an die offiziellen Vorschriften halten, sondern heimlich ihrer Weltkenntnis durch verbotene Lektüre nachhelfen. Das mag sein, wie es will. Jedenfalls ist es für das einzelne Individuum nicht leicht, den eisernen Ring zu durchbrechen, den die Vorstellungen der Wohlerzogenheit um die weibliche Intellektualität schmieden, und niemand wird behaupten wollen, daß der erzieherische Einfluß einer solchen wahllos zusammengestoppelten Lektüre verbotener Bücher – selbst wenn sie zufällig keine schlechten wären – ein günstiger sein kann.

Und so wäre das junge Mädchen ein Hemmnis, ja eine Gefahr für das geistige Leben geworden, zum mindesten soweit die schöne Literatur in Betracht kommt. Aber wie? Sollte das junge Mädchen auch daran nicht eben so unschuldig sein wie an allen übrigen Zwangsmaßregeln der Wohlerzogenheit? Sind es nicht ganz andere Mächte, die das junge Mädchen so präpariert haben wollen, wie dies durch die Familienliteratur geschieht? Die den Typus des Weibes wünschen und voraussetzen, welcher auf diesem Wege gezüchtet wird?

Aber so unwichtig, so nichtssagend, wie es im Sinne dieser Mächte wäre, ist das weibliche Geschlecht als geistiger Faktor denn doch nicht. Wer den Kampf der Frauen um die männliche Bildung als eine bloße Liebhaberei Einzelner oder nur als interne Frage der Frauenbewegung betrachtet, übersieht den Zusammenhang, den jede Kulturbewegung mit dem ganzen Gebiete der Kultur besitzt. Er übersieht unter anderem die Bedeutung der Frauen als Konsumenten der literarischen Produktion. Die historische Entwicklung der Familienliteratur zeigt, daß in demselben Maße, als die Bildung des weiblichen Geschlechtes hinter der des männlichen zurückbleibt, jene Trennung in der Literatur platzgreift, die schließlich ein monströser Auswuchs im Geistesleben des neunzehnten Jahrhunderts geworden ist. Und dieses Symptom einer tiefen organischen Störung wird erst dann zurückgehen, wenn seine Ursachen behoben sind.

Der Kanon der schönen Weiblichkeit

Man wird erst wissen, was die Frauen sind, wenn ihnen nicht mehr vorgeschrieben wird, was sie sein sollen. Es ist nicht leicht, unter der konventionellen Außenseite, die wie ein glatter Überzug über die wohlerzogenen Frauen gebreitet ist, die wahren Konturen ihrer Individualität zu entdecken. Gewöhnt an eine beständige Kontrolle jeder Lebensäußerung, mit tausend unsichtbaren Fäden schlimmer als mit Ketten gebunden, durch die Herrschaft sittlicher Normen genötigt, sich über sich selbst zu täuschen, sich divergierende Empfindungen nicht einzugestehen, gehen sie stumm den Weg, den ein stärkerer Wille ihnen vorgezeichnet hat.

Die Anschauung über das, was das Weib sein »soll«, bildet die Direktive der weiblichen Erziehung, die ja ganz darauf gerichtet ist, den heranwachsenden Mädchen einen bestimmten Typus zu suggerieren. Allerdings vollzieht sich auch die Entwicklung der männlichen Jugend unter einem solchen Drucke; da aber die Frauen alle nur für eine Bestimmung, nur für einen Beruf erzogen werden, bleibt für die Individualität innerhalb des weiblichen Erziehungsvorbildes ein weit geringerer Spielraum übrig. Zudem sind die Frauen im allgemeinen geneigter, sich Autoritäten unterzuordnen – daß sie als das schwache Geschlecht gelten, verdanken sie ja in erster Linie ihrer Suggestibilität. Die Mittel der Dressur, durch welche die Menschen zu »nützlichen« Gliedern der Gesellschaft gemacht werden, wirken stärker auf sie.

Nach Laura Marholms Meinung ist das beste und schlechteste Weibmaterial nicht ziehbar und erziehbar, sondern nur das weibliche Mittelgut – nach einer anderen, ungleich verbreiteteren Auffassung gehört die Lenkbarkeit und Fügsamkeit gerade zu den Kriterien der vorzüglichsten Frauen, der »echten«

oder »schönen« Weiblichkeit. Gleichviel jedoch, wie man sie bewerten will: Die Mehrzahl der Frauen steht unter der Herrschaft gewisser Vorstellungen über ihre Verpflichtung, einem Musterbild, einem Kanon der Weiblichkeit möglichst nahezukommen. Sie glauben desto mehr Weib zu werden, je ähnlicher sie dem Erziehungsideal sind, und fürchten, weniger Weib zu sein, wenn sie sich davon entfernen.

John Stuart Mill spricht von den »Übertreibungen der Selbstverleugnung, welche gegenwärtig das künstliche Ideal des Frauencharakters ist«; und prüft man die Glaubensartikel der Weiblichkeit, so wird man noch eine Anzahl rein negativer Eigenschaften finden, die hier zum Range sittlicher Vorschriften erhoben worden sind. Woher rühren diese Vorschriften? Muß man sie als Äußerungen der weiblichen Natur ansprechen? Oder stammen sie von außen, sind sie vielleicht durch einen anderen, mächtigeren Willen dem weiblichen Geschlechte vorgesetzt?

Diejenige Auffassung, welche bisher entscheidend für die soziale Stellung des weiblichen Geschlechtes war, erkennt dem Weibe nur eine sekundäre Bedeutung zu. Nach ihr ist das Weib nur ein Mittel zum Zweck – erstens zur Befriedigung des Mannes, zweitens zur Hervorbringung des Mannes, der das Endziel aller Veranstaltungen sowohl der Natur wie des Staates bildet. Ein Wert an sich, als selbständige Persönlichkeit, als eigenberechtigte Individualität, kann dem Weibe nicht zukommen; es hat nur Wert, soweit es sich als Mittel eignet, und der einzige Zustand, durch den die Existenz des Weibes sittlich und praktisch gerechtfertigt wird, ist die Ehe.

Philosophisch systemisiert und aus dem »Charakter der Vernunft« begründet erscheint diese Auffassung in Fichtes »Grundlage des Naturrechts nach Prinzipien der Wissenschaftslehre«. Dort heißt es: »Das zweite Geschlecht steht der Natureinrichtung nach um eine Stufe tiefer als das erste ... Die Frau gehört nicht sich selbst an, sondern dem Manne ... In dem Begriffe der Ehe liegt die unbegrenzteste Unterwerfung der Frau unter den Willen des Mannes ... Ihre eigene Würde beruht darauf, daß sie ganz, so wie sie lebt und ist, ihres Mannes sei und sich ohne Vorbehalt an ihn und in ihm verloren gebe. Das Geringste, was daraus folgt, ist, daß sie ihm ihr Vermögen und alle ihre Rechte abtrete und mit ihm ziehe. Nur mit ihm vereinigt, nur unter seinen Augen und in seinen Geschäften hat sie noch Leben und Tätigkeit. Sie hat aufgehört, das Leben eines Individuums zu führen.«

Besonders charakteristisch aber ist, daß Fichte als den obersten Naturtrieb des Weibes den Trieb bezeichnet, »Mittel für den Zweck eines anderen zu sein, weil sie ihr eigener Zweck nicht sein konnte, ohne ihren Endzweck, die Würde der Vernunft, aufzugeben«.

Diese ganze Methode der Deduktion ebenso wie die Rechtfertigung herrschender Sitten und Gesetze aus abstrakten Prinzipien der Vernunft fordert die Frage heraus: was ist es, das hier so gravitätisch als gesetzgeberische »Würde der Vernunft« auftritt? Wofür ist diese Auffassung symptomatisch? Ist es nicht bloß der Instinkt einer bestimmten Männernatur, der sich legitimieren will? Die meisten Männer sind Moralisten gegenüber dem Weibe. Sie begnügen sich nicht, ihre Ansprüche an die Weiblichkeit aus ihrem Geschmack und ihren Neigungen zu rechtfertigen und ihre Wesensart in einem individuellen Verhältnis zu einer ihnen adäquaten Frauennatur auszuleben: sie dulden keine Abweichungen von der Regel, die ihrer Wahl entspricht; sie bestrafen diese Abweichungen nicht bloß mit ihrem persönlichen Mißfallen, sie brandmarken sie als »Entartung« von dem allein gültigen Normalen. Aus den Wünschen und Bedürfnissen dieser Männer ist die »echte« Weiblichkeit konstruiert; sie haben die Konvention geschaffen, nach welcher alles Weibliche sich bilden soll. Und die Vorstellungen, die jener Konvention zugrunde liegen, lassen sich unschwer als das Negativ erkennen, das den Forderungen einer bestimmten männlichen Wesensbeschaffenheit entspricht.

Jene ironische Definition Arne Garborgs: »Weiblichkeit ist der Inbegriff all der Eigenschaften und Eigenheiten, der Vorzüge und Fehler, welche das Weib für den Mann begehrenswert machen«, weist darauf hin, was es im Grunde für eine Bewandtnis mit dem Inbegriff der Weiblichkeit hat. Vor allem sind es zwei Forderungen, die dabei in Betracht kommen. Sie treten unter sehr verschiedenen Namen auf; aber auf ihren allgemeinsten Inhalt zurückgeführt, können sie als Schönheit und als Schwäche bezeichnet werden. Man wird unter den kanonischen Vorzügen der schönen Weiblichkeit kaum einen finden, der nicht unter diese beiden Kategorien zu reihen wäre.

Die unumwundenste der zahlreichen Formeln, welche die Schönheit zum Gesetz des Weibes erheben, hat Neufville gegeben: »Schönheit ist die Mission des Weibes; unter einer anderen Bedingung existiert es nicht.« Zahmere Fassungen reden davon, daß Anmut und Schönheit das Genie des Weibes sind, oder daß die Stelle, welche beim Manne die Ethik vertritt, beim Weibe durch die Ästhetik eingenommen wird. Aus dieser Auffassung, daß das weibliche Geschlecht vorzüglich das ästhetische sein soll, gehen alle jene Bestimmungen hervor, die das Weib verpflichten, »ein Spiegel des Geziemenden« (Julius Düboc) zu sein, oder auch die Repräsentantin dessen, was »das holde Maß« genannt wird – Bestimmungen, die deutlich erkennen lassen, daß sie nicht aus der ursprünglichen Natur des Weibes abgeleitet sind. Denn die Eigentümlichkeit, auf psychische und physische Reize rascher zu reagieren, die man dem weiblichen Nervensystem zuzuschreiben pflegt, disponiert zu heftigeren Äußerungen der Affekte, also keineswegs zu jener Zurückhaltung, welche das »holde Maß« fordert.

Unter die Kategorie der Schwäche fallen alle Eigenschaften, welche den Anschein des Schutzbedürftigen, Unterwürfigen, Abhängigen erwecken können. Die Ehe, als der einzige Beruf, für den die weibliche Erziehung vorbereitet, ist hier das Bestimmende. Da nach der herrschenden Auffassung die Ehe ein völliges Aufgeben der Persönlichkeit für die Frau bedeutet, wird die lenksamste, nachgiebigste, unselbständigste aller Wahrscheinlichkeit nach auch die geeignetste dazu sein. Es ist eine Art Durchschnittsberechnung, auf der die Erziehungsschablone in dieser Hinsicht beruht. Nicht die edelste, nicht die vornehmste, nicht die differenzierteste Männlichkeit ist es, die hier den Maßstab liefert, es ist die gewöhnlichste, die häufigste, die bekannteste, diejenige, mit welcher man eben rechnen muß.

Und für diese Art der Männlichkeit wird ebenfalls wieder das Dutzendmäßige am besten passen, das Brauchbare, das Unbeschwerliche, das, was die wohlfeilsten Annehmlichkeiten gewährt. Nur ein schwaches Wesen kann sich leicht und von selbst unterordnen; Fügsamkeit, Nachgiebigkeit, Unselbständigkeit sind bloße Begleiterscheinungen der Willensschwäche. Die Frauen sind nicht allein schwach an Willen, sie »sollen« es sein. Durch den Mann erst erhält das Weib ihre Persönlichkeit – das ist eine Lieblingsvorstellung der Männlichkeit. Nietzsche leiht ihr mit dem Worte Ausdruck: »Der Mann macht sich das Bild des Weibes, und das Weib bildet sich nach diesem Bilde.« Und in seinem Buche über die Liebe sagt Michelet: »Du mußt deine Frau schaffen; es ist ihr eigener Wunsch. Wir Männer sind Arbeiter, Schöpfer, Baumeister – die wahren Söhne des Prometheus. Wir wollen nicht eine fertige Pandora, sondern eine, die wir selbst machen.«

Noch deutlicher als in der Fichteschen Formulierung verrät sich hier die subjektive erotische Phantasie als Ursprung dieser Voraussetzung. Die Vorstellung, ein Wesen mit bestimmten angeborenen Eigenschaften – und auch das willensschwächste Weib ist ein solches Wesen – nach eigener Willkür erst »schaffen« zu können, stammt nicht aus der Beobachtung wirklicher Vorgänge; sie gehört unter jene Illusionen, an denen die psychosexuellen Beziehungen der Menschen so reich sind.

Allein die weibliche Erziehung kommt dieser Illusion bereitwillig entgegen. Damit ein solches Schaffen den Anschein der Möglichkeit habe, ist es notwendig, daß die Mädchen unentwickelte, unwissende, ja unpersönliche Wesen bis zu der Epoche bleiben, als sie ihren »Schöpfer« finden. Die Methode der weiblichen Erziehung ist darauf gerichtet, einen selbständigen Entwicklungsprozeß hintanzuhalten; sie ist eine Methode der Unterdrückung, der Einschüchterung, der künstlichen Wachstumsverhinderung. Das wohlerzogene Mädchen wird so weit eingeschüchtert, daß es keinen eigenmächtigen Schritt zu tun vermag; sein Weg bis in den gebenedeiten Hafen der Ehe ist ein Spießrutenlaufen zwischen zahllosen Möglichkeiten, Anstoß zu erregen, etwas zu tun, »was sich nicht schickt«. Und die Furcht vor dem Unschicklichen besitzt nur deshalb eine so große Macht in der weiblichen Psyche, weil sie zum Hintergrunde die Vorstellung der schönen Weiblichkeit hat, des Musterbildes, von dem abzuweichen eben schon als Entartung gilt.

Wenn es in der Tat die erotischen Ansprüche einer bestimmten Art Männlichkeit sind, denen dieses Erziehungsideal entspricht, wenn der dominierende Geschmack einer Mehrzahl dasselbe geschaffen hat, warum sollte man Einwände dagegen erheben? Vielleicht kann das weibliche Geschlecht kraft seiner Willensschwäche, die gewöhnlich ein Abhängigkeitsgefühl erzeugt, ein Bedürfnis, sich lenken zu lassen, wirklich nur als das sekundäre behandelt werden; vielleicht ist es unter keinem andern Gesichtspunkt zu betrachten, als unter dem seiner Eignung für die Zwecke des männlichen. Und niemand wird leugnen, daß das Glück einer vollkommen harmonischen Vereinigung zwischen Mann und Weib zu den höchsten Gütern des menschlichen Lebens gehört, oder sogar, daß es schlechtweg das höchste ist. Sollte daher nicht alles, was die Frauen darauf vorbereitet, was sie dazu heranzüchtet, in ihrem eigensten Interesse geschehen? Sollten sie nicht um diesen Preis willig in alle Ewigkeit schwache und unselbständige Wesen bleiben wollen?

Aber handelt es sich denn hier um jene hohen Gaben der Liebe, die immer die Früchte einer vollendeten Gegenseitigkeit sind? Es gibt zahllose Möglichkeiten der erotischen Anziehung; und jede wirkliche Liebesverbindung zweier Menschen kommt auf Grund individueller Eigenschaften, nicht auf Grund konventioneller Vorstellungen zustande. Die individuellen Nuancen sind es, die über die erotische Anziehung entscheiden, jene unendlich verschiedenen Abtönungen der Persönlichkeit, welche machen, daß ein bestimmter Mann durch eine bestimmte weibliche Individualität und nicht durch einen allgemeinen Komplex und Ausbund von Weiblichkeit zur Liebe bewegt wird.

Man braucht auch nicht von den Rechten der freien Persönlichkeit auszugehen, wenn man die Methode der weiblichen Erziehung einer Kritik unterzieht; es kann dahingestellt bleiben, ob diese Rechte den Frauen von Rechts wegen zukommen. Denn die Rechte der Persönlichkeit werden nicht verliehen, sondern usurpiert: man wartet nicht, bis sie von außen kommen, man nimmt sie sich heraus kraft innerer Notwendigkeit, und es ist gar keine Gefahr, daß die Erziehung den starken, weiblichen Persönlichkeiten etwas anhaben könnte.

Nicht so glücklich daran sind die schwächeren Individualitäten, die sich nicht selbst behaupten, sich selbst nicht durchsetzen können. Auch sie aber müssen unter einem andern Gesichtspunkt betrachtet werden, als unter dem des sekundären Geschlechtes. Je mehr sie »nur Weib« sind, desto mehr Bedeutung hat für sie der sogenannte natürliche Beruf des Weibes; und man darf wohl fragen, wie weit das herrschende Erziehungsideal diejenigen, die es sich unterwirft, geeignet macht, diesen Beruf zu erfüllen.

Es ist klar, daß eine Erziehung, die das weibliche Geschlecht einfach zu seiner natürlichen Bestimmung tauglich machen wollte, es in erster Linie körperlich und geistig für die Aufgabe der Mutterschaft vorbereiten müßte. Durch die Mutterschaft hat die Natur dem weiblichen Organismus die wichtigste und verantwortungsvollste Rolle im Leben der Gattung zugeteilt, eine schwere Pflicht, die vor allem Abhärtung des Leibes und der Seele verlangt, Unerschrockenheit, innerliche Tapferkeit und eine mutige Verachtung körperlicher Leiden. Aber vergeblich werden wir nach diesen Eigenschaften im Kanon der schönen Weiblichkeit suchen. Die Treibhauskultur der Wohlerzogenheit, die aus dem Weibe ein Luxusgeschöpf macht, hypertrophiert gerade diejenigen Neigungen und Instinkte, die der Mutterschaft abhold sind; sie ist ein System der Verweichlichung und Verzärtelung an Leib und Seele. Wie wenig physische Tauglichkeit zur Mutterschaft die Frauen der wohlhabenden Klassen, die »geschützten« Frauen besitzen, beweist am deutlichsten der Umstand, daß so viele unter ihnen ihr erstes Kind nicht ohne operativen Eingriff zur Welt bringen können, daß ein Vorgang, der unter natürlichen Verhältnissen ein Leiden von wenigen Stunden mit sich bringt, für sie zu einem tagelangen Martyrium wird.

Noch schlechter aber sind sie seelisch für das ausgerüstet, was den Hauptinhalt ihres Lebens zu bilden bestimmt ist. Die Unwissenheit, das geistige Korrelat der physischen Jungfräulichkeit – alles Wissen, das selbständige Wünsche oder selbständige Urteile erwecken, oder auch nur schlechtweg »erwecken« könnte, muß ja für die Integrität der Wohlerzogenheit bedenklich erscheinen – die Unwissenheit über die natürlichen Vorgänge erzeugt ein dunkles Grauen, eine feige und ängstliche Empfindung, die ganz dazu angetan ist, das Instinktleben zu stören und zu depravieren. Um eines imaginären Vorzuges willen wird dem wohlerzogenen Mädchen jene innere Sicherheit geraubt, die aus der Einsicht in das Wesen des Natürlichen hervorgeht, jenes Sicheinsfühlen mit der Natur, das gerade für das weibliche Leben die Kraft einer religiösen Überzeugung verleihen müßte. Sie lernen die Natur nicht als die große Mutter lieben, deren Fürsorge sie auch in den schwersten Stunden schützend umschlossen hält, sie fürchten sie als ein finsteres Ungeheuer, das in fabelhafte Schrecken gehüllt auf ihrem Wege lauert.

Noch weniger aber kann ein Leben, dessen Hauptaufgabe in der Pflege der Schönheit besteht, eine der Mutterschaft günstige Gemütsstimmung erzeugen. Die Mutterschaft ist ja der vehementeste Angriff auf die Schönheit; sie bringt nicht bloß eine vorübergehende Entstellung, sondern häufig manche dauernde mit sich. Schon der Vergänglichkeit ihrer Schönheit wegen dürften die Frauen die Rolle des schönen Geschlechtes nicht annehmen; denn so verurteilen sie sich dazu, nur für einen kleinen Abschnitt ihres Lebens das volle Ausmaß ihres Wertes zu besitzen.

Nein, weder Schönheit noch Schwäche könnten den ersten Rang in der Bewertung der Weiblichkeit einnehmen, wenn es die Mutterschaft wäre, die den weiblichen Erziehungskanon bestimmte. Werfen wir einen Blick hinter die Sofitten der Wohlerzogenheit, so sehen wir als die Macht, welche die lieben Marionetten gängelt, den Willen des Mannes, im Weibe seine subjektiven Bedürfnisse verwirklicht zu finden. Es ist die »starke Faust«, die hier regiert. Und wenn die Frauen sich die Rechte der freien Persönlichkeit erobern wollen, oder auch, wenn sie bloß tauglicher für ihren sogenannten natürlichen Beruf erzogen werden sollen, als es die moderne Wohlerzogenheit ermöglicht, müssen sie den Kanon der schönen Weiblichkeit als das erkennen lernen, was er in Wahrheit ist – kein ethisches Ideal, sondern ein sexuelles, von nicht so vornehmer Abkunft, als es scheinen möchte.

Einiges über die starke Faust

Es ist eine auffällige Erscheinung, daß bisher die Frauen als gleichberechtigte Mitkämpferinnen in jeder Bewegung wirkten, die auf Erhebung und Befreiung der Unterdrückten ausging, solange sie im Zeichen des Kampfes stand, solange sie eben wirklich eine Sache der Unterdrückten war – daß aber die Frauen wieder vom Schauplatz verschwinden mußten, sobald sie zur Sache der herrschenden Partei wurde, sobald sie zur Macht gelangte.

Das welthistorische Beispiel dafür ist das Christentum. Trotz der Idee der Gleichstellung, die zu den Grundtendenzen des Christentums gehört, trotz aller Anteilnahme der Frauen am christlichen Märtyrer- und Prophetentume hat sich ihre Stellung in der christlich-germanischen Welt gegenüber der römisch-heidnischen, zum mindesten in der Gesetzgebung, nicht wesentlich verändert. Die Frauen waren in der neuen Ordnung der Dinge kaum besser daran als in der alten, obwohl sie während der Zeiten der Verfolgung ebenso mutig und aufopfernd wie die Männer die neue Lehre mit ihrem Blute besiegelt hatten. Das ist ein böser Präzedenzfall – und die Frauen haben alle Ursache, darüber nachzudenken, warum die Männer sie nur so lange als Gleichberechtigte anerkennen, als sie selbst Mitunterdrückte sind.

Man muß da vor allem fragen: welche Art Mann ist es, die mit dem Weibe nichts gemeinsam haben, es nicht im Rechte neben sich dulden will –? Denn die Männer, die für eine Sache leiden, und die Männer, die eine Sache durchsetzen, sie zur Herrschaft bringen, sind wohl ganz verschiedener Art. Und diese Verschiedenheit bleibt nicht ohne Einfluß auf die Stellung, die sie dem Weibe gegenüber einnehmen. Die wenigsten sind fähig, eine Unterscheidung zwischen ihrem subjektiven

Geschmack und den Anforderungen einer objektiven Gerechtigkeit zu machen. Die Eigenschaften, die sie für ihre Person am Weibe brauchen und begehren, stellen sie als Norm über das ganze Geschlecht.

Das gilt allerdings nur von den Männern einer bestimmten Eigenart – von den Männern der herrischen Erotik. Es ist ein Fehler, der in den Kreisen der Frauenbewegung nur zu oft begangen wird, daß man vom Manne schlechtweg redet, während doch die Frauen unmöglich übersehen können, was sie der Güte, der Großmut, der Gerechtigkeit einzelner Männer verdanken. Wenn diese einzelnen nicht die Macht besaßen, ihre persönliche Stellung gegenüber dem Weibe in der sozialen Ordnung zur Geltung zu bringen, so konnten sie eben gegen die Mehrzahl nicht aufkommen – ganz wie die einzelnen Frauen bisher, die das Durchschnittsmaß ihres Geschlechtes überragten.

Für die herrische Männlichkeit sind die erotischen Beziehungen mit der Vorstellung verknüpft, daß das Weib ein untergeordnetes und unterordnungsbedürftiges, für die Zwecke des Mannes geschaffenes und von ihm grundverschiedenes Wesen ist. Die erotische Erregung löst bei diesen Männern Herrschaftsgefühle aus; ihnen bedeutet das Verhältnis zum Weibe ein Besitzergreifen, einen Machtgenuß, und anders als unterworfen und abhängig können sie das Weib nicht denken. Nur soweit das Weib sich als Mittel eignet, kennen sie es; als Persönlichkeit mit eigenen Zwecken, so wie sie sich selbst vorstellen, existiert es für sie nicht.

Man kann daher behaupten: die Stellung des weiblichen Geschlechtes in der sozialen Ordnung wird durch die Erotik des herrischen Mannes geschaffen. Unzweideutig verraten die allgemeinen Bestimmungen und Vorstellungen, denen das weibliche Geschlecht untersteht, welche Art Mann es ist, die damit ihren Bedürfnissen und Forderungen praktischen Ausdruck verliehen hat. Denn nicht die Vernunft herrscht zwischen den Geschlechtern, sondern die elementare Natur.

Unabhängig von der geistigen und sittlichen Qualität tritt

die herrische Erotik bei ganz niedrigen wie bei sehr hochstehenden Männern auf – vielleicht nur in ihren Formen ein wenig verschieden. Ihren absoluten Ausdruck hat sie innerhalb der europäischen Kultur schon verloren; auch der herrischste Europäer kann sich in Hinsicht seiner Empfindungen gegenüber dem Weibe mit dem Asiaten nicht messen. Die orientalische Behandlung des Weibes zeigt das Herrschaftsbedürfnis der männlichen Sexualität in seinem vollen Umfang; und scheußliche Sitten, wie etwa das Vernähen der Frauen bei den Völkerschaften am roten Meere, enthüllen den ganzen grausamen Wahnwitz, zu dem es unter Umständen führt.

In Europa, in den gemäßigten Klimaten der Männlichkeit, ist der primitivste Typus der herrischen Erotik der Mann, der seine Frau prügelt. Das Überlegenheitsbedürfnis des herrischen Mannes, das auf höheren Stufen der Kultur in das geistige Gebiet übergeht, begnügt sich da noch mit handgreiflichen Beweisen; die »starke Faust« gilt da nicht bloß im übertragenen Sinn, und die primitive Weiblichkeit sträubt sich auch nicht dagegen, sie ganz buchstäblich im Nacken zu fühlen.

Diese Art Weiblichkeit ist es, in der – von einem nicht einseitig begrenzenden Frauenrechtsstandpunkt aus betrachtet – der herrische Mann seine Rechtfertigung findet; denn ihre erotischen Instinkte, die nach Unterwerfung bis zur sklavischen Selbstentäußerung streben, korrespondieren den seinen, die auf unbedingte Herrschaft und Überlegenheit gerichtet sind. Sollte ein Mann, dessen erotische Neigungen das schwache, unselbständige, untergeordnete Weib suchen, seine geschlechtlichen Beziehungen nicht seiner individuellen Natur gemäß ausleben? Für das »echte Weib« wird er immer der »rechte Mann« sein. Ja wenn die großen Gewalthaber, die Männer der Tat und des unbeugsamen Willens, den Prinzipien der herrischen Erotik huldigen, so geschieht dem weiblichen Geschlechte damit nichts, was diese Männer nicht auch sonst ausübten. Die »starke Faust«, die sie dem Weibe zeigen, wenden sie allen Lebenserscheinungen gegenüber an; sie unterwerfen sich wie das Weib so auch die Welt, und sie benützen wie das Weib so auch die Männer schwächeren Grades als Mittel für ihre Zwecke. An ihnen ist die herrische Erotik am begreiflichsten, weil sie in die Logik ihres gesamten Wesens gehört. Sie entschädigen die von ihnen Abhängigen für die Unterdrückung, die sie verhängen, in der Regel durch den Schutz, den sie gewähren, und durch die Großmut, die sehr oft die Begleiterin der Stärke ist. Dem weiblichen Geschlechte gegenüber entbehrt ihr Betragen vielfach nicht der Ritterlichkeit – was sich an manchen Zügen aus dem Leben des größten Gewalthabers, den die neuere Zeit kennt, Napoleons, beobachten läßt.

Ohne einen Zusatz von Ritterlichkeit erscheint der Verkehr mit dem weiblichen Geschlecht den meisten herrischen Erotikern besseren Schlages nicht ganz erträglich; und bei ihnen verwandelt sich die »starke Faust« in die »schützende Hand«, ohne die nach ihrer Vorstellung das Weib in der rauhen Männerwelt nicht bestehen kann. Daher mögen sie auch das Brimborium der Galanterie nicht gerne missen. Denn es ist keine vornehme Art, einem Wesen, das man für geringer hält als sich selbst, seine Überlegenheit zu fühlen zu geben. In der Galanterie aber besitzen sie eine Umgangsform, in welcher der Schein der Unterordnung mit dem Gefühle der Überlegenheit ein Kompromiß bildet, ein Spiel, das in einer vorübergehenden Umkehrung des wahren Verhältnisses zwischen dem Schwachen und dem Starken besteht, und das schon, weil es nur ein Spiel ist, die männliche Prärogative nicht gefährdet.

Doch gilt dieses Spiel nur jenen Frauen gegenüber, denen sie sich nicht mit dem vollen Gewicht ihrer Natur nähern. Was die herrische Erotik bedeutet, wenn sie Ernst macht, bekommt in erster Linie die Ehefrau zu fühlen und, als Generalisation subjektiver Bedürfnisse zu objektiven sittlichen Forderungen, »das Weib« im allgemeinen.

Zunächst verlangt der herrische Mann von jenen Frauen, die er als sittlich vollwertig betrachten soll, eine strenge Zurückhaltung in den sexuellen Dingen; er wird sich eher mit einer völligen Frigidität befreunden, als daß er eine der seinigen ähnliche Sinnlichkeit am Weibe erträglich finden könnte. Er liebt die Vorstellung, daß das Weib den Wünschen des Mannes, auch wenn es liebt, nur wie ein Opfertier nachgibt (Lombroso); daß die geborenen tüchtigen Hausfrauen und Mütter nur ein geringes Verlangen nach dem Manne haben und mit der Gewährung des debitum coniugale selbst dem Manne, den sie lieben, ein Opfer bringen (Jentsch), daß das Weib sich den Geschlechtstrieb nicht eingestehen kann, ohne seine Würde zu verlieren (Fichte), und so weiter.

Was für den zartfühlenden, erotisch höher differenzierten Mann unerträglich ist, die Vorstellung einer bloß pflichtmäßigen oder gar widerstrebenden Hingebung des Weibes, das schmeichelt dem Geschlechtsbewußtsein des herrischen Mannes; er will mit der Hingebung nicht ein freiwilliges Geschenk, sondern lieber einen Tribut empfangen, den der Eroberer kraft seiner überlegenen Willensstärke erzwingt. Schon der Ausdruck für die geschlechtliche Hingebung des Weibes: »ihre Gunst gewähren«, zeigt an, daß er von einer anderen Art Mann erfunden worden ist; dem herrischen Erotiker kann ein Weib nur »zu Willen sein«.

Die Vorliebe für die sexuelle Kälte scheint in dem Gesetz des Gegensatzes begründet zu sein, das bei der erotischen Anziehung eine so große Rolle spielt. Dem herrischen Erotiker fehlt »die feine männliche Zärtlichkeit, die das liebende Weib vor sich selbst schützt und ihre Würde behütet« (Jacobsen); und die Wucht seiner Sexualität, die er gewöhnlich nicht mehr in der Gewalt hat, sobald sie einmal entfesselt ist, verweist ihn darauf, im Weib die Schranke zu suchen. Er wendet sich instinktiv dorthin, wo seine übermäßige Aggressive durch eine entsprechende Negativität neutralisiert und so das Gleichgewicht, das er nicht in sich hat, von außen hergestellt wird.

Aus verwandten Motiven entspringt auch die unverhältnismäßig hohe Bewertung der Jungfräulichkeit. Die herrischen Erotiker, die sich selbst eine so weitgehende geschlechtliche Freizügigkeit zugestehen, sind es, die bei der Wahl einer Gattin am strengsten auf jungfräuliche Unberührtheit des Leibes und der Seele halten, die über den sogenannten Fehltritt des Weibes vor der Ehe, und wäre er auch eine Tat des reinsten Opfermutes gewesen, durchaus nicht hinwegkommen. Aus diesem Grunde ist der bürgerlichen Moral nichts wichtiger in der Erziehung der weiblichen Jugend als die Erhaltung der Unschuld – oder wenigstens der Unwissenheit, als eines wohlfeilen und täuschenden Surrogates der Unschuld.

Denn ein jungfräuliches Wesen berechtigt am ehesten zu der Voraussetzung, daß ihm geschlechtliche Regungen fremd sind; und darin erblickt der herrische Erotiker zugleich die Gewähr der Treue, die er nach seiner subjektiven Vorstellung von der Weiblichkeit sonst nirgends finden kann. Ein schwaches, unpersönliches und untergeordnetes Wesen hat keinen Halt in sich; es muß der Versuchung erliegen, besonders wenn sie in Gestalt eines männlichen Willens herantritt. Die Vorstellung der freiwilligen Treue als Erfüllung eines gegebenen Versprechens hat in dem Bilde des Weibes, wie der herrische Erotiker es denkt, keinen Raum; er vermag nur an jene Treue zu glauben, die sein eigenes Werk ist, die Frucht seiner Wachsamkeit, seiner Vorsicht, seines Mißtrauens. Deshalb hängt er über sein Verhältnis zum Weibe eine ewige Drohung: seine elementare Eifersucht, mit der er jeden fremden Mann in angemessener Entfernung von seinem Eigentume hält. Von ihm rühren die barbarischen Kautelen der Vaterschaft her – das sind alle jene Veranstaltungen, mittelst derer das Weib als ein unmündiges und unwissendes Geschöpf in die Gewalt des Mannes gegeben wird, damit er selbst über die Ausschließlichkeit des Besitzes wachen kann.

Für das Empfinden der herrischen Erotik wird das Weib immer die Leibeigene des Mannes sein. Über alle Kultur hinweg gibt es auch für dieses Empfinden keinen Zweifel, ob ein Mann das Recht hat, eine Frau, die ihn betrügt, zu töten; und der Zweikampf aus Eifersucht, diese primitivste Form der geschlechtlichen Verteidigung, die ja auch von den männlichen Tieren geübt wird, ist nur eine andere Ausdrucksform für das Eigentumsgefühl, auf welchem das Geschlechtsverhältnis der herrischen Erotik beruht.

Was zur Polemik gegen diese Art Männlichkeit nötigt, ist der Terrorismus, den sie übt, ein Terrorismus, der gerade die geistig hochstehenden Frauen am härtesten trifft. Denn sie leugnet jede andere Weiblichkeit als die ihr adäquate – ein Standpunkt, der seinen Ausdruck in der Anschauung findet, daß die Frauen samt und sonders sich kaum voneinander unterscheiden, daß sie einander so ziemlich gleich sind. »Eine Frau ist wie die andere; wer eine kennt, kennt mit wenigen Ausnahmen alle« (Nordau). Die Gleichartigkeit der Frauen bildet einen Fundamentalartikel des herrischen Geschlechtsbekenntnisses; und so allgemein ist diese Anschauung, daß es immer als Symptom einer besonderen Differenzierung beachtet zu werden verdient, wenn ein Mann sagt: »Was weiß denn ein Mann von den Frauen? Wieviele kann er denn wirklich kennen lernen?« Wer so spricht, gehört nicht zu den herrischen Erotikern, darauf ist tausend gegen eins zu wetten.

Es ist das Herrschaftsgefühl selbst, dem die Illusion der universellen Weiberkenntnis entstammt: wäre es denn nicht eine der empfindlichsten Beeinträchtigungen, die das Bedürfnis der Überlegenheit erfahren kann, wenn nur eine bestimmte Anzahl, nur ein Bruchteil des weiblichen Geschlechtes dem einzelnen Mann erkennbar wäre? Indem der herrische Erotiker alle kennt, beherrscht er, wenigstens mit seinem Erkennen, alle; die sich seiner Kenntnis entzöge, würde sie nicht auch seiner Überlegenheit entgehen?

Dazu kommt, daß weder seine sexuelle Phantasie ein mannigfaltiges und inhaltsvolles Bild der Weiblichkeit zu produzieren vermag, noch daß seine harte, ungeschmeidige Geschlechtsnatur einer innigen seelischen Annäherung und Verschmelzung fähig ist: so findet er überall das eine Weib, das er kennt. Nichts fällt ihm schwerer, als Ausnahmen von dem Typus, der für ihn »das Weib« bedeutet, zuzugestehen. Er wird jeder Erscheinung gegenüber, die nicht in diesen Rahmen paßt, eher geneigt sein, auf pathologische Anomalien zu schließen. Ein Weib mit dem Bedürfnisse nach Selbständigkeit, mit den Neigungen der freien Persönlichkeit, ist ihm gewöhnlich der

Hysterie verdächtig oder des Komödiantentumes; und er wittert den suggestiven Einfluß eines Mannes hinter jeder weiblichen Betätigung auf geistigem Gebiet. Alle Leistungen und alle Argumente hervorragender Frauen können daran nichts ändern; sie werden höchstens den Widerwillen, den Groll oder den Spott des herrischen Erotikers erregen. So hat Nietzsche sich nicht gescheut, es als »Korruption der Instinkte« zu bezeichnen, wenn ein Weib sich etwa auf Frau von Staël oder Madame Roland oder George Sand berufen wollte; und er behauptete: »unter Männern sind die Genannten die drei komischen Weiber an sich – nichts mehr«, obzwar George Sand eine ungewöhnlich große Anziehungskraft auf viele vorzügliche Männer ausübte, und also für diese wohl nicht das »komische Weib an sich« sein konnte.

Nicht einmal die schicksalsvolle Vorherbestimmung zu gesteigerten Leiden, die mit der Erwählung zu einem Leben der produktiven Geistigkeit für Mann und Weib in gleichem, ja für das Weib aus vielfältigen Gründen in erhöhtem Maße verknüpft ist, wird solche Männer zu Mitgefühl oder Sympathie bewegen; auch die Verwandtschaft, die das gleiche Los und die gleichen inneren Erlebnisse zwischen ihnen und den Frauen der Geistigkeit bilden, stellt kein Band des Verständnisses her. Im Gegenteil! Gerade diese Verwandtschaft erbittert sie; denn das Weib als ein verwandtes oder gleichartiges Wesen ist ihnen unerträglich. Sie dulden keine Verwandtschaft oder Ähnlichkeit zwischen sich und dem Weibe; dergleichen geht für sie wider die Natur. Die Leiden und Konflikte, die sie an sich selbst als das Schicksal der Geistigkeit erleben, betrachten sie am Weibe als abschreckende Begleiterscheinungen einer Verirrung vom rechten und natürlichen Wege der Weiblichkeit, an denen sie gleichgültig oder entrüstet vorübergehen.

Eine andere Vorstellung des herrischen Erotikers, die unverkennbar auch nicht der Erfahrung entstammt, tritt in der Überzeugung hervor, daß er jedes weibliche Wesen zu erobern vermag, wenn er will. Man kann die subjektive Illusion der Unwiderstehlichkeit aus dem Munde von Männern hören, die in keiner Weise, weder durch persönliche Vorzüge, noch durch Glücksgüter, genügend ausgestattet sind, um eine so mächtige Anziehungskraft begreiflich erscheinen zu lassen. Es müßte nur in dieser Überzeugung selbst etwas Suggestives liegen. Der feinere Frauenkenner aber weiß – eine Beobachtung, die Paul Bourget in seiner Physiologie der modernen Liebe bestätigt – daß er immer nur auf eine gewisse Art von Frauen Eindruck machen und bei anderen nie reüssieren wird – was sich ja unter Menschen mit differenzierten sexuellen Empfindungen von selbst versteht.

Wie mit der Illusion der universellen Weiberkenntnis ergreift der naive Geschlechtsdünkel der Männlichkeit auch mit der Illusion der Unwiderstehlichkeit von dem ganzen weiblichen Geschlecht Besitz; sie ist sein Triumph und Gipfel und zeigt die Gewalt der Verblendung, die er erreicht, in ihrem vollen Umfang. Denn sie wird durch entgegengesetzte Erfahrungen nicht beeinflußt und findet sich oft bei Leuten, die durch die Anzahl ihrer Eroberungen über das Durchschnittliche nicht im mindesten hinausragen. Übrigens kann jeder Mann, der auf die Anzahl der Eroberungen Wert legt, unschwer eine erkleckliche Summe zusammenbringen, wenn er sich an Frauenzimmer hält, die intellektuell, sittlich und ökonomisch tiefer als er stehen. Bei anderen wird der herrische Erotiker sein Glück schon deshalb nicht versuchen, weil sie seinem Überlegenheitsbedürfnis nicht entgegenkommen, also nicht erogen auf ihn wirken.

Aber auch wo der naive Geschlechtsdünkel sich nicht bis zu diesen Illusionen versteigt, bleibt er für den herrischen Erotiker das Unüberwindliche. Charakteristisch dafür ist der Ausspruch jenes Mannes, der sagte: »Aus allen schlimmen Lagen meines Lebens bin ich durch die Energie und die Intelligenz von Frauen gerettet worden – und doch kann ich ihnen gegenüber ein Gefühl der Überlegenheit nicht los werden!« In der Tat wurzelt das Gefühl der Überlegenheit nicht in vernunftmäßig darzulegenden Motiven. Denn der Durchschnittsmann müßte sich sonst bei einiger Selbsterkenntnis mindestens den geistig hervorragenden Frauen untergeordnet fühlen – was aber gerade bei dem gewöhnlichen Mann keineswegs zutrifft. Und für den über das gewöhnliche Niveau erhobenen Mann könnte doch wohl dasjenige, was er mit den niedrigsten Individuen seines Geschlechtes gemein hat, nicht die Quelle eines besonderen Selbstbewußtseins bilden. Das aber wäre der Fall, wenn man das Überlegenheitsgefühl aus der höheren sexuellen Qualifikation der Männlichkeit ableiten wollte. Auch würde dieser Voraussetzung jede biologische Grundlage, fehlen. Das männliche Geschlecht, ganz allgemein als das Zeugende und Schaffende in der Natur gefaßt, steht biologisch nicht höher als das weibliche, dem an der Erhaltung und Fortpflanzung des Lebens mindestens der gleiche Anteil zukommt. Nur in dem organischen Mechanismus der Geschlechtsfunktion liegt die große Verschiedenheit – und in der damit zusammenhängenden emotionellen Energie auch der Ursprung dessen, was in der männlichen Psyche als sexuelles Überlegenheitsgefühl, als »Prärogative der Männlichkeit« auftritt.

Will man dieses Gefühl als Naturphänomen begreifen, so muß man es als eine teleologische Geschlechtseigenschaft betrachten, als eine von jenen, die das Individuum zur Erfüllung der Gattungszwecke geeignet machen. Solchergestalt wäre der Geschlechtsdünkel im Grunde nur eine Veranstaltung der Natur, um den Mann im Interesse der sexuellen Eroberung mit der nötigen aggressiven Selbstgewißheit auszustatten. Und da auf dem Geschlechtsdünkel die herrische Erotik ruht, erhellt es, daß sie dem primitiven Leben entstammt, der Entwicklungsstufe, auf welcher das Individuum noch mehr Gattungswesen als Persönlichkeit ist. Auf den höheren Stufen der geistigen Kultur, wo die Beziehungen der Geschlechter zueinander die Gestalt der Liebe annehmen, treten ganz andere, sublimierte Vorgänge des Seelenlebens auf, die jene teleologischen Naturbehelfe aufheben – was freilich nicht ausschließt, daß auch bei sonst hochentwickelten Individuen die erotische Sphäre der Persönlichkeit undifferenziert und das Geschlechtsempfinden primitiv bleibt.

Solange die herrische Erotik als Ausdruck einer urwüchsigen Vitalität erscheint, verbunden mit einer ungestümen elementaren Willensgewalt, solange derjenige, an dem sie sich manifestiert, ein »ganzer Mann« ist, der in seinem Wesen die Äquivalente seiner machthaberischen Geschlechtsnatur besitzt, bleibt sie ein Elementarereignis, das man eben hinnehmen muß wie jedes andere Naturphänomen.

Aber wir wissen ja, was unter den Einflüssen einer hochgesteigerten Zivilisation aus der primitiven Männlichkeit wird. Diese Zerrüttung rächt sich am empfindlichsten gerade an dem herrischen Erotiker. In demselben Maße, als die Machtfülle seiner Persönlichkeit hinter den Ansprüchen seines sexuellen Temperamentes zurückbleibt, wird er zu einer disharmonischen Erscheinung. Die starke Faust, die er dem Weibe gegenüber hervorkehrt, besitzt er im gewöhnlichen Leben nicht mehr; hier ist der erotische Machthaber sehr oft nichts weniger als selbstherrlich und kraftvoll. Dann wird die Dyskrasie in seiner seelischen Konstitution, der Gegensatz zwischen seiner erotischen Natur und seinem übrigen Wesen, zum Verhängnis für ihn. Der Mann, der nicht auch dem Leben gegenüber die starke Faust besitzt, die allein zur Herrschaft fähig macht, kann sich zu dem Weibe, das er im Banne seiner Erotik hält, nicht in das rechte Verhältnis setzen; er muß es notwendigerweise bei allen Zusammenstößen mit den äußeren Umständen enttäuschen. Zwischen seinem erotischen Leben und seinem bürgerlichen besteht ein latenter Konflikt, an dem er heimlich vielleicht ebensosehr leidet wie die Frau, die von ihm abhängt.

Häufiger ist es wohl, daß der herrische Erotiker in einer angenehmen Selbstverblendung befangen bleibt, die ihn darüber hinwegtäuscht, daß sein Überlegenheits- und Herrenbewußtsein eben nur in der sexuellen Sphäre und sonst nirgends begründet ist. Für diese Männer bildet das Weib das geeignetste Publikum; so sehr sie sich über dasselbe erhaben fühlen, so wenig können sie seiner entraten. Ihr Verkehr mit dem weiblichen Geschlecht hat immer etwas von der vulgären Prahlerei, die sich am Schwächeren zu messen liebt. Wie zahm und fügsam sie auch sonst beschaffen sind, dem Weibe gegenüber lieben sie es, sich mit der großmäuligen Maske auszustaffieren, die in den Dramen der kriegerischen Männlichkeit getragen wurde, und mit den Schwertern zu rasseln, die ihre friedlichen Hände längst nicht mehr handhaben können.

Dieses renommistische Auftreten der Männlichkeit – das sich nicht bloß auf den Umgang mit Frauen beschränkt – hat für den unbeteiligten Beobachter eher einen komischen Anstrich. Und doch gehört ein gewisser Grad von Prahlerei zur erotischen Ausrüstung des Mannes, da die Natur selbst ihn darauf als auf ein Hilfsmittel der Werbung und Eroberung verweist, dessen sich auch der unschuldige Pfau bedient, wenn er vor dem Weibchen sein Rad entfaltet. Ohne Zweifel liegt in der Prahlerei viel suggestive Gewalt, namentlich jenen Frauen gegenüber, auf die ein Mann nur wirkt, wenn er seine Überlegenheit hervorkehrt.

Man kann die Prahlerei als das typisch männliche Geschlechtslaster bezeichnen – womit beileibe nicht gesagt sein soll, daß sie unter den Frauen nicht vorkomme. Sie spielt bei dem männlichen Geschlecht ungefähr die Rolle, wie bei dem weiblichen das buhlerische Element, die Koketterie; oder wenn man will, ist sie die männliche Form der Koketterie, weil ja auch diese nichts anderes als ein Hilfsmittel der sexuellen Anlockung bedeutet.

Dem feiner organisierten Menschen, dessen Auszeichnung die Strenge gegen sich selbst bildet, ist die Prahlerei, als eine Übertreibung oder mindestens Zurschaustellung der eigenen Vorzüge, etwas Widerwärtiges. Dennoch tritt auch in solchen Persönlichkeiten das prahlerische Element in Verbindung mit dem Geschlechtsdünkel hervor, soweit in ihrem Seelenleben die herrische Erotik regiert.

Es gibt in der deutschen Literatur einen klassischen Beleg dafür, wie angemessen das prahlerische Auftreten selbst den edelsten und vornehmsten Männern erscheint, wenn ein herrisch-erotischer Tropfen in ihrem Blute fließt. Dieses repräsentative Werk der männlichen Prahlerei ist Schillers Wallenstein. Nirgends drängt sich der Abstand zwischen den Worten der Männlichkeit und ihrem Handeln sichtbarer auf als in diesem Werk. Seine symptomatische Bedeutung aber liegt darin, daß das prahlerische Element durchaus unabsichtlich und nur als natürliche Äußerung der Mannhaftigkeit auftritt – vielleicht ein Überrest jener elementaren Empfindung des Autors, die sich in der »Männerwürde« noch so unverblümt brüstete. Alle Augenblicke heißt es: »Denkt nicht, daß ich ein Weib sei«; oder: »Seid ihr nicht wie die Weiber, die beständig zurück nur kommen auf ihr erstes Wort«; oder: »Übel stimmt der Weiber Klage zu dem Tun der Männer«; aber das Tun der Männer, von denen keiner »eine Tat und ihre Verantwortung« auf sich zu nehmen vermag (Otto Ludwig), rechtfertigt dieses prahlerische Überlegenheitsbewußtsein nicht im geringsten.

Daß das Stück in einer Epoche spielt, in der die kriegerische Ungebundenheit der primitiven Männlichkeit zum letztenmal vor ihrem Niedergang hoch aufloderte, macht die Schwäche der auftretenden Männer und ihr weibisches Wesen um so auffälliger. Was hier zur Erscheinung kommt, ist die dyskratische Männlichkeit eines zivilisierten Zeitalters, die sich nur mehr nach außen hin grimm und gewalttätig gebärdet – im letzten Grunde, um dem Bedürfnis nach dem erotischen Gegensatz genugzutun.

In der modernen Literatur gibt Strindbergs »Vater« ein anderes, noch viel lehrreicheres Beispiel der unbeabsichtigten Darstellung männlicher Prahlerei. Man kann dieses Stück geradezu die Tragödie der männlichen Prahlerei nennen, obgleich es nach der deutlich hervortretenden Absicht des Verfassers die Tragödie der Vaterschaft sein soll, die Darstellung des Martyriums, zu welchem die Natur selbst den Mann als Vater verurteilt hat. Dieser Rittmeister, der hier alle Leiden der Vaterschaft durchmacht, ist kein Mensch, der sich darauf versteht, Herr zu sein, und im Grunde auch weiß, daß ihm in diesem Punkte etwas abgeht. Nichtsdestoweniger trifft er beständig Anstalten, den Weibern seiner Umgebung den Herrn zu zeigen. »Es ist, als wenn ich in einem Tigerzwinger umherginge; und hielte ich ihnen nicht mein glühendes Eisen unter die Nase, würden sie mich im ersten besten Augenblick zerreißen.« Er bemerkt nicht, daß es nur sein glühendes Eisen ist, das alle diese gewöhnlichen Hauskatzen in Tigerinnen verwandelt. »Ich dulde keinen Eingriff in meine Rechte, weder von Weibern noch von Kindern« – bramarbasiert er; und er fordert seine Frau, die von sich sagt, daß sie niemals einen Mann habe ansehen können, ohne sich ihm überlegen zu fühlen, zum tödlichen Zweikampf durch die renommistische Antwort heraus: »Na, dann sollst du einmal einen zu sehen bekommen, der dir überlegen ist, so daß du es niemals wieder vergißt.« Und doch erliegt er bei dem ersten Widerstand in zorniger Ohnmacht; überwältigt durch den boshafterweise in seine Seele gestreuten Zweifel an der Legitimität seines Kindes, bricht er vor seiner Frau in Tränen aus und sagt ihr: »Ich begehre nur Mitleid wie ein Kranker, ich lege das Zeichen meiner Macht nieder und flehe um Gnade für mein Leben.« Er gesteht ihr selbst, daß er bei ihr Verachtung seiner Unmännlichkeit zu bemerken glaubte und sie als Weib dadurch gewinnen wollte, daß er sich ihr als Mann anbot. Damit aber hat er alles verdorben; denn seine Frau, geneigt, seine Schwäche zu entschuldigen, solange er bloß als ihr Freund an ihre mütterlichen Empfindungen appellierte, schämt sich seiner als Geliebten. »Die Mutter war deine Freundin, aber das Weib deine Feindin ...«

Ganz nahe streift hier Strindberg das Problem der dyskratischen Naturen und den tragischen Konflikt, der sich aus dem inneren Widerstreit entgegengesetzter Instinkte in dem Individuum selbst entwickelt. Der Tiefblick des Künstlers aber wird durch die Subjektivität der Mannespersönlichkeit gleich wieder verdunkelt; er läßt das Problem fallen und fährt tendenziös fort: »Die Liebe zwischen den Geschlechtern ist ein Kampf ...«

Auch die Auffassung der Liebe als eines Kampfes gehört zu den Kennzeichen der herrischen Erotiker. Daß die Liebe ihrem Wesen nach eine Aufhebung des Kampfes ist, der sonst überall in der Welt herrscht, und daß das Verhältnis zwischen den Geschlechtern eben noch nicht Liebe ist, solange es die Natur eines Kampfes behält, das bleibt dem herrischen Manne notwendigerweise verborgen. Für ihn handelt es sich dem Weibe gegenüber um Herrschen und Unterwerfen. Nur weil die herrische Erotik in ihrer absoluten Gestalt und ungemildert durch entgegenwirkende individuelle Eigenschaften selten vorkommt, ist das Verhältnis der Geschlechter meistens doch nicht eine »ewig feindselige Spannung«, wie Nietzsche meinte, und die orientalische Behandlung des weiblichen Geschlechtes auf jene Rassen beschränkt, bei denen sich noch keine Differenzierung des erotischen Empfindens vollzogen hat.

Unter Erotik schlechtweg – einem Worte, das eine vielfältige Auslegung zuläßt – wird hier die Fähigkeit verstanden, die geschlechtlichen Beziehungen mit persönlichem Gehalt zu erfüllen, zum Unterschiede von der Sexualität schlechtweg, die nicht mehr enthält als den blinden Trieb zum anderen Geschlecht.

Nicht mit jeder seelischen Konstitution ist eine wirkliche innerliche Annäherung an die Menschen des anderen Geschlechtes, eine Wesensverschmelzung, vereinbar. Das setzt eine besondere Entwicklung der psychosexuellen Sphäre voraus. Je edler und vollkommener diese Sphäre ist, desto edler und vollkommener werden die Beziehungen eines Menschen zum anderen Geschlechte sein, desto weiter reicht er mit seiner Erotik. Die höchste Entfaltung der Erotik stellt eine Art der Genialität dar.

Das erotische Genie steht auf der obersten Stufe der psychosexuellen Entwicklung, während der herrische Erotiker auf der untersten zurückgeblieben ist, dort, wo sie sich eben erst über den bloßen Geschlechtstrieb zu erheben und mit Vorstellungen zu erfüllen beginnt, die den primitivsten Instinkten noch ganz nahverwandt sind. Auf der Skala zwischen jenem obersten und diesem untersten Grade finden sich die verschiedenen Individualitäten; die große Mehrzahl ist auch in dieser Beziehung wie überall mittelmäßig. Daß hier nur von den Extremen die Rede ist, geschieht deshalb, weil nur an den Extremen die Eigenschaften scharf ausgeprägt sind, aus welchen gewisse Lebenserscheinungen erst erklärbar werden. Aus dem gleichen Grunde erscheint hier nur das erotische Genie männlichen Geschlechtes in Betrachtung gezogen, obwohl diese Art der Genialität ebenso bei dem weiblichen vorkommt, wenn auch in dem Maße seltener, als das Genie überhaupt unter den Frauen. Zudem gilt alles, was vom männlichen Genie der Erotik gesagt werden kann, umgekehrt auch vom weiblichen – wie denn in den höchsten Höhen der Menschlichkeit, ob es sich um die künstlerische, die moralische oder irgend eine andere Genialität handelt, die sexuellen Verschiedenheiten immer mehr verschwinden.

Hingegen zwischen den Empfindungen des genialen und denen des herrischen Erotikers besteht ein so großer Unterschied, daß kaum mehr gemeinsame Züge der Männlichkeit zwischen, ihnen übrig bleiben. Wenn die verborgene Basis des aus der Sexualität entspringenden Mannesbewußtseins die Tatsache ist, daß der Mann auch gegen den Willen des Weibes seine sexuelle Gewalt durchzusetzen, das Weib aber den Mann nicht zu zwingen vermag, so geht vielleicht aus diesem elementaren Verhältnis der Geschlechter im letzten Grunde das Gefühl des Abstandes hervor, der Fremdheit, der Rangverschiedenheit, die den Mann zum Herrn des Weibes macht. In der Liebe jedoch entäußert sich der Mann freiwillig seiner elementaren Gewalt. Die gesteigerte Differenzierung des erotischen Empfindens bringt eine neue Fähigkeit mit sich, die das Bewußtsein der Überlegenheit auslöscht und das Bedürfnis nach dem Abstand in das Bedürfnis der Gemeinsamkeit, der Gegenseitigkeit verwandelt – die Fähigkeit der Hingebung. Damit begibt sich das Merkwürdige in der männlichen Psyche, das große Wunder, das eine völlige Umkehrung des primitiven Empfindens bewirkt, eine Wandlung der teleologischen Geschlechtsnatur.

Das erotische Genie umfaßt die Wesen des anderen Geschlechtes mit intuitivem Verständnis und vermag sich ihnen ganz zu assimilieren. Sie sind ihm das Urverwandte und Urvertraute; die Vorstellungen der Ergänzung, der Erfüllung, der Befreiung des eigenen Wesens oder selbst die einer mystischen Verschwisterung begleiten seine Liebesbeziehungen. Ihm bedeutet die Geschlechtlichkeit nicht eine Aufhebung oder Beschränkung der Persönlichkeit, sondern eine Steigerung und

Bereicherung durch die Individuen, mit denen es auf diese Weise verknüpft wird.

Aber nicht etwa die Anzahl der Eroberungen ist es, die den genialen Erotiker ausmacht; sie hat mit seinen entscheidenden Eigentümlichkeiten so wenig zu tun, wie die strenge Ausschließlichkeit der Treue. Es gibt unter den erotischen Genies monogame Naturen, wie Novalis, die so völlig in einem geliebten Wesen aufgehen, daß sie ihre tiefste Ehre darin erblicken, selbst das Leben aufzugeben, wenn der Tod sie scheidet; oder polygame, wie Goethe, die imstande sind, gleichzeitig auch mehreren sich in Liebe zu ergeben. Nichts könnte das Empfinden des polygamen erotischen Genies gegenüber seinen gegenwärtigen und vergangenen Liebesbeziehungen besser charakterisieren, als jene Stelle in den Briefen an Frau von Stein, wo Goethe von seinem, nach vielen Jahren der Trennung erfolgten Besuche bei Friederike und Lilly erzählt: »Die schöne Empfindung, die mich begleitet, kann ich nicht sagen. So prosaisch ich nun mit diesen Menschen bin, so ist doch in dem Gefühl von durchgehendem reinen Wohlwollen, und wie ich diesen Weg her gleichsam einen Rosenkranz der treuesten, bewährtesten, unauslöschlichen Freundschaft abgebetet habe, eine recht ätherische Wollust.«

In dem Band, das den genialen Erotiker mit den erwählten Wesen des anderen Geschlechtes verbindet, ist eben nicht wie bei dem herrischen Erotiker ein Einschlag von Fremdsein oder Feindschaft enthalten, der in dem Augenblick sichtbar wird, als die Kette der sexuellen Anziehung zerreißt: dieses Band besteht aus dem einheitlichen Gefühl einer »unauslöschlichen Freundschaft«, die sich auch dann erhält, wenn die enthusiastische Phase vorüber ist.

Ja vielleicht ließe sich selbst die Behauptung rechtfertigen, daß das erotische Genie seine tiefsten und entscheidendsten geistigen Beziehungen in dem Verkehr mit Frauen und nicht in der Männerfreundschaft finde. Wenigstens hat Richard Wagner an Mathilde Wesendonk geschrieben, daß für ihn »die Sehnsucht, in einem Herzen, in einer bestimmten Individualität den bergenden erlösenden Hafen zu finden« der Natur der Welt nach nur durch ein liebendes Weib erfüllt werden könne, und daß ihm die edelsten Versuche seiner Beziehungen zu Männern »die deutlich erkannte Unmöglichkeit, in der Freundschaft eines Mannes das Ersehnte zu finden«, gezeigt hätten.

In diesen Briefen offenbart sich das Wesen der erotischen Genialität in seiner höchsten Schönheit und seinem höchsten Adel. Eine grenzenlose Hingebung, ein Bedürfnis nach unbedingter Gemeinsamkeit redet hier mit einer Innigkeit, die um so wunderbarer ist, als sie aus einer Natur von äußerster Impetuosität und Willensgewalt, aus einem sehr »männlichen« Charakter stammt. Wagner kann sich nicht genug daran tun, der geliebten Frau zu versichern, daß er völlig von ihr abhängt, daß er ganz wie sie ist, ganz wie sie empfindet, ganz ihre Stimmung und ihr feinstes Weh teilt, ja daß selbst seine Kunst nur soweit seinem Herzen nahe steht, als sie die Begleiterin seiner tiefen Harmonie mit ihr ist: »Mein wahrer Ernst ist nicht dabei ... o glaube! glaube mir, daß nur du mein Ernst bist ... Alles hat nur Sinn und Bedeutung durch dich ... Mit dir kann ich alles, ohne dich nichts!«

Wie sehr unterscheidet sich diese Sprache von jener, welche die herrische Erotik anzuschlagen pflegt! Wer sie durch eine erstaunliche Übereinstimmung beglaubigt sehen will, wird sie in Goethes Briefen an Frau von Stein finden. Dasselbe freudige Bekenntnis der Abhängigkeit, dasselbe Gefühl der Ergänzung durch Gegenseitigkeit, dieselbe rückhaltslose Hingegebenheit an das Ich des geliebten Weibes: »Ja liebe Lotte, jetzt wird es mir erst deutlich, wie Du meine eigene Hälfte bist und bleibst. Ich bin kein einzelnes, kein selbständiges Wesen. Alle meine Schwächen habe ich an Dich angelehnt, meine weichen Seiten durch Dich beschützt, meine Lücken durch Dich ausgefüllt ... Ich sehe, wie wenig ich für mich bestehe und wie notwendig mir Dein Dasein bleibt, daß aus dem meinigen ein Ganzes werde ... Ich bitte Dich fußfällig, vollende Dein Werk, mache mich recht gut ... schaffe und bilde mich auch so, daß ich Deiner wert bleibe.«

Die Vorstellung, daß der Mann der schaffende und bildende ist, nach dessen Willen und Ideen sich das Weib formen, dem es sein ganzes geistiges Sein verdanken soll – eine Vorstellung, die sich beispielsweise in den Briefen Heinrich von Kleists an seine Braut so unumwunden vordrängt – wird hier durch die entgegengesetzte abgelöst; jede Spur von Geschlechtsstolz ist in Hingebung geschmolzen.

Bei dem erotischen Genie entfaltet die Anmutung, die es durch das Weib empfängt, die höchsten Seelenkräfte. Ihm erscheint das Weib als die Vermittlerin zwischen der sinnlichen Welt und der Gottheit – wie Sophie von Kühn bei Novalis; als die Führerin zur Vollendung – wie Beatrice bei Dante; als die Spenderin aller Erkenntnis und alles innerlichen Lebens – wie Vittoria Colonna bei Michelangelo, der schrieb:

»Von meinen Lippen kommt dein Geist geflossen,
Von deinem Willen ist mein Will' umschlossen,
Und mein Gefühl ist deiner Brust entsprossen.
Mein Wesen deucht mir gleich dem Mond gesponnen –
Empfing er nicht sein Licht vom Licht der Sonnen,
Sein Leuchten hätte nimmer noch begonnen.«

Und auch Goethe hat dem Einfluß der Charlotte von Stein in seinem Leben das Höchste zugeschrieben, indem er sie Shakespeare an die Seite stellte:

»Lida, Glück der nächsten Nähe,
William, Stern der schönsten Höhe,
Euch verdank ich, was ich bin.
Tag und Jahre sind verschwunden,
Und doch ruht auf jenen Stunden
Meines Wertes Vollgewinn.«

Die Fülle lieblicher und holdseliger Vorstellungen, mit denen die Phantasie der genialen Erotik das Geschlechtsverhältnis ausgestattet hat, gehört zu den edelsten Schätzen des menschlichen Geisteslebens; und die Literatur aller Völker gibt Zeugnis davon, wie völlig die erotische Genialität, wenn sie mit der künstlerischen gepaart ist, in die weibliche Psyche unterzutauchen, wie lebendig sie diese aus sich herauszustellen vermag. An der individualisierten und vertieften Charakteristik, die ein Dichter seinen Frauengestalten zu geben vermag, läßt sich wohl erkennen, wie weit seine künstlerische Genialität von der gleichen erotischen begleitet ist. Man kennt den Unterschied, der in dieser Hinsicht zwischen den Goetheschen und den Schillerschen Frauengestalten besteht; und wenn von den Schillerschen behauptet wird, daß ihnen das individuelle weibliche Leben fehlt, so deutet das auf einen Mangel in der Fähigkeit des Autors, das Weib in sich zu erleben – worin im letzten Grunde das Mysterium der erotischen Genialität besteht, die Erklärung dafür, warum dem erotischen Genie die Wesen des anderen Geschlechtes das Verwandteste und Vertrauteste sind. In diesem geheimnisvollen Liebeserleben der höchsten Erotik fällt die Scheidewand zwischen den Geschlechtern, und jene wundersame Stimmung, die von einem »Tausch der Seelen« träumt, stellt eine Gemeinschaft her, die über die Schranken des Körperlichen hinaus sich bis zur mystischen Vorstellung einer metaphysischen Wesenseinheit erhebt.

Was sich aber in der Gestalt des Don Juan verkörpert, ist nichts weniger als der Typus des erotischen Genies. Nur der Mann als sexueller Eroberer, der vollendete Virtuose der Sexualität, hat in dieser Gestalt seinen höchsten Ausdruck gefunden. Zugleich wird an dieser Gestalt das Wesen der typisch männlichen Sexualität als das eines nie zu befriedigenden Triebes sichtbar, der in einem unaufhörlichen Wechsel sucht, was er doch nie innerlich erreicht: das Weib. Auch in ihrer äußersten Steigerung vermag die bloße Sexualität keine Wesensverbindung zwischen Mann und Weib herzustellen; zur Seele des Weibes führt kein Weg durch die geschlechtliche Vereinigung für denjenigen, der diese Seele nicht vorher gefunden hat. Männer ohne Erotik verfallen daher leicht auf die Annahme, daß »das Weib« überhaupt keine Seele habe, weil ihnen, die doch öfter die höchste sexuelle Macht ausüben, ihr erotisches Unvermögen nicht zum Bewußtsein kommt.

So wenig wie in den Niederungen der Sinnlichkeit streift der herrische Erotiker die Nachteile seiner geschlechtlichen Eigenart auf dem Wege zum Gehirnmenschen ab. Je mehr er sich von dem primitiven und natürlichen Gemütszustand entfernt, in welchem die geschlechtlichen Dinge noch nicht Problem sind, wird möglicherweise sein Verhältnis zu ihnen, und damit zugleich sein Verhältnis zum Weibe, bitterer, peinlicher, böser; es erhält eine vergiftete Spitze, es brennt als eine Wunde in seiner Seele. Er ist entweder Zyniker oder – freilich unvergleichlich seltener – Asket; und schon allein die Mischung von zynischer Frechheit und asketischer Scheu, welche die Stellung der modernen Kulturmenschheit gegenüber allem Geschlechtlichen kennzeichnet, verrät, was für eine Empfindungsweise die Allgemeinheit beherrscht.

Der Konflikt zwischen Persönlichkeit und Geschlecht, den nur die Liebe ohne Verneinung zu lösen vermag, verschärft sich oft genug für den herrischen Erotiker in dem Maße als seine Geistigkeit wächst. Da er das Weib als ein fremdes und fernes, als inferiores, sogar als untermenschliches Geschöpf empfindet, erzeugt die Abhängigkeit, die das Geschlecht mit sich bringt, in ihm eine feindselige Reaktion wider das Weib. Nur wenn seine Sexualität über ihn Herr wird, vermag er sich dem Weibe zu nähern. Und sie gewinnt nur anfallsweise über ihn Macht; sie unterjocht ihn wie eine fremde Gewalt, die ihn einem im Grunde unwürdigen oder verhaßten Wesen ausliefert. Daß er dieser Gewalt unterliegt, demütigt ihn vor sich selbst und bewirkt, wenn er wieder zur Besinnung kommt, eine peinvolle Ernüchterung. So wird die Sexualität, die für den primitiven Mann die Quelle eines gesteigerten Selbstgefühles und Überlegenheitsbewußtseins ist, für ihn ein quälend zwiespältiger Zustand, der Ursprung einer Dissonanz, die er nicht bloß in seinem persönlichen Leben, sondern im ganzen Weltall vernimmt.

Es gibt Anhaltspunkte, die darauf hinweisen, daß ein Zusammenhang zwischen der asketisch-pessimistischen Weltanschauung und der, mit einer gesteigerten Geistigkeit verbundenen anerotischen Sexualität besteht. Der ungeheuerliche Gedanke einer allgemeinen untilgbaren Verschuldung der Menschheit, die Auffassung des Geschlechtsaktes als eines Sündenfalles und des ganzen Erdenlebens als einer fluchbeladenen Täuschung, scheinen in dem Zwiespalt ihren geheimen Grund zu haben, der das Seelenleben solcher Männer zerreißt. Die großen Verächter des kreatürlichen Lebens, die Erfinder einer jenseitigen, übersinnlichen Welt, waren fast alle zugleich Verächter und Gegner des Weibes. Für den an seiner Sexualität leidenden Mann muß die Welt, die aus der Zeugung entspringt, mit einem Fluche behaftet sein, und das Weib als das Objekt, das den unheilvollen Trieb ewig wach erhält, die nächste Ursache dieses Fluches. Es ist symptomatisch für diese Art des Empfindens, daß die männliche Phantasie das Weib als die Verführerin, als die Veranlassend des Sündenfalls hingestellt hat, und daß sie die Erlösung von einem über das Geschlechtliche erhabenen Weibe, von einer »unbefleckten« Jungfrau ausgehen ließ.

Was sich in dem grundlegenden Mythus von Adam und Eva äußert: die Projektion eines Zustandes der männlichen Psyche in die Gestalt des Weibes, die Verführung der Geistigkeit durch die Sexualität, bei welcher der Mann dem Weibe die aktive Rolle zuerkennt, die er doch nach dem realen, nicht symbolischen Lauf der Dinge sich selber vorbehält – das ist ein Prozeß, der tiefe Spuren in der ganzen Geistesgeschichte zurückgelassen hat, ein Prozeß, dessen praktische Konsequenzen das weibliche Geschlecht als die intellektuell schwächere Hälfte schwer zu fühlen bekommen hat.

Der gesteigerte Intellektualismus des Mannes rächt sich am Weibe für die Leiden der Geschlechtlichkeit. Diese Verwechslung eines subjektiven Zustandes mit dem Objekt, das ihn veranlaßt, macht dem männlichen Intellekt keine Ehre. Aber sie ist noch nicht das Schlimmste.

Wenn schon unter normalen Verhältnissen die Vorstellungen der herrischen Erotik eine empfindliche Beeinträchtigung für alle jene Frauen sind, die ihnen nicht entsprechen, so werden sie für das ganze weibliche Geschlecht zu einer Geißel und Gefahr, sobald sie jene extreme Gestalt annehmen, in welcher sie ans Pathologisch-Wahnhafte grenzen.

Man kennt unter dem Namen Sadismus eine psychopathische Entartung des sexuellen Empfindens, die ihrem Wesen nach in einer Erregung und Befriedigung durch grausame Akte besteht. Ein Element der Grausamkeit schlummert ja stets auf dem Grunde der herrischen Erotik und tritt in dem Bedürfnis hervor, dem Weibe die Gewalt der starken Faust zu fühlen zu geben, im Weibe ein willenlos ergebenes, leidendes, zur Aufopferung bestimmtes Wesen zu besitzen. Wenn dieses Element sich ins Unmäßige steigert oder mit morbiden Instinkten verbindet, bereitet es den Boden für die sadistische Entartung.

Die Neigung zur Peinigung des Gegenstandes, der im Bewußtsein mit sexueller Betonung auftritt, kann aber auch eine Richtung ins Intellektuelle einschlagen. Dann bildet die Herabsetzung und Verunglimpfung des weiblichen Geschlechtes das Mittel der Befriedigung, so daß man wohl von einem intellektuellen Sadismus zu sprechen berechtigt ist. Vielleicht verbergen sich hinter der Schmähliteratur über das Weib vielfach bloß Rachegelüste von Männern, die im Umgang mit dem weiblichen Geschlechte irgendwie schlecht weggekommen sind; in anderen Fällen rühren diese literarischen Produkte ohne Zweifel aus einem krankhaften Triebe her, und sie sind als sadistische Akte auf geistigem Gebiete zu betrachten.

Ein historisches Dokument des intellektuellen Sadismus, das durch seine Wirkung die größte Bedeutung besitzt, ist der »Malleus maleficarum«, jenes furchtbare, von abergläubischem Ingrimm und fanatischem Haß wider das weibliche Geschlecht erfüllte Buch, aus dem der Hexenprozeß sich entwickelte. Man kann an diesem Werke nicht vorübergehen, wenn von den Extremen der aus einer krankhaften Sexualität entspringenden Feindschaft des Mannes wider das Weib die Rede ist; denn welches auch die äußeren Anlässe gewesen sein mögen, denen der Hexenhammer seine Entstehung verdankt, die subjektive Disposition der beiden Dominikanermönche, die ihn verfaßten, ist doch in erster Linie zur Erklärung heranzuziehen. Alles, was die geschlechtliche Phantasie seit Urzeiten an Wust und Wahn hervorgebracht, was die satanistische Lust an ungeheuerlichen sexuellen Freveln jemals erfunden hat, fassen die Autoren zusammen, um es dem Weibe zur Last zu legen. Die Geschichte des Hexenprozesses ist ein schreckenerregender Beleg für die Wirkung, die solche wahnhafte Vorstellungen unter Umständen ausüben: »Die Seuche des allgemeinen Glaubens an teuflische Zauberei und an Teufelsbuhlschaft, und der Furcht vor den Hexen, in welcher die abendländische Christenheit zwei Jahrhunderte lang erzitterte, ist großenteils durch den Hexenhammer selbst hervorgerufen, der die Millionen Schlachtopfer, die er zerschmetterte, sich selbst erst zubereitet hat. Seitdem dieser Kodex der Hexenverfolgung aufgestellt war, wirkten Kirche und Gerichtsstube zusammen, um die Theorie aufzubauen, wobei Philosophie und Medizin treulich halfen; und die Strafpraxis lieferte wiederum das Material, um die Theorie zu bestätigen.« (Soldans Geschichte der Hexenprozesse.)

Bedenkt man, daß den objektiven Erscheinungen, deren groteske Auslegung der Hexenwahn war, aller Wahrscheinlichkeit nach die Krankheit zugrunde lag, die heute unter dem Namen Hysterie bekannt ist, so wird der Hexenprozeß überdies zu einem unendlich beschämenden Monument für die Unzulänglichkeit der männlichen Intelligenz in allen Dingen, in denen die Sexualität und das Verhältnis zum Weibe mitspielt. Gesetzt selbst, daß sich unter den Opfern nicht bloß Hysterische, Wahnsinnige und unschuldig Denunzierte, sondern auch eine Anzahl gemeiner, gleisnerischer und boshafter Weiber befanden – die Kriminalistik des Hexenprozesses überragt an Gemeinheit, Aberglauben und Bosheit die etwaigen Verbrechen der Bestraften so weit, daß die ausübenden Gerichtspersonen als tief unter den Delinquentinnen stehend erscheinen.

Nach der Angabe des Hexenhammers war es hauptsächlich »unersättliche Wollust, die zum Umgang mit Dämonen reizt«, durch die das weibliche Geschlecht der Teufelsbuhlschaft verfiel, wozu es überdies durch seine Minderwertigkeit im Glauben – nach der Etymologie des Hexenhammers war die Bezeichnung femina von fe und minor abzuleiten! – disponiert war. Die schamlose Ausschmückung der Teufelsbuhlschaft mit obszönen Details, deren Geständnis auf der Folter durch Suggestivfragen zu erpressen war, bildet einen wesentlichen Bestandteil des Hexenhammers und zeigt deutlich, daß hinter ihm nicht bloß kirchenpolitische Machtgelüste standen, sondern eine sexuelle Perversion, die mittelst imaginärer Greuel einem sadistischen Vernichtungstrieb wider das weibliche Geschlecht Genugtuung schaffte.

Wir sind im allgemeinen geneigt, zu glauben, was vergangen ist, sei auch überwunden. Die moderne Wissenschaft hat den alten Aberglauben aus ihrem Bereich hinweggefegt; aber die dunklen Tiefen der menschlichen Psyche sind nicht so leicht reinzufegen, und es könnte wohl sein, daß der alte feindliche Wahn über »das Weib« in milderen Formeln und moderner Maske noch immer sein Unwesen treibt. Philosophie und Medizin helfen auch heute noch treulich, um subjektiven Phantasiegebilden den Nimbus objektiver Wahrheiten zu verleihen. Stammt nicht von einem sogenannten Mann der Wissenschaft (Lombroso) der Ausspruch, daß »auch das normale Weib ein halbkriminaloides Wesen« ist –? Wurde nicht erst kürzlich mit allem Aufwand philosophischer Gründlichkeit von Weininger »ein ganz umfassender Nachweis geführt, daß das Weib seelenlos ist, daß es kein Ich und keine Individualität, keine Persönlichkeit und keine Freiheit, keinen Charakter und keinen Willen hat«, und so die alte Frage, ob das Weib eine Seele habe, welche die christlichen Misogyne vor weit mehr als tausend Jahren auf dem Konzil von Macon bejahen mußten, im zwanzigsten Jahrhundert verneint –? Manisch-obszöne Vorstellungen, wie z. B.: »Unterschiedslos fühlt sich jede Frau ... fortwährend und am ganzen Leibe, überall und immer, von was es auch sei, ausnahmslos koitiert« (Weininger) streifen ganz nahe an die Vorstellung des Hexenhammers von der »unersättlichen Wollust des Weibes«, und deuten auf einen bestimmten psychosexuellen Zustand als gemeinsame, durch die Jahrhunderte unveränderte Quelle.

Diese Quelle hat ihre Ebbe und Flut in der sozialen Geschichte; sie fällt in den Zeiten der Blüte, wenn die genialen Individuen zahlreich sind und die Kultur mit dem Reichtum ihres Empfindungslebens erfüllen; sie steigt in den Zeiten des Niederganges, wenn die niedrigen Tendenzen der menschlichen Natur ungehemmt die Herrschaft führen und Schädlichkeiten aller Art das Instinktleben gefährden. So hoch das Weib während der Renaissance und ihren vorbereitenden Epochen in der Schätzung des Mannes gestanden hat, so tief sinkt es zur Zeit des dreißigjährigen Krieges, in welcher die Vorstellungen des Hexenhammers Gemeingut werden, Vorstellungen, die an der zeitgenössischen Gesellschaft dieses Buches wirkungslos vorübergegangen waren.

Kehren wir schließlich zum Ausgangspunkte dieser Betrachtung und zu ihrer Nutzanwendung zurück. Wir resümieren: ein Mann kann im Verkehr mit Männern so vorurteilslos, so gerecht, so objektiv sein als möglich – wenn die psychosexuelle Seite seiner Persönlichkeit hart, grobschlächtig und herrisch ist, wird er über »das Weib« weder vorurteilslos noch gerecht denken. Wie hoch er sich auch als Denker erhebe, hier findet er seine Grenze.

Ach, aber die Frauen haben keine Ursache, über diese Beschränktheit des männlichen Intellektes zu lächeln. Diese Beschränktheit kommt ihnen teuer zu stehen. Da sie nun einmal der Mehrzahl nach dem Manne nicht gleich sind, durch ihre geringere Willenskraft und schwächere Intelligenz von ihm abhängig, obendrein durch ihre erotischen Neigungen an die starke Faust gebunden, bildet die Subjektivität des Mannes in den sexuellen Dingen das tragische Verhängnis des ganzen weiblichen Geschlechtes.

Diejenigen Frauen jedoch, deren Wesensart positivere Elemente enthält, als sie mit den Ansprüchen der herrischen Erotik verträglich sind, werden eben unterscheiden müssen, von welchen Männern sie Anerkennung erwarten können und von welchen nicht. Nicht auf die überzeugende Kraft irgendwelcher Argumente dürfen sie bei ihren Bestrebungen hoffen; vielleicht aber, daß die Natur selbst ihnen zu Hilfe kommt. Da sich doch im Laufe der Kulturentwicklung die Sexualität zur Liebe sublimiert hat, warum sollte eine biologische Veränderung, welche die psychosexuelle Disposition der Geschlechter noch weiter zu beeinflussen vermöchte, als utopische Annahme erscheinen? Es ist nicht auszuschließen, daß sich unter den Lebensbedingungen einer steigenden Kultur jene Differenzierung der Männlichkeit immer häufiger vollziehe, die ihren höchsten Ausdruck in dem erotischen Genie findet. Diese Lebensbedingungen, welche die äußeren Unterschiede in der Tätigkeit der Geschlechter mehr und mehr verwischen, wirken im Sinne der Annäherung und sind ganz danach angetan, den herrischen Vorstellungen wenigstens auf sozialem Gebiete den Boden zu entziehen.

Auch die zunehmende Intellektualisierung könnte mit der Zeit bei einer größeren Anzahl von Männern bewirken, daß sie zwischen den Frauen ihres erotischen Geschmackes und jenen eine objektive Scheidung machen, die man gelten läßt, ohne sie mit den Augen des geschlechtlich Wählenden zu betrachten. Es gibt immerhin unter den herrischen Erotikern auch solche, deren theoretische Anschauungen über die soziale Stellung der Frauen freiere sind, als es sich mit der Praxis ihres Privatlebens verträgt. Kann ein Mann nicht öffentlich die bürgerliche Gleichstellung des weiblichen Geschlechtes vertreten und zugleich in dem häuslichen Verhältnis zu seiner eigenen Frau seine herrische Natur hervorkehren? Mit Unrecht würde man daraus den Vorwurf der Inkonsequenz ableiten; vielmehr ist darin das Symptom einer bemerkenswerten und seltenen Erhebung über die gewöhnliche Subjektivität zu erblicken, ein Unabhängigsein des Intellektes von den Banden der elementaren Wesenheit, das Achtung gebietet.

Der Anteil, den die Frauen an den modernen Kulturidealen, an der Befreiung des Individuums zum Zwecke seiner ungehemmten geistigen Entfaltung, an dem Kampf um die Rechte der freien Persönlichkeit haben, kann auf die Dauer an der Organisation der Gesellschaft nicht spurlos vorübergehen. Und so hätten die Anzeichen einer Reaktion dagegen, die sich in zunehmender Feindseligkeit zwischen den Geschlechtern kundgibt, in den gelegentlichen Ausbrüchen der herrischen Männer wider die »Entarteten« oder die »Gehirndamen«, ungefähr die gleiche symptomatische Bedeutung, wie die Steigerung des Nationalitäts- und Rassengegensatzes in einer Zeit, die durch ihre Einrichtungen die Unterschiede der Rassen und Nationen vorschnell aufzuheben droht. Beide Phänomene deuten darauf, daß eine Gegenwehr im Bewußtsein derjenigen stattfindet, deren Empfindungsleben den neuen Verhältnissen nicht angepaßt ist.

Zwar muß die Unveränderlichkeit des angeborenen Wesens als die Schranke gelten, über die niemand hinweg kann: aber bis zu einem gewissen Grade ist dennoch alles lehrbar und lernbar. Der suggestive Einfluß großer Vorbilder bedeutet ein Kulturelement von höchstem Wert. Und mit unvergänglich leuchtenden Worten verkündet das erotische Genie schon seit Jahrhunderten der Menschheit die frohe Botschaft, daß zwischen den Geschlechtern ein ganz anderes Verhältnis bestehen kann, als sich die Männer der starken Faust träumen lassen.

Das subjektive Geschlechtsidol

Warum widerfährt den einen von den Frauen so viel Schlechtes, den anderen so viel Gutes? Welche Schicksalstücke ist es, die für die meisten eine ganz einseitige Auswahl trifft? Welches geheime Gesetz regelt die Begegnungen, aus denen jeder Mann die Summe seiner Frauenkenntnis zieht?

Deutlicher als überall offenbaren sich hier die beiden, das menschliche Geistesleben in seinen Untergründen am stärksten bindenden Eigentümlichkeiten: die Abhängigkeit alles Denkens von der angeborenen Eigenart, und die Neigung, die Ergebnisse des eigenen Denkens für objektive Wahrheiten zu halten. Wenn die »Wahrheit«, die eine individuelle Intelligenz hervorbringt, immer durch eine bestimmte Wesensart bedingt ist, muß nicht der verborgene Zusammenhang zwischen dem sogenannten objektiven Denken und der geistig-körperlichen Konstitution dort am unmittelbarsten sein, wo es sich nicht um Prinzipien des reinen Erkennens handelt, sondern um eine konkrete Erscheinung, die den Mann persönlich so nahe angeht, wie »das Weib«? –

Der geistige Prozeß, der sich abwickelt, wenn eine Verallgemeinerung zustande kommt, wenn einzelne Daten der Erfahrung, in ein gemeinsames zusammengefaßt, zu einer Schlußfolgerung benützt werden, ist von der Person des Erfahrenden nicht zu trennen; sonst könnten die gleichen Tatsachen von verschiedenen Beobachtern nicht ganz verschieden gedeutet werden.

Aber auch jene, die vermittelst apriorischer Aufstellungen über »die wahre Natur des Weibes« Auskunft geben, das »Wesen des Weibes« aus den »Prinzipien der reinen Vernunft« begründen oder gar von der »platonischen Idee des Weibes« ausgehen, müssen der Frage unterworfen werden, welches die ursprünglichen Bedingungen sind, kraft deren solche Ideen in einer individuellen Intelligenz auftauchen, der Frage, wie weit ihre Subjektivität schon bei der Entstehung jener allgemeinen Voraussetzungen mitgewirkt hat.

Es war der Einsiedler von Sils Maria, der Mann der »ausschweifenden Redlichkeit«, der darauf hinwies, daß in diesen Dingen jeder nur zu erkennen vermag, was bei ihm darüber schon ausgemacht, was in der Tiefe seiner Wesensbeschaffenheit beschlossen ist:

»Im Grunde von uns, ganz ›da unten‹ gibt es etwas Unbelehrbares, einen Granit von geistigem Fatum, von vorherbestimmter Entscheidung und Antwort ... Über Mann und Weib zum Beispiel kann ein Denker nicht umlernen, sondern nur auslernen – nur zu Ende entdecken, was darüber bei ihm ›feststeht‹. Man findet beizeiten gewisse Lösungen von Problemen, die gerade uns starken Glauben machen; vielleicht nennt man sie fürderhin seine ›Überzeugungen‹. Später – sieht man in ihnen nur Fußtapfen zur Selbsterkenntnis, Wegweiser zum Probleme, das wir sind – richtiger, zur großen Dummheit, die wir sind, zu unserem geistigen Fatum, zum Unbelehrbaren ganz ›da unten‹.« (Jenseits von Gut und Böse.)

Er schickt diese Bemerkungen jenem einseitigen und ungerechten Urteile voraus, das er über die Vertreterinnen der modernen Frauenbewegung fällt, und unterstreicht solchergestalt ausdrücklich, daß es nur sein subjektiver Geschmack ist, der da redet. »Auf diese reichliche Artigkeit hin, wie ich sie eben gegen mich selbst begangen habe, wird es mir vielleicht eher schon gestattet sein, über ›das Weib an sich‹ einige Wahrheiten herauszusagen: gesetzt, daß man es von vornherein nunmehr weiß, wie sehr es eben nur – meine Wahrheiten sind.«

Doch lange vor Nietzsche hat Goethe zu Eckermann das denkwürdige Wort gesagt: »Die Frauen sind silberne Schalen, in die wir goldene Äpfel legen. Meine Idee von den Frauen ist nicht von den Erscheinungen der Wirklichkeit abstrahiert, sondern sie ist mir angeboren oder in mir entstanden, Gott weiß wie.«

Und bei Grillparzer findet sich der Ausspruch: »Was ist es auch, ein Weib? ... Ein Etwas, das nie etwas und nie nichts, je demnach ich mirs denke, ich, nur ich.« (Ein Bruderzwist in Habsburg.)

Behaupten wir also einmal: die Stellung, die der einzelne Mann in der Theorie wie in der Praxis dem Weibe gegenüber einnimmt, beruht nur zum geringsten Teile auf Erfahrungen – noch mehr: Die Erfahrungen, die jeder macht, sind schon im vorhinein durch eine ursprüngliche Anlage seiner individuellen Natur bestimmt. Äußere Erlebnisse können diese ursprüngliche Anlage nicht erheblicher verändern, als die Eigenart selbst durch äußere Einflüsse zu verändern ist. Ohne eine Wandlung in der Konstitution, wie sie allenfalls durch Alter oder Krankheit entsteht, wird schwerlich jemand über das andere Geschlecht von Grund aus umlernen, was immer Gutes oder Schlimmes ihm geschehe. Der bekehrte Weiberfeind ist zwar in der Romanliteratur eine häufige Erscheinung; in Wirklichkeit dürfte diese Bekehrung aber so selten sein wie jene fundamentale Wandlung religiöser Art, die selbst der christliche Glaube nur durch einen Akt der göttlichen Gnade bewirkt werden läßt. Denn jene Männer kann man nicht Weiberfeinde nennen, die nur deshalb gering von den Frauen denken, weil ihre subjektiven Vorstellungen vom Weib so hohe sind, daß die große Mehrzahl der Frauen ihnen nicht entspricht und sie lange vergeblich nach Verwirklichung ihrer Wunschgestalt suchen müssen.

Jede Individualität reagiert auf bestimmte Reize anders. Unter der Bezeichnung des subjektiven Geschmackes ist diese Tatsache ja eine der landläufigsten Beobachtungen. Bei den gewöhnlichen Menschen, deren Bewußtsein in Hinsicht auf ihre Sexualität sich nicht viel über die Dumpfheit des Instinktlebens erhebt, bleiben auch die durch den subjektiven Geschmack bestimmten Vorstellungen über das andere Geschlecht dumpf und unentwickelt. Sie übernehmen das konventionelle, das heißt, das durch die Mehrzahl geschaffene Urteil und behalten es häufig auch dann, wenn es sich nicht recht mit der Praxis ihres Lebens deckt, weil sie nicht aufgeweckt genug sind, um sich ihres persönlichen Empfindens reflexiv bewußt zu werden. Wo aber Phantasie und Leidenschaft oder ein gesteigertes Abstraktionsvermögen sich zur Individualität gesellen wie bei den geistig produktiven Menschen, füllt sich das Bewußtsein mit bestimmteren und deutlicheren Vorstellungen.

Der Komplex von Eigenschaften, der unsere besondere, von allen anderen verschiedene Person ausmacht und sich als Inhalt unserer Ichvorstellung im Bewußtsein spiegelt, erzeugt, gewissermaßen als Nebenprodukt, mehr oder minder scharf begrenzt ein ergänzendes Bild, das wir in die Außenwelt projizieren und in den Individuen des anderen Geschlechtes verwirklicht suchen. Das gilt gleicherweise vom männlichen wie vom weiblichen Geschlecht. Da das männliche Bewußtsein aber das mitteilsamere, das expansivere ist, und viel mehr von seinem Inhalt als gedankliche Schöpfungen nach außen richtet, läßt sich dieser Vorgang eher bei Männern beobachten, um so mehr, als seine Konsequenzen vermöge der Machtstellung des männlichen Geschlechtes für die Allgemeinheit größere Bedeutung haben.

Bei der subjektiven Vorstellung über »das Weib« bilden die Erfahrungstatsachen bloß das Baumaterial, der Bauplan ist durch die Individualität festgesetzt. Nach diesem Plane werden alle Erfahrungstatsachen interpretiert; alle Wahrnehmungen ordnen sich auf diese Weise gesetzmäßig zu einem Typus. Was seinen Typus bestätigt, ergreift jeder mit Aufmerksamkeit und bewahrt es mit willigem Gedächtnis; Eindrücke, die diesen Typus beschränken oder gar aufheben könnten, werden als störend, als hemmend, als unangenehm empfunden, werden vielfach gar nicht apperzipiert, und wenn, so schwinden sie rasch wieder aus der Erinnerung.

Nichts ist so bezeichnend wie die unfehlbare Sicherheit, welche die meisten Männer bei ihren Generalurteilen über »das Weib« leitet, Männer sogar, die allen anderen Erscheinungen der Erfahrungswelt gegenüber die vorsichtigste und gewissenhafteste Denkerzurückhaltung bewahren. Diese Sicherheit zeigt, daß sie ohne weiteres das empirische Weib mit dem immanenten verwechseln. Das empirische Weib, das reale Einzelwesen weiblichen Geschlechtes, ist eine vielfältige und in seiner Vielfältigkeit eben so inkommensurable Erscheinung wie der Mann; das immanente Weib hingegen, das Geschöpf der Einbildungskraft, ist jedem bekannt und vertraut wie sein eigenes Ich, weil es ja aus diesem Ich hervorgegangen und organisch mit ihm verwachsen ist.

Allen Generalurteilen eines Mannes über das Weib kommt in erster Linie eine Bedeutung als Symptom seiner eigenen psychosexuellen Anlage zu; sie haben mehr einen biographischen als einen normativen Wert. Was er vom Weibe hofft und fürchtet, wünscht und voraussetzt, seine Meinung über das, was das Weib sein »soll«, gestattet einen ziemlich untrüglichen Schluß auf seine eigene Wesensbeschaffenheit.

Es ist ein Bedürfnis nach Ergänzung, welches als oberstes Gesetz das psychische Verhältnis der Geschlechter beherrscht. Diesem Bedürfnis gemäß trägt das Idol, das die Phantasie jedes einzelnen von den Personen des anderen Geschlechtes schafft, jene Züge, die eine Ergänzung, in gewisser Hinsicht sogar eine Umkehrung seines eigenen Wesens bilden; es entsteht in der Psyche wie die komplementäre Farbe im Auge.

Richard Wagner, dessen theoretische Schriften so viele Beiträge zur Dichter- und Musikerpsychologie enthalten, gewährt einen bemerkenswerten Einblick in die Entstehung eines subjektiven Geschlechtsidoles in der »Mitteilung an meine Freunde«, wo er seine Dichtung zu Lohengrin als Symbolisierung eines innerlichen Erlebnisses schildert. Den tieferen Sinn dieser Dichtung bezeichnet er, indem er sein eigenes Empfinden in der Gestalt des Lohengrin verkörpert, als die Sehnsucht aus der einsamen Höhe der reinen Künstlerschaft nach der Tiefe des allgemeinsamen menschlichen Lebens. Und von dieser Höhe gewahrt sein verlangender Blick – das Weib. »In Elsa ersah ich von Anfang herein den von mir ersehnten Gegensatz Lohengrins – natürlich jedoch nicht den diesem Wesen fern abliegenden, absoluten Gegensatz, sondern vielmehr das andere

Teil seines eigenen Wesens, den Gegensatz, der in seiner Natur überhaupt mit enthalten und nur die notwendig von ihm zu ersehnende Ergänzung seines männlichen besonderen Wesens ist. Elsa ist das Unbewußte, Unwillkürliche, in welchem das bewußte, willkürliche Wesen Lohengrins sich zu erlösen sehnt.«

Wie charakteristisch ist es für die Individualität Richard Wagners, dessen Gefahr als Künstler eben in der doktrinären Bewußtheit lag, daß er das »wahrhaft Weibliche«, dem er in Elsa »mit Sicherheit auf die Spur zu kommen« glaubte, im Unbewußten, Unwillkürlichen erblickt! Das Überwiegen der Verstandestätigkeit, die für den künstlerisch produktiven Menschen ein so störendes, belästigendes, hinderndes Element ist, erscheint ihm als das, wovon er »erlöst« werden möchte. Da aber eine so mächtige Einwirkung – wenn sie überhaupt denkbar sein soll – nur durch eine psychosexuelle Verschmelzung herbeigeführt werden kann, projiziert er das, was er sich ersehnt, in die Gestalt eines Weibes, »des Weibes«, des »wahrhaft Weiblichen«. Allerdings ist er ferne davon gewesen, die Verkörperung dieses wahrhaft Weiblichen ausschließlich in weiblichen Individuen zu suchen, oder gar, es als Norm zu betrachten, nach welcher in der Realität die »echten« von den »unechten« zu scheiden wären.

Darin ist sein Empfinden viel tiefer und reicher, oder wenn man will, gerechter gewesen, als das seines späteren Gegners Nietzsche. Daß sich aber auch hinter dem Idol Nietzsches ein Wesensgegensatz, das Bedürfnis nach »Erlösung« verbirgt, bestätigt er, dessen schicksalsvoll entscheidende Eigenschaft der Drang nach unbedingter Wahrhaftigkeit und Redlichkeit des Denkens war, durch die Vorstellung: »Nichts ist von Anbeginn dem Weibe fremder, widriger, feindlicher als Wahrheit – seine große Kunst ist die Lüge, seine höchste Angelegenheit ist der Schein und die Schönheit. Gestehen wir es, wir Männer: wir ehren und lieben gerade diese Kunst und diesen Instinkt am Weibe: wir, die wir es schwer haben und uns gerne zu unserer Erleichterung zu Wesen gesellen, unter deren Händen, Blicken, zarten Torheiten uns unser Ernst, unsere Schwere und Tiefe beinahe wie eine Torheit erscheint.«

Diese Verherrlichung der weiblichen Lügenhaftigkeit und Oberflächlichkeit gehört zu den seltsamsten Beispielen der Geschlechtsidolatrie. Man vergleiche damit den Grimm und Abscheu, mit dem die Männer des Mißtrauens und der Unehrlichkeit – insbesondere jene, die an ihrem eigenen mißtrauischen und unehrlichen Wesen leiden, die sich gerne darüber erheben möchten – von den gleichen weiblichen Eigenschaften reden, wie hoch sie die Einfalt und Gefühlstiefe am »echten« Weibe preisen. Nicht anders die Unmäßigen, die Zügellosen, die Lasterhaften unter den Männern, die das Weib als Idol des schönen Maßes, der Züchtigkeit, der Reinheit anzubeten pflegen.

Die Herrschaft, die das subjektive Phantasiebild im Seelenleben des Einzelnen ausübt, erreicht zuweilen die Gewalt einer fixen Idee; aber auch wo es nicht diesen wahnhaften Charakter annimmt, bleibt es eine der stärksten und unüberwindlichsten Illusionen. Steht es doch in inniger Beziehung zu der wichtigsten Angelegenheit, die das menschliche Triebleben außer der Selbsterhaltung kennt: zur geschlechtlichen Auswahl. In den Liebesbeziehungen gewinnt das subjektive Geschlechtsidol seine größte Bedeutung; da ist auch die Verblendung, die es bewirkt, am leichtesten zu beobachten.

Nichts anderes als diese Herrschaft des immanenten Weibes in der Liebe meint Maeterlinck, wenn er sagt: »Vergebens werden wir rechts oder links, in den Höhen oder Niederungen wählen, vergebens werden wir, um aus dem Zauberkreis herauszukommen, den wir um alle unsere Lebensäußerungen gezogen fühlen, unseren Instinkt vergewaltigen und eine Wahl gegen die unseres Sternes zu treffen versuchen – wir werden doch immer die vom unsichtbaren Gestirn herabgestiegene Frau erküren. Und wenn wir gleich Don Juan eintausenddrei Frauen küssen, werden wir (zuletzt) einsehen, daß immer dieselbe Frau vor uns ist, die gute oder die böse, die zärtliche oder die grausame, die liebende oder die ungetreue.«

D'Annunzio läßt in seinem Roman »Der Triumph des Todes« den Helden beim Anblick der Geliebten denken: »Sie ist, wie sie mir in jedem Augenblick erscheint, nichts als die Wirkung meiner fortwährenden inneren Schöpferkraft. Sie existiert nicht außer in mir selbst ...«

In seiner schwülstig-ekstatischen Manier spricht Prybiszewski davon: »Bevor ich dich sah, warst du in mir ... lagst du so in unbefleckter Reinheit als ein Urbild keusch in meinem Gehirn, eine rein angeschaute Idee ... und in einem Nu hattest du die Fäden zwischen meinem schaffenden Gehirn und der schlummernd brütenden Tierseele des Geschlechtes gesponnen ... und du, Geschlechtstier, bist mit dir, dem Urbild meines Hirnes, zusammengeflossen und wurdest eine große Einheit.« (Vigilien.)

Hier läßt sich zugleich ein unheilverkündender Ton vernehmen; denn es kann nichts Gutes bevorstehen, wenn ein »Geschlechtstier« und eine »rein angeschaute Idee« zusammenfließen.

Das subjektive Phantasiebild bestimmt das individuelle Verhältnis zwischen dem einzelnen Mann und dem Weibe seiner Wahl: zum Glücke der Beteiligten, wenn die reale Person des Weibes dem Idole entspricht – als Verhängnis, wenn sich das Idol mit der unrechten Person verknüpft. An den Irrtümern, die den mißglückten Liebesverhältnissen zugrunde liegen, hat die Herrschaft des subjektiven Phantasiebildes einen großen Anteil. Der Kampf zwischen dem immanenten und dem empirischen Weibe wird oft in seiner ganzen Gewalt aus den leidenschaftlichen Anklagen und Vorwürfen sichtbar, aus dem verzweiflungsvollen Schwanken zwischen Haß und Liebe, welches den Auflösungsprozeß solcher Verhältnisse begleitet.

Bis zum äußersten gesteigert, mit einer abstoßenden pathologischen Note, aber großer künstlerischer Aufrichtigkeit, erscheint dieser Kampf in Strindbergs »Beichte eines Toren«. Aus der Verworrenheit, Inkonsequenz und Launenhaftigkeit der Leidenschaft, die da bald mit Wutausbrüchen, bald in ohnmächtiger Ratlosigkeit an das Urteil des »aufgeklärten Lesers« appelliert, tritt bald das Idol, bald die reale Person des Weibes hervor, je nach den Umständen, in welchen der Autor lebt. Wenn er mit seiner Geliebten dauernd beisammen ist, verdrängt die reale Person das Idol und erfüllt ihn mit argwöhnischer Unruhe; wenn er sich von ihr entfernt, »steigt das Phantom des bleichen, jungen Weibes, das Spiegelbild der Jungfrau Mutter« vor ihm auf; »das Bild der zügellosen Komödiantin« ist aus seinem Gedächtnis weggewischt. Man kann erraten, daß diese Frau sich unter dem suggestiven Einfluß seines Idoles anders gibt als sie ist; sobald sie aus der Rolle fällt, wird sie für ihn ein Gegenstand des Abscheus und der Verachtung. Er vermag absolut nicht, sich irgend eine klare und zutreffende Vorstellung von ihrer wirklichen Beschaffenheit zu machen; schon allein der Gedanke, daß sie sexueller Regungen fähig sein könnte, bringt ihn außer Rand und Band: »sollte diese kalte und wollüstige Madonna zur Klasse der geborenen Dirnen gehören?« – Es gibt keine Unwürdigkeit, die er ihr, während er mit ihr vereinigt ist, nicht nachsagte; er schäumt vor Bosheit und Tücke wider sie, vergleicht sie mit der Spinne, die ihren Mann auffrißt – und kaum ist er von ihr getrennt, wiederholt sich dasselbe Spiel: »Die Madonna meiner ersten Liebesträume taucht empor, und das geht so weit, daß ich bei einem Zusammentreffen mit einem alten Kollegen von der Journalistik gestehe, daß ich durch ein edles Weib demütiger und reiner geworden bin.«

Alle die unendlich verschiedenen Frauencharakteristiken, die als Aussagen über »das Weib« in der Literatur aller Zeiten niedergelegt sind, sie geben auch Zeugnis für die Mannigfaltigkeit der Idole, welche die männliche Phantasie hervorbringt. Man kann diese Idole nach dem Rangverhältnis gruppieren, das sich in ihnen ausspricht, jenem Rangverhältnis, in das sich der Mann als Person zu dem Weibe als Person setzt. Da das männliche Geschlecht gemäß der äußeren Ordnung der Dinge das erste und herrschende ist, wird gerade das geschlechtliche Rangverhältnis, wie es sich in der Vorstellung des einzelnen Mannes vollzieht, zu einem individuellen Kennzeichen von besonderem Gewicht. Gemäß der äußeren Ordnung der Dinge kann der Mann das Weib nur unter sich stellen. In dieser Ordnung herrscht das Idol der Leibeigenen. Trotzdem spielt in der Kulturgeschichte das Idol, das der Mann über sich stellt, das Idol des »höheren Wesens« oder der Gebieterin, eine nicht zu unterschätzende Rolle, ebenso wie das Idol, das der Mann neben sich stellt, die Gefährtin. In diesen drei Gestalten sind allerdings nur die allgemeinsten Umrisse des Verhältnisses gegeben, aber jenen drei Gruppen entsprechend, in welche sich die Männer nach ihrer Geschlechtsnatur scheiden, und die sich als die herrische, die ritterliche und die kameradschaftliche bezeichnen lassen.

Da der Rang und Wert der einzelnen männlichen und weiblichen Individuen ein völlig relativer ist, könnte jeder Mann, sofern er in der Tat objektiv wäre, unter den Frauen der Wirklichkeit nach Belieben solche finden, die über ihm, wie solche, die neben oder unter ihm stehen. Der gewöhnliche, unbedeutende Mann müßte also am ehesten dazu kommen, das Weib über sich zu stellen; während nur die Männer auf den höchsten Gipfeln der menschlichen Vollendung, wie sie von Frauen bisher nie erreicht worden ist, unbedingt das Weib unter sich erblicken dürften. Aber gerade das Gegenteil ist der Fall. Die niedrigsten und erbärmlichsten Wichte fühlen sich in der Regel dem Weibe überlegen und genießen ihr herrisches Selbstgefühl in brutalen oder boshaften Akten; indes viele der edelsten und vornehmsten Repräsentanten der Männlichkeit das Weib als Gebieterin oder als Gefährtin dachten, also ein Idol über die Wirklichkeit hinaus schufen.

So tief und reich die erotische Seite in einer Persönlichkeit entwickelt ist, so reich und individualisiert wird auch das Phantasiebild sein, das sie von dem anderen Geschlechte hervorzubringen vermag. Eine dürftige, spröde, einseitige Erotik kann weder ein inhaltsvolles noch ein harmonisches Bild des Weibes entwerfen; im besten Fall wird es mit ganz allgemeinen, ganz oberflächlichen Geschlechtsqualitäten ausgestattet sein, im schlimmsten gemein oder nichtig, ohne jede eigene Wesenheit, ein leeres Blatt, auf das erst der Mann seinen Willen schreibt.

Das Bild der Leibeigenen, das subjektive Geschlechtsidol des herrischen Erotikers, ist das älteste, das verbreitetste und vulgärste, es bestimmt auch die Stellung, die dem weiblichen Geschlecht, wenn schon nicht in der Gesellschaft, so doch vor dem Gesetze eingeräumt ist.

Wenn die Leibeigene ihr völliges Gegenteil in der Vorstellung der Gebieterin, dem Idol der ritterlichen Erotik, findet, so vollzieht sich dabei, wie merkwürdig immer diese Umkehrung sein mag, doch an dem Grade der Fremdheit im Verhältnis der Geschlechter keine wesentliche Änderung. Die Vorstellung der weiblichen Schwäche, die bei dem herrischen Mann dominiert, gibt auch für das ritterliche Idol den Ausschlag; nur ist sie hier mit der Vorstellung der sittlichen Überlegenheit des Weibes gepaart, und bewirkt, daß der Herr und Meister zum Diener und Beschützer wird, der sich in freiwilliger Unterordnung gefällt, soweit er sich als Beschützer fühlen kann.

Aber die Vorstellung eines weitgehenden, ja unüberbrückbaren Unterschiedes liegt tief im Wesen des ritterlichen Idoles; es wurzelt in dem Bedürfnis nach Abstand wie das herrische Idol, nur die Richtung, nach welcher es zielt, ist eine andere. Ohne die Bewahrung einer gewissen Entfernung zwischen seinem Träger und der Person, an die es sich heftet, kann es nicht bestehen – weshalb Nietzsche sagte: »Der Zauber und die mächtigste Wirkung der Frauen ist ... eine Wirkung in die Ferne, eine actio in distans; dazu gehört aber, zuerst und vor allem – Distanz.«

Die ruhmvollsten Gestalten, die das ritterliche Idol je angenommen hat, Dantes Beatrice und Petrarcas Laura, verleugnen diese Distanz nicht; wie denn als die eigentliche Domäne des ritterlichen Idoles, das Berührungen mit der Realität am schlechtesten verträgt, die Poesie erscheint: indes der herrische Erotiker, der, bar aller Romantik, seine Vorstellungen aus dem Lehm des täglichen Lebens knetet, sich das Weib ganz für den Hausgebrauch zurechtgemacht hat.

Vielleicht das einzige, das in sich selbst die Bedingungen eines wirklichen Verständnisses, eines wirklichen Naheseins zwischen Mann und Weib enthält, ist das Idol der Gefährtin, die subjektive Vorstellung, daß das Weib nicht über, noch unter dem Mann, sondern neben ihm steht, in einer menschlichen Gemeinschaft, deren sexuelle Differenzierung ebensowenig aus seiner intellektuellen wie aus seiner physischen Überlegenheit entspringt. Dieses Idol wird öfters, und namentlich von den Rigoristen unter den herrischen Erotikern, für eine schwächliche Erfindung des modernen weiblichen Denkens ausgegeben, oder auch für ein Verfallsprodukt, weil es erst seit den Tagen der großen französischen Revolution existiert. In Wahrheit ist es aber von weit älterer Abkunft; einige der herrlichsten Geister des Altertumes, wie Plato und Plutarch, haben es gekannt; und wenn man der Erzählung von Maria und Martha eine symptomatische Bedeutung beimessen darf, so hat auch Jesus den Willen zur geistigen Gemeinsamkeit am Weibe dem Willen zum Dienen vorgezogen: »Maria hat das bessere Teil erwählt, das soll nicht von ihr genommen werden.«

Diese drei Typen treten in Wirklichkeit weder so streng gesondert, noch so deutlich ausgesprochen hervor; auch erschöpfen sie keineswegs die Mannigfaltigkeit der subjektiven Idole. Von anderen Kennzeichen ausgehend, hat Ria Claaßen in einem der geistreichsten und – für jene angemerkt, die dem weiblichen Geiste die Originalität absprechen – eigenartigsten unter den Beiträgen zur Geschlechtspsychologie (Das Frauenphantom des Mannes, Zürcher Diskussionen IV) drei andere Typen gezeichnet, die sich nach ihrer Meinung immer gleich bleiben und zu allen Zeiten wiederholen: das Phantom vom Weibe des Sündenfalls, das Phantom der Jungfrau-Mutter, und als »abscheulichstes Phantom, das je in Menschenhirnen umging«, das des nurgeschlechtlichen Weibes – »bequemstes Objekt für den Sultan Geschlechtstrieb« ...

Die Rachsucht, die Schwärmerei und die platte Gemeinheit, die jeweils den Geschlechtstrieb des Mannes begleiten, sind in diesen drei Gestalten glänzend wiedergegeben; nur die freundlichen, zärtlichen, kameradschaftlichen Vorstellungen, die doch aus dem Verkehr der Geschlechter nicht wegzuleugnen sind, gehen bei Ria Claaßen leer aus. Daher gipfelt ihre Auffassung des Geschlechtsverhältnisses in der düsteren Prognose: »Das Schopenhauer-Strindbergsche Phantom, das Phantom von dem Weibe des Sündenfalls überhaupt, ist wie das älteste, so auch das modernste, das Zukunftsphantom. Denn nicht größtmögliche Intimität der Geschlechter ist die Losung der nächsten Zeit, sondern größtmögliche Fremdheit, wenigstens in ihren höherentwickelten Exemplaren.«

Es ist wahr, die moderne Literatur bietet Anzeichen genug, die darauf schließen lassen, daß die Wahnvorstellungen über das Weib in den Köpfen der herrischen Erotiker nichts von der alten Schärfe des Gegensatzes eingebüßt haben. Sollte aber das Frauenphantom, wie es aus dem Kopfe John Stuart Mills oder Bebels oder Björnsons oder Walt Whitmans hervorging, an sozialer Bedeutung dem Schopenhauer-Strindbergschen nicht gleichkommen? Und er, der vollendetste Repräsentant der erotischen Genialität, Goethe, sollte für kommende Geschlechter nicht mehr vorbildlich sein? Mißverständlicherweise – und vielleicht war es ein williges Mißverstehen, mit dessen Hilfe sich das deutsche Philistertum der Autorität Goethes bemächtigte! – gilt ganz allgemein das Wort: »Dienen lerne beizeiten das Weib«, als das für Goethes Stellung zum weiblichen Geschlecht bezeichnende, während er es doch einem heroischen Mädchen als Ausdruck freiwilliger Selbstbescheidung in den Mund legte – jener Dorothea, an der Humboldt tadelte, daß sie unweiblich genug war, im Augenblick der Gefahr gleich einem Manne zu den Waffen zu greifen. Wie Goethes subjektives Idol aussah, erhellt unzweideutig aus seiner Anschauung: wenn die Frau »ihre übrigen Vorzüge durch Energie erheben kann, entsteht ein Wesen, das sich nicht vollkommener denken läßt... Der Ausspruch ›er soll dein Herr sein‹, ist die Formel einer barbarischen Zeit, die lange vorüber ist; die Männer konnten sich nicht völlig ausbilden, ohne den Frauen gleiche Rechte zuzugestehen«; und seine Werke geben reichlich Zeugnis davon, daß er es verstand, »mit Mannesgefühl die Heldengröße des Weibes« zu tragen.

Und so wäre »das Weib« nur ein Produkt des männlichen Gehirnes, eine ewige Täuschung, ein Schemen, das alle Gestalten annehmen kann, ohne doch jemals eine davon wirklich zu besitzen?

Das Weib als Abstraktion, als Objekt des Denkens existiert nur im Kopfe des denkenden Subjektes und ist so abhängig von diesem, wie es in der Natur des Denkens liegt; das Weib als Individuum besteht für sich, und ist so edel oder so gemein, so begabt oder so dumm, so schwach oder so stark, so gut oder so böse, so ähnlich dem Manne oder ihm so entgegengesetzt, kurz so verschiedenartig, als es in der Natur der menschlichen Gattung liegt. Erstaunlich genug – diese einfache Beobachtung, die tausendfältig durch das Leben wie durch die Darstellung des Lebens bestätigt wird, kann sich nur in den seltensten Fällen gegen die Macht des subjektiven Idoles durchsetzen!

Nichts muß den Frauen so angelegen sein, als gegen die Abstraktion zu kämpfen, in die sie beständig durch das männliche Denken verwandelt werden. Gegen das Weib als Idol müssen sie kämpfen, wenn sie als reale Personen ihr Recht in der Welt erobern wollen. Das bedeutet, aus der Passivität hervorzutreten und das Schweigen über sich zu brechen, selbst auf die Gefahr hin, daß fürs erste wenig Erbauliches dabei herauskommt. Viele Männer halten es für die große Schamlosigkeit der modernen Frauen oder auch für ihre große Torheit, daß sie mit Enthüllungen und Bekenntnissen den Schleier zerreißen, den die männliche Phantasie um sie gewoben hat. Das Schweigen mag seine Vorteile haben; aber alle Vorteile der Welt werden ein Wesen, das sich selbst als Person zu fühlen beginnt, nicht damit aussöhnen, für etwas anderes gehalten zu werden, als es ist.

Und wenn es auch eine Sache der Wesensbeschaffenheit, nicht der besseren Erkenntnis ist, ob Mann und Weib einander als freie Gefährten oder als Herr und Untertan gegenüberstehen, so sollte es eine Sache der besseren Erkenntnis werden, die Macht des subjektiven Idoles in dem Verhältnis von Mann und Weib zu durchschauen und einzugestehen, daß die Subjektivität hier das Unüberwindliche ist.

Perspektiven der Individualität

Auf den Deckengemälden der sixtinischen Kapelle, jenen Offenbarungen einer höchsten Künstlerseele, treten Adam und Eva in die Welt und werden, wie es nach ihrer Natur geschehen mußte, aus dem Paradiese des ursprünglichen Lebens verstoßen. Aber um sie her reihen sich die Gestalten derjenigen, die dem Menschen einen Weg in ein anderes Paradies bahnen wollen, Sibyllen und Propheten, die Verkündiger seiner Zukunft, die Lehrer und Pfadfinder eines erhöhten Lebens. Und neben ihnen in gläubiger Vorbereitung die Vorfahren dessen, der da kommen soll, dieses erhöhte Leben zu verwirklichen, der die tausendjährigen Hoffnungen erfüllen und die unbeirrbare Erwartung krönen wird.

Damit ist die tiefste menschliche Sehnsucht dargestellt, eine Sehnsucht, die in unendlich vielen Formen nach Ausdruck ringt, in den mannigfaltigsten Vorstellungen sich spiegelt, in religiösen und profanen Träumen eine vernehmliche Sprache redet. Sie zieht sich durch die ganze Geistesgeschichte der Menschheit, und sie ist eben so gegenwärtig in den enthusiastisch-ekstatischen Epochen des Denkens wie in den positivistisch-rationalen. Es ist die Sehnsucht nach einem höheren Dasein, nach einem vollendeteren Zustand, in dem das unzulängliche alte Menschentum eine Erhebung und Verklärung finden soll.

Auch die Gegenwart gibt Zeugnis davon. Die religiösen Vorstellungen, welche diese Sehnsucht mit der Verheißung eines jenseitigen Lebens der Seligkeit beschwichtigten, sind von einer evolutionistischen Naturbetrachtung abgelöst worden, die in der Vorstellung einer nach immer wachsender Vollkommenheit zielenden Entwicklungsreihe gipfelt und dem Menschen Anwartschaft auf eine schönere Zukunft gibt, die die Frucht seiner eigenen, durch die unabsehbare Kette der Generationen fortgesetzten Arbeit sein wird.

Den vollendetsten, von religiöser Glut erwärmten Ausdruck hat dieser evolutionistische Gedanke in Nietzsches Zarathustra gefunden, der den Übermenschen zu lehren kommt. Ihm erscheint der Mensch, wie er jetzt ist, als Übergang und Untergang, als ein Pfeil der Sehnsucht nach dem, was er dereinst sein wird, nach der neuen, höheren Form des Seins.

Und so geht auch durch das Problem der Geschlechter als Unterströmung jener Wille nach einer vollendeteren, harmonischeren, der sinnlosen Gewalt des Elementaren entrückten Form des persönlichen Lebens. Denn das Gebiet des Geschlechtes, das den vergänglichen Einzelnen mit dem Unvergänglichen verknüpft, mit der Gattung, deren Glied er ist, es ist auch der Boden, aus welchem alles menschliche Streben nach höheren Daseinszuständen aufsteigt.

Wenn in der Gegenwart das Interesse an diesem Problem – in seinen niedrigsten Äußerungen als ein neugieriges Wühlen in den sexuellen Untiefen, in seinen höchsten als eine unermüdliche Analyse aller Bedingungen, denen das Männliche und das Weibliche für sich und in ihrem Verhältnis zueinander unterstehen – besonders stark vorherrscht, so ist das auch ein Symptom dafür, daß ein zwiespältiger Zustand des Empfindens, in dem eine unangemessene Norm auf neue Elemente stößt, mit Hilfe der Erkenntnis nach einer anderen Ordnung drängt.

Den Untersuchungen über Mann und Weib entspringen zuletzt zwei kardinale Fragen: die Frage nach dem Sinn und Wert der individuellen Entwicklung und die Frage nach dem Ziele, das dieser Entwicklung vorgezeichnet werden kann. Die Freiheit der Individualität, das souveräne Recht des Einzelnen, sich ganz dem Gesetze seines eigenen Innern zu ergeben, schließt zwar allgemeine Bestimmungen im Sinne von Vorschriften aus; aber nicht nur die sozialen Einrichtungen, die auf der Grundlage allgemeiner Bewertungen ruhen, auch der Trieb nach der vollendeteren Daseinsform, der Trieb, in sich ein Höheres zu verwirklichen, der gerade in den vorzüglichsten Individuen am lebendigsten ist, lassen die objektive Bewertung nach dem Geschlechtscharakter auch für den Standpunkt der freien Individualität keineswegs gleichgültig erscheinen.

Es könnte ja sein, daß der männlichste Mann und das weiblichste Weib, wenn auch in Wirklichkeit vielleicht gar nicht die Mehrzahl, doch die vollendetsten Repräsentanten der menschlichen Gattung sind, jene nämlich, deren Vereinigung den beiden Beteiligten die größtmögliche Summe von individuellem Glück verspricht, oder auch jene, die den vollkommensten Gesellschaftszustand garantieren, so daß es eine Aufgabe, ein »Ideal« der menschlichen Sozietät wäre, ihre Heranzüchtung zu fördern und alles, was der Entfaltung dieser Menschen abträglich wäre, also jede Annäherung und Vermischung der psychischen Geschlechtscharaktere, durchaus zu unterdrücken.

Den Ansprüchen auf Gleichheit oder selbst nur Verwandtschaft der Geschlechter in geistigen Dingen steht die Auffassung gegenüber, daß eine scharf ausgeprägte Geschlechtsphysiognomie der Persönlichkeit das Resultat der historischen Menschheitsentwicklung, und die entschiedene Differenzierung der Individuen nach den Endpolen der Männlichkeit und Weiblichkeit eine hohe Kulturstufe bedeute. Kraft dieser Auffassung wäre das Ideal einer »reinen« Menschlichkeit abzulehnen; denn der Mensch existiert in der Realität entweder als Mann oder als Weib und kann sich nur seiner Geschlechtlichkeit gemäß entwickeln. Ein gemeinsames Menschheitsideal, dem das Weib sich nähert, wenn es Eigenschaften vom Manne annimmt, oder gar der Mann, wenn er weibliche Züge an sich ausbildet, gebe es nicht, sondern nur ein Mannesideal und ein Weibesideal, dem der Einzelne je nach seinem Geschlecht nachstreben und von dem er sich nicht wesentlich entfernen dürfe, ohne in seiner persönlichen Tüchtigkeit und Vollkommenheit herabgesetzt zu werden.

Aber »der Mensch« existiert dennoch: wenn schon nicht in der Außenwelt, so doch in der menschlichen Gedankenwelt, als Begriff. Indem man sagt, »der Mensch als Weib« oder »der Mensch als Mann« hat man etwas gesetzt, das weder von der Vorstellung des Weibes, noch des Mannes zu trennen ist – eben das Gemeinsame, das im menschlichen Denken den Gattungscharakter des Menschen bezeichnet.

Diese Idee der Gemeinsamkeit hat, wie sehr auch scheinbar im realen Leben die Geschlechtstrennung dominiert, zu allen Zeiten eine große Bedeutung besessen. Betrachtet man die historische Menschheitsentwicklung daraufhin, so wird man sehen, daß nur die Formulierung des Problemes und seine Zuspitzung auf das Wesen des weiblichen Geschlechtes der Gegenwart angehört, das Problem selbst aber, vornehmlich in religiöse Ideen gekleidet, etwas sehr Altes ist.

Die Vorstellungen über das, was den höheren Menschen ausmacht, was ihn zu einer über das Gewöhnliche hinausführenden Lebensform erhebt, weisen auf eine tief in der menschlichen Natur liegende Neigung hin, die Schranken des Geschlechtes zu durchbrechen. Die Geschlechtstrennung gehört den niedrigen Regionen des Seins an; in den Höhen herrscht die Gemeinsamkeit, die aus der Vereinigung der beiden Lebensformen besteht: diese Anschauung nimmt in dunkleren oder helleren Zügen vielfältig Gestalt an, sobald der menschliche Geist sich mit seinem Verhältnis zur Geschlechtlichkeit beschäftigt.

Eingehüllt in mythische Symbole und Allegorien, in die esoterische Unnahbarkeit der Mysterien, erscheint in der antiken Kultur der Gedanke der Gemeinsamkeit unter der geheimnisvollen religiösen Bedeutung, welche die Hermaphrodisie besaß. Das grob Sinnenfällige der körperlichen Bisexualität, wie es beispielsweise bei den ältesten Darstellungen der cyprischen Aphrodite als eines hermaphroditischen Idoles hervortritt, ist bloß der naive Ausdruck für jene Auffassung, welche die Natur des Göttlichen, die Vollendung, als Vereinigung der Geschlechter in einer Person erblickte. Auch andere griechische Götter zeigen die Spuren dieser Auffassung. Hera erzeugt den Hephästos ohne Mitwirkung des Zeus, um ihre mannweibliche Natur zu offenbaren; Zeus bringt die Athene aus sich selbst hervor und gebiert sie, indem er sie aus seinem Kopf entspringen läßt. Hier ist die Symbolisierung eines geistigen Vorganges als einer Vereinigung männlicher und weiblicher Funktionen ganz deutlich.

Selbst der spiritualisierte Gottesbegriff, dessen Träger das Judentum war, enthält Anklänge an die Vorstellung der Doppelgeschlechtlichkeit. In der hebräischen Kabbala erscheint die »Schwester des Alten« unter dem Namen Schekinah als Teil der göttlichen Trinität. Nach einer gleichfalls der jüdischen Mystik angehörenden Vorstellung ist Gott ein männliches, der heilige Geist ein weibliches Urwesen, aus deren geschlechtlicher Vermischung der Sohn und mit ihm die Welt entstanden. (Feuerbach.)

Diese Auffassung zieht sich bis in das christliche Denken herein: es gibt Anhaltspunkte, daß der heilige Geist, der in der Gestalt der Taube vorgestellt wird, ursprünglich das weibliche Element in der Dreieinigkeit bildete, und unter den frühen christlichen Sekten waren auch solche, die im heiligen Geist eine weibliche Gottheit verehrten; ja noch die Herrenhuter nannten den heiligen Geist die Mutter des Heilands. Nach den herrschenden religiösen Anschauungen ist allerdings das weibliche Element aus der Dreieinigkeit ausgeschieden worden, um in der Gestalt der Muttergottes, der unbefleckten Jungfrau, eine besondere Stellung zu erhalten.

Auch in dieser Gestalt wirkt noch eine alte religiöse Vorstellung fort: die Vorstellung der außergeschlechtlichen oder doch übernatürlichen Zeugung. Danach werden Menschen von besonderer, höherer Bedeutung außerhalb des gewöhnlichen Geschlechtsvorganges geboren, entweder durch ein Herabsteigen der Gottheit unter physischen Bedingungen wie bei den griechischen Heroen, oder von einer jungfräulichen Mutter durch eine bloß spiritualistische Einwirkung des Göttlichen, wie in der Legende von Buddha und von Christus. Denn der Überwinder des gewöhnlichen, geschlechtlich unfreien Menschentumes konnte seinen Ursprung nicht dem verdanken, was den Menschen an das niedrige Leben bindet. In einer späteren Paraphrase findet sich noch bei Paracelsus, der die Geschlechtsteile ein »monstrosisch Zeichen« nennt, der Gedanke, daß die Fortpflanzung des Menschen nach dem ursprünglichen Schöpfungsplan nicht nach »viehischer Weise«, nicht »salnitrisch« geschehen sollte, sondern »iliastrisch«, durch magische Imagination – auf die Weise, wie Gott aus sich die Welt geschaffen hat.

Dieser iliastrische Mensch, der ursprüngliche, gottähnlich vollendete, der Mensch vor dem Sündenfall, wird als ein doppelgeschlechtliches Wesen gedacht. Die jüdische Mystik kennt einen Adam Kadmon, den ersten Adam, den Gott unsterblich und vollkommen als ein mannweibliches Geschöpf in die Welt gesetzt hatte – eine Vorstellung vom Urmenschen, die auch bei der gnostischen Sekte der Ophiten auftritt – um später, zur Strafe seiner Überhebung, die weibliche Hälfte in Gestalt der Eva von ihm loszulösen.

Mit dieser Mythe verwandt ist die bekannte Erzählung des Aristophanes in Platons Gastmahl. Auch hier erscheinen die Menschen in ihrer Urgestalt so geschaffen, daß sie beide Geschlechter in sich vereinigen. In diesem Zustande waren sie so voll Stärke und großer Gedanken, daß Zeus daran gehen mußte, ihre Kraft zu beschränken, weshalb er sie auseinanderschnitt und als Hälften weiterleben ließ. Da nun jeder Mensch nur das Stück von einem ehemaligen Ganzen bildet, suchen noch immer die beiden Teile wieder eins zu werden; und die Liebe ist der Ausdruck für dieses Streben, die ursprüngliche Vollkommenheit der menschlichen Natur wieder herzustellen. Der Gedanke einer solchen vorzeitlichen oder mystischen Verbundenheit, der durch die neuplatonische Philosophie tiefer ausgebildet worden ist, taucht in der Phantasie großer Seelen immer wieder auf, wenn sie lieben. Michelangelo spricht in seinen Sonetten von dem Heimweh, das ihn durch die Augen der geliebten Frau nach dem »Eden, wo wir einst Gespielen waren«, zieht; Goethe sagt in einem Gedicht an Frau von Stein: »Ach, du warst in abgelebten Zeiten meine Schwester oder meine Frau«; und Schiller hat mit der ganzen leidenschaftlichen Gewalt seiner Jugendperiode diesen Gedanken in dem an Laura gerichteten »Geheimnis der Reminiszenz« ausgedrückt: »Waren wir im Strahl erlosch'ner Sonnen schon in Eins zerronnen? Ja wir waren's!... in innig festverbundnem Wesen waren wir ein Gott...

Weine Laura! Dieser Gott ist nimmer; du und ich des Gottes schöne Trümmer –.«

Aber diese Abschweifung in das Gebiet der hohen Liebe, wo das Geschlechtliche mit den edelsten Tendenzen der menschlichen Natur verschmilzt, gehört nicht ganz hierher, wiewohl diese Illusionen symptomatisch für eine bestimmte Art des Geschlechtsempfindens sind, die gemeinsame Quelle auch der Vorstellungen, um welche es sich hier handelt.

Der Zustand der Vollendung als vorzeitliche Einheit der Geschlechter ist nahe verwandt mit der Verwandlung von einem Geschlecht ins andere. Aus der griechischen Welt sind es vor allem zwei überragende Gestalten, die diese Verwandlung durchmachen. Der Seher Tiresias, der Übermensch der Erkenntnis, der an der Grenze zwischen dem Menschlichen und dem Göttlichen steht, verwandelt sich aus einem Mann in ein Weib und nach neun Monaten aus einem Weibe wieder in einen Mann; und bei Herakles, dem Übermenschen der Tat, der den ganzen Kreis menschlicher Aufgaben durchmißt, findet sich der gleiche Gedanke in seinem Verhältnis zu Omphale, wenn auch in einer banalisierten Auslegung.

Auch jene orgiastischen Feste der antiken Kultur gehören hierher, bei welchen Männer und Weiber ihre Kleider vertauschten – eine symbolische Handlung, deren esoterischer Sinn darauf hinweist, daß die Geschlechter einen höheren Zustand des Seins durch Tausch erlangen können. Um in das tiefste Mysterium des Lebens einzudringen, muß der Mann etwas vom Weibe annehmen, er muß über die profane Anschauung hinaus, die auf eine absolute und ungeteilte Entfaltung der Männlichkeit gerichtet ist, den Willen zur Überwindung des Geschlechtes haben.

Der barbarisch energische Ausdruck für diesen Willen ist die Verstümmelung, der sich die Cybelepriester unterzogen; um alles Männliche vollends abzustreifen, mußten sie sich überdies den Bart scheren und Weiberkleider tragen. Eine letzte Spur der Forderung, daß der höhere Mensch selbst in seiner Erscheinung keine Geschlechtsmerkmale an sich haben soll, läßt sich noch in der katholischen Sitte erkennen, die dem Priester eine der weiblichen verwandte Kleidung – den bis an die Sohlen reichenden Talar – und ein bartloses Gesicht vorschreibt. Und wenn der Apostel Paulus von solchen spricht, die sich »um des Himmelreiches willen verstümmeln«, so ist die Anspielung auf jene Riten und ihre Nutzanwendung im Sinne der neuen Lehre unverkennbar.

Was in der antiken Welt hinter den Geheimnissen einzelner Kulte verborgen lag, trat im Christentum als neues Lebensideal Allen zugänglich ans Licht. Und niemals ist die Verleugnung und Unterdrückung des Geschlechtlichen stärker, umfassender, überzeugender gepredigt worden als durch dieses neue Lebensideal. Das paulinische Wort: »Hier ist weder Jude noch Grieche, weder Herr noch Knecht, weder Mann noch Weib, sondern ihr seid allesamt eins in Jesu Christo«, ist die bündigste Formel dafür, daß ein Allgemein-menschliches, jenseits von Rasse, Stand und Geschlecht, das christliche Wesen begründet. In Ansehung ihrer höchsten sittlichen Werte kennt die christliche Weltanschauung, solange sie konsequent bleibt, keinen Unterschied der Geschlechter, weil sie von ihren vollendeten Bekennern ein Hinaussein über alles Geschlechtliche fordert. Innerhalb dieser Weltanschauung haben Männlichkeit und Weiblichkeit als sittliche Werte gar keinen Raum. Oder, wenn man die Auffassung Hartpole Leckys teilen will, daß der Übergang von der antiken Lebensauffassung zur christlichen der Übergang von einem männlichen zu einem weiblichen Lebensideal war, so mußte zum mindesten der Mann alles Spezifische seiner Geschlechtsnatur aufgeben. Die Geschlechtstugenden fehlen in der geistigen Erscheinung der Heiligen gänzlich; beide Geschlechter unterscheiden sich in Wandel und Gesinnung nicht voneinander. Vorzüge spezifisch geschlechtlicher Art gehören dem profanen, also dem niedrigen Leben an; und wenn die christlichen Vorschriften keineswegs immer von dem Standpunkt, daß es in der christlichen Gemeinde »weder Mann noch Weib« gebe, ausgehen, so äußert sich darin nur jener Abstand zwischen Theorie und Praxis, der für alle höheren menschlichen Bestrebungen bezeichnend ist.

Aber auch außerhalb der religiösen Vorstellungen und der asketischen Verneinung der Geschlechtsbestimmung lassen sich Symptome erkennen, die auf ein Streben nach Gemeinsamkeit jenseits des Geschlechtes deuten. Hatte das Christentum die Menschheit auf eine höhere Stufe zu heben gesucht, indem es weibliche Züge in der männlichen Psyche erweckte, so stellte die Renaissance, in der so viele antike Elemente wieder aufleben, einen männlichen Typus als den vorbildlichen auch für das Weib hin. Die Annäherung an die geistigen Vorzüge der Männlichkeit galt als eine Auszeichnung des Weibes: »Die Frau von Stande mußte damals ganz wie der Mann nach einer abgeschlossenen, in jeder Hinsicht vollendeten Persönlichkeit streben. Derselbe Hergang in Geist und Herz, der den Mann vollkommen machte, sollte auch das Weib vollkommen machen ... Man braucht nur die völlig männliche Haltung der meisten Weiber in den Heldengedichten, zumal bei Bojardo und Ariosto, zu beachten, um zu wissen, daß es sich hier um ein bestimmtes Ideal handelt.« (Burckhardt, Kultur der Renaissance.) Und es wird als das edelste Bündnis zwischen Mann und Weib gefeiert, »wenn beider Herz derselbe Geist durchglüht, in beider Leib dieselbe Seele blüht, um beiden aufwärts gleichen Schwung zu leihen, ... und eins zum Herrn das andere sich erkor«.

Diese Worte stammen von dem prophetisch hohen Geist, der jenen Jesus-Apollo geschaffen hat, den Gott einer neuen Weltordnung, welcher in seiner übermenschlichen Erscheinung eine Synthese zweier großer Kulturepochen bildet. Aber nicht »zur rechten Hand Gottes«, wie es die christliche Tradition will, hat Michelangelo seinen Messias dargestellt, um ihn mit unsterblicher Richtergebärde unter den Menschen wählen und verwerfen zu lassen – an seiner Seite erscheint das Weib, in wissender Gnade über Erwählte und Verworfene sich neigend.

Wie das christliche Ideal ist auch das Renaissanceideal nur in den Höhen der Menschlichkeit, von besonderen Einzelnen, verwirklicht worden. Wer jedoch die Spuren dieses Ideals in den literarischen Dokumenten verfolgt, wird sehen, daß es nicht verloren gegangen ist.

Auffallend tritt es in jener Blütezeit des geistigen Lebens an der Wende des 18. bis zur Mitte des 19. Jahrhunderts wieder hervor. Unter den Aussprüchen Goethes gibt es zahlreiche, denen die Idee der Gemeinsamkeit zugrunde liegt. Man braucht nur an das zu erinnern, was er über das Weib im allgemeinen sagt: daß es gewinne, wenn es etwas vom Mann annehme; »denn wenn es seine übrigen Vorzüge durch Energie erheben kann, so entsteht ein Wesen, das sich nicht vollkommener denken läßt«, oder an die Worte, die er »an Julien« richtet: »Seligen Erfolg zu schauen, einigest zu Manneskräften Liebenswürdiges der Frauen«, und nicht zuletzt an jenes esoterisch-vieldeutige und daher so wenig verstandene: »Das Ewig-weibliche zieht uns hinan.«

Ja in der Konzeption der Mignon, über die Goethe – in den Gesprächen mit dem Kanzler von Müller – selbst sagt, daß der ganze Roman dieses Charakters wegen geschrieben sei, und daß hinter den vorgeschobenen Personen durchaus etwas Allgemeines, Höheres verborgen liege, ist die künstlerische Absicht unverkennbar, ein Wesen darzustellen, dessen Seele das Geschlecht nicht erträgt. Der hohe poetische Zauber, der diese Gestalt umgibt, gehört halb dem Kinde, dem ungeschlechtlichen Wesen der Realität, und halb dem Engel, dem ungeschlechtlichen Wesen der Imagination: »So laßt mich scheinen, bis ich werde ... und jene himmlischen Gestalten, sie fragen nicht nach Mann und Weib.«

Der Mignon verwandt, aber mit der noch deutlicher hervortretenden Absicht, an einer das gewöhnliche Maß der Sterblichen überragenden Person die mystische Vereinigung des Männlichen und Weiblichen zu zeigen, erscheint Balzacs Seraphita – ein Wesen von höchster geistiger Abkunft, das für die Augen des liebenden Mädchens ein vollendeter Mann, für die Augen des liebenden Mannes ein vollendetes Weib ist. Eine besondere persönliche Bedeutung erhält diese Erfindung dadurch, daß Balzac, wie er in der Widmung hervorhebt, auf Wunsch der von ihm geliebten Frau diese Gestalt – »par vous rêvée, comme elle le fut par moi dès l'enfance« – geschaffen hat.

Die Menschen dieser Epoche haben über den Geschlechtsgegensatz freier und tiefer gedacht, als die Menschen der Gegenwart. Chateaubriand legt in seinen Memoiren das bei Männern höchst seltene Bekenntnis ab, daß er, hätte er sich selbst erschaffen können, aus Vorliebe für die Frauen sich zum Weib gemacht hätte; und Gentz hat in einem Briefe an Rahel Varnhagen unumwunden geschrieben: »Wissen Sie, Liebe, warum unser Verhältnis so groß und so vollkommen geworden ist? Ich will es Ihnen sagen: Sie sind ein unendlich produzierendes, ich bin ein unendlich empfangendes Wesen – Sie sind ein großer Mann, ich bin das erste aller Weiber, die je gelebt haben.«

Wie ein Kommentar zu jener berühmten Schlußstelle im Faust klingt, was Daumer in seiner »Religion des neuen Weltalters« sagt: »Hingebung des Menschlichen an das Natürliche, des Männlichen an das Weibliche ist... die höchste, ja einzige Tugend und Frömmigkeit, die es gibt.« Ähnliche Gedanken äußert Schleiermacher in seinen »Vertrauten Briefen« über Schlegels Lucinde, wenn er davon spricht, daß nun »die wahre himmlische Venus entdeckt ist... Eins mit dem tiefsten und heiligsten Gefühl, mit der Verschmelzung und Vereinigung der Hälften der Menschheit zu einem mystischen Ganzen. Wer nicht so in das Innere der Gottheit und der Menschheit hineinschauen und die Mysterien dieser Religion nicht fassen kann, der ist nicht würdig, ein Bürger der neuen Welt zu sein«.

In diesem Sinne ist auch sein »Katechismus der Vernunft für edle Frauen« verfaßt, wo es heißt: »Ich glaube an die unendliche Menschheit, die da war, ehe sie die Hülle der Männlichkeit und Weiblichkeit annahm ... Ich glaube an die Macht des Willens und der Bildung, mich dem Unendlichen wieder zu nähern ... und mich von den Schranken des Geschlechts unabhängig zu machen.«

Die Lucinde selbst, »dieses ernste, würdige und tugendhafte Werk«, wie Schleiermacher sagt, enthält Stellen, in denen die Aufhebung des Geschlechtsgegensatzes als das Höchste gepriesen wird. So nennt Friedrich Schlegel das Vertauschen der Rollen im Spiel der Liebe, »eine wunderbar sinnreich bedeutende Allegorie auf die Vollendung des Männlichen und Weiblichen zur vollen ganzen Menschheit«. Und indem er »das bleibende Gefühl harmonischer Wärme« als höchsten Grad der Liebe bezeichnet, erklärt er: »Welcher Jüngling das hat, der liebt nicht mehr bloß wie ein Mann, sondern zugleich auch wie ein Weib. In ihm ist die Menschheit vollendet, und er hat den Gipfel des Lebens erstiegen.«

Allein nicht nur durch die Liebe, die auf eine Wesensverschmelzung, auf einen »Tausch der Seelen« ausgeht – durch das bloße Überwiegen der Intellektualität, wie es das Leben in den Regionen der hohen Kultur mit sich bringt, kommt ein hermaphroditischer Zug in die menschliche Persönlichkeit. Nach der Schopenhauerschen Weltinterpretation, nach welcher der Wille das primäre oder männliche, der Intellekt das sekundäre oder weibliche Prinzip darstellt, wäre der Mensch schon durch die Vereinigung dieser Prinzipien in einem Individuum als geistige Erscheinung ein mannweibliches Wesen – eine Konsequenz, die Schopenhauer allerdings nicht gezogen hat. Aber auch ohne diese metaphysisch-willkürliche Bezeichnung der menschlichen Grundtriebe nach Geschlechtsanalogien: das kontemplative Element, das die Beschäftigung mit geistigen Dingen mit sich bringt, nähert den Mann dem weiblichen Wesen. Nietzsche, der im übrigen ein Anwalt der extremen Geschlechtsdifferenzierung ist, verweist wiederholt auf die Verwandtschaft mit dem Weibe, in die der Mann durch die geistige Schwangerschaft gerät, und er liebt diesen Vergleich so sehr, daß er ihn in mehrfachen Varianten angewendet hat.

Daß der geniale Mann nicht die psychischen Züge der extremen Geschlechtsdifferenzierung trägt, sondern in vielen Stücken sich dem weiblichen und selbst dem kindlichen Wesen nähert, ist eine bekannte Beobachtung. Vielleicht liegt der Grund in der stärkeren Irritabilität – die als Eigentümlichkeit des weiblichen Geschlechtes gilt – vermöge welcher das Genie auf Eindrücke von außen rascher und heftiger reagiert, als es der männlichen Durchschnittskonstitution entspricht. Die Heftigkeit dieser äußeren Eindrücke im Verein mit der Intensität innerer Impulse erzeugt auch jenen labilen Gemütszustand, der sich in einem unhemmbaren Stimmungswechsel ohne zureichende Motive äußert, wie er gleichfalls als Eigentümlichkeit des weiblichen Geschlechtes beobachtet wird. Die bekannteste Folgeerscheinung der weiblichen Irritabilität endlich, die Neigung zum Weinen, teilen die genialen Menschen ebenfalls; und es ist bekannt, wie leicht beispielsweise Goethe in Tränen ausbrach. Goethe war es auch, der sich zu einer Eigenschaft spezifisch weiblicher Art bekannte: der Rezeptivität, das heißt der Fähigkeit, Fremdes lebendig in sich aufzunehmen. Ohne eine das gewöhnliche Maß überragende Rezeptivität kann das Genie so wenig bestehen wie ohne eine erhöhte Produktivität, die man als seine wesentlichste Eigenschaft zu betrachten gewohnt ist. Nicht als eine Steigerung der spezifisch männlichen Natur ist das Genie zu begreifen, sondern als eine Ausdehnung über die Grenzen der einseitigen Geschlechtsdifferenzierung, als eine Synthese der männlichen und weiblichen Natur – was sich auch darin offenbart, daß geniale Frauen gleichfalls nicht die extreme Geschlechtsdifferenzierung zeigen, sondern eher männliche Wesenszüge.

Auch in dem Verhältnis des bewußten Lebens zum Unbewußten erscheint das Genie als Synthese. Ricarda Huch spricht in ihrem Buche über die Blütezeit der Romantik davon, indem sie den unbewußt handelnden Menschen den männlichen Typus nennt, den erkennenden, dessen Triebe, weil sie ins Bewußtsein treten, sich nicht in Handlung umsetzen können, den artistischen oder weiblichen, den Typus aber, der diese beiden vereinigt, den mannweiblichen, welchen das Genie trägt. Was sie im Anschluß an diese Ausführung unter dem »harmonischen Zukunftsmenschen« versteht, ist daher auch eine mannweibliche Erscheinung.

Das hervorragendste Beispiel dafür, wie deutlich die geistige Produktivität in der Vorstellung des genialen Menschen den Charakter der Hermaphrodisie annehmen kann, gibt Richard Wagner dort, wo er das Verhältnis von Dichtkunst und Musik zueinander darstellt. Ihm, der in seiner Person den Dichter und den Musiker vereinigte, erschien das Komponieren als eine weibliche Funktion. »Die Musik ist ein Weib«, das sich durch das männliche Wort befruchten lassen muß, um zu gebären – diesen Gedanken hat Wagner mit Kühnheit und Tiefe in »Oper und Drama« durchgeführt. Von welchen Vorstellungen über das Spezifisch-Geschlechtliche er dabei ausging, zeigen Aussprüche wie: »Nur als höchstes Liebesverlangen ist das Weibliche zu fassen, offenbare es sich nun im Manne oder im Weibe«, oder: »Das, wodurch der Verstand dem Gefühle verwandt ist, ist das Reinmenschliche, das, was das Wesen der menschlichen Gattung als solcher ausmacht. An diesem Reinmenschlichen nährt sich das Männliche wie das Weibliche, das durch die Liebe verbunden erst Mensch wird.« Daher brauchte er nicht anzustehen, den Vorzug Mozarts im Don Juan darauf zurückzuführen, daß hier »der Musiker der Natur seiner Kunst nach nicht im mindesten etwas anderes war, als unbedingt liebendes Weib«, und die Größe Beethovens darin zu suchen, daß er, der in seinem Hauptwerke die Notwendigkeit fühlte, sich an den Dichter zu wenden, »ein ganzer, das heißt gemeinsamer, den geschlechtlichen Bedingungen des Männlichen und Weiblichen unterworfener Mensch« geworden war.

Nicht die objektive Bedeutung dieser Aussprüche in musiktheoretischer Hinsicht kommt hier in Betracht, sondern ihre subjektive und symptomatische, die Auffassung, nach welcher der vollendete Mensch geistig den Bedingungen des Männlichen und des Weiblichen unterworfen ist. Auch Emerson drückt diese Auffassung aus, indem er sagt: »Im Gehirn finden sich sowohl männliche als weibliche Eigenschaften ... Tatsächlich wechseln wir in der geistigen Welt in jedem Augenblick das Geschlecht.« Er kommentiert damit Ideen Swedenborgs, jenes geheimnisvollen und schwer zugänglichen Geistes, unter dessen Einfluß Balzac seinen Roman Seraphita geschrieben, und Strindberg – im übrigen eine Natur von höchst einseitiger

Sexualität – sich zu der Äußerung erhoben hat: »Ein Kind lieben, heißt für einen Mann zum Weibe werden, das Männliche ablegen und mit der geschlechtslosen Liebe der Himmlischen lieben, wie es Swedenborg nennt.«

Es wäre ein grobes Mißverständnis, diese Vorstellungen, von denen hier nur eine zufällige und unvollkommene Auslese gegeben ist, etwa bloß als die Anzeichen einer pathologischen Abweichung von der normalen Geschlechtlichkeit auszulegen. Sind es doch Äußerungen, die in die höchsten Regionen der Geistigkeit führen, die von ihren vornehmsten und edelsten Repräsentanten ausgehen, die in den Blütezeiten der Kultur stärker hervortreten als in den Niedergangszeiten. Was hier angeführt ist, bezieht sich ausschließlich auf geistige Zustände, die sich darin unmittelbar oder in symbolischer Form spiegeln. Nicht irgend eine latente Bisexualität in der körperlichen Beschaffenheit ist dahinter zu suchen. In dem Bereiche der Physis, darüber kann es keinen Zweifel geben, bedeutet die Entwicklung zur »homologen Monosexualität«, zur unbedingten Geschlechtstrennung der Individuen, das wünschenswerteste Ziel. Jede Abweichung von der physiologischen Norm macht das Individuum zu einem unvollkommenen Wesen; die körperliche Zwitterhaftigkeit ist widerwärtig, weil sie eine Unzulänglichkeit, eine unterbrochene und mißglückte Bildung darstellt. Dem Körper nach ein ganzer Mann oder ein ganzes Weib zu sein, gehört ebenso zu den Eigenschaften des schönen und gesunden Menschen wie eine intakte Korporisation nach jeder anderen Richtung. Allerdings behält auch im Physischen, in der formalen Erscheinung, der Umstand seine Bedeutung, daß die beiden Geschlechter sich ontogenetisch aus einer gemeinsamen hermaphroditischen Urform entwickeln, deren Spuren in der späteren Differenzierung nicht ganz verschwinden dürfen. Und nach der neuesten biologischen Theorie gewinnt es überdies den Anschein, daß alle höher organisierten Lebewesen die Merkmale beider Geschlechter dauernd in sich vereinigen.

Wenn es ein Vorzug des modernen Denkens ist, daß es in der naturwissenschaftlichen Beleuchtung aller Probleme abseits von moralischen Standpunkten auch die geistigen Phänomene als Naturprozeß anzuschauen vermag, so ist es doch zugleich sein großer Mangel, daß es für diese Phänomene keinen anderen Vergleichswert hat, als das Mehrzahlsmäßige, das Gewöhnliche. Was die naturwissenschaftliche Auffassung gemeinhin als das Normale hinstellt, ist das Durchschnittliche, und sie erblickt in jedem Abweichen von dieser Norm schon ein Symptom der Krankhaftigkeit und der Entartung. Diese Verwechslung des Normalen als des Gewöhnlichen mit dem Normalen im Sinne des der Gattung und ihren höchsten Manifestationen Angemessenen ist schuld, daß der naturwissenschaftlichen Auffassung ein rechter Maßstab für das Große und Außergewöhnliche in der menschlichen Natur fehlt. Da sie den Durchschnittsmenschen zum ausschließlichen Typus des Gesunden erhebt, muß sie den über das Durchschnittliche hinausragenden Menschen notwendigerweise als Abnormität erklären. Daß gerade in ihm die Anzeichen und Vorboten einer Höherentwicklung gegeben sind, auf welche die evolutionistische Naturbetrachtung den höchsten Wert legen müßte, und daß diese Anzeichen nicht als pathologisch angesehen werden dürfen, weil das Genie eine erhöhte funktionelle Qualität darstellt, während pathologische Vorgänge die Funktion in ihrer Qualität herabmindern, bleibt auf diesem Wege unberücksichtigt.

Dadurch kommt eine philiströse Verflachung und Verödung in das geistige Leben. Das Hohe und Vorbildliche wird um seine soziale Funktion gebracht, und das gemeine Alltägliche auf einen Platz gestellt, auf den es nicht hingehört. In der abschreckend »durchschnittlich« gewordenen Kultur der Gegenwart dominiert der mit den Hilfsmitteln einer abstrakten Verstandesbildung ausgerüstete Durchschnittsmensch, der sich selbst als Muster betrachtet. Aber das Maß von Phantasie oder Impulsivität oder Verinnerlichung oder irgend einer anderen die Individualität bestimmenden Eigenschaft, das heute als das Normale gelten kann, ist nicht vor hundert Jahren das gleiche gewesen und wird es möglicherweise schon in der nächsten Generation nicht mehr sein.

Will man das menschliche Denken als einen Naturprozeß betrachten, so kann man auch die Anschauungen über das Wesen der Geschlechtlichkeit nur als Symptome für wirkende Kräfte der Gattung auffassen. Die Verschiedenheit dieser Anschauungen, die sich als stereotype wiederholen und die Individuen beiderlei Geschlechtes nach Gruppen gliedern, deuten darauf, daß bei der Entwicklung des Menschen zwei einander entgegengesetzte Tendenzen wirksam sind – die eine auf Bewahrung des allgemeinen Gattungscharakters gerichtet, die andere auf die teleologische Differenzierung nach dem Geschlecht. Die eine strebt nach einem Menschheitstypus jenseits von Mann und Weib, indem sie die gemeinsamen Merkmale der Gattung in beiden Geschlechtern bestärkt; diese bewegt sich nach den Extremen der Geschlechtlichkeit und fördert die Differenzierung zugunsten der Fortpflanzung und Vererbung.

Auch in diesen beiden Tendenzen treten jene einander entgegenwirkenden Grundkräfte hervor, die in der ganzen Natur das Gleichgewicht erhalten. Die Individuen, in denen die zentripetale Tendenz der Gattung überwiegt, sind geneigt, die Ideen der Gemeinsamkeit an die oberste Stelle zu setzen und die Eigentümlichkeiten der geschlechtlichen Differenzierung im menschlichen Seelenleben für untergeordnete, nebensächliche zu betrachten oder auch schlechtweg zu leugnen, während die Individuen mit zentrifugaler Tendenz den geschlechtlichen Gegensatz für einen Kardinalpunkt der sittlichen Entwicklung halten und jede Annäherung an einen gemeinsamen Menschheitstypus als Verirrung oder Entartung verwerfen.

Vom Standpunkte der reinen Betrachtung erscheint jede Richtung berechtigt und der Kampf zwischen beiden als eine Bedingung der Entwicklung. Sobald jedoch der Einzelne nicht bloß »Subjekt des reinen Erkennens« ist, sondern als eine bestimmte Individualität handelt und urteilt, muß er seine Rolle in diesem Naturprozeß nach den Konsequenzen seiner elementaren Beschaffenheit durchführen. Weiter als bis zur theoretischen Anerkennung der Naturnotwendigkeit kann seine Gerechtigkeit nicht dringen; und wenn er auch einräumt, daß es hier nur subjektive Perspektiven gibt, so bleibt er doch gezwungen, das Leben nach den Linien seiner eigenen subjektiven Perspektive zu sehen.

Deshalb werden auch die Vorstellungen über das, was eine fortschreitende Entwicklung an den beiden Geschlechtern zu vollbringen hätte, bei den Einzelnen weit auseinander gehen. Die Einflüsse der Kultur, die vor allem eine gesteigerte Mannigfaltigkeit des Einzellebens, eine höhere individuelle Differenzierung bewirken, schließen gleicherweise die Möglichkeit der Entwicklung nach den Endpolen der Geschlechtlichkeit in sich, wie eine Annäherung an die Gemeinsamkeit. Je nach ihrer individuellen Beschaffenheit sind die Kulturmenschen geschlechtlich viel weiter voneinander entfernt oder auch viel mehr einander angenähert als es bei den Naturvölkern der Fall ist. Somit lassen sich Anhaltspunkte ebensowohl dafür erbringen, daß das Resultat der historischen Menschheitsentwicklung die Differenzierung nach den Extremen der Geschlechtlichkeit, wie daß dieses Resultat die Annäherung an einen gemeinsamen Menschheitstypus sei.

Wenn in der geistigen Bewegung der Gegenwart diese beiden Tendenzen stärker als je hervortreten, so ist der Grund vielleicht eine Gleichgewichtsstörung in dem Verhältnis der Geschlechter, die durch ein zeitweiliges Übergewicht der zentrifugalen Tendenz herbeigeführt wurde. Die Gefahr dieser Gleichgewichtsstörung besteht in der Hypertrophierung der Intellektualität auf der einen Seite und in der Hypertrophierung des Gemütslebens auf der anderen, vermöge welcher der Gegensatz der Geschlechter bis zu einem unnatürlichen Grade gesteigert, das heißt, die Anziehung der Geschlechter durch einen allzugroßen Abstand, durch Aufhebung der unerläßlichsten Gemeinsamkeit erschwert oder vereitelt wird.

Versucht man, die Individualitäten nach ihrer psychosexuellen Beschaffenheit und nach dem Verhältnis zu bezeichnen, in welchem jene entgegengesetzten Grundtriebe bei ihnen zur Erscheinung kommen, so ergeben sich drei Typen, zugleich die

Träger dreier verschiedener Ideale, die der Mensch sich über seine Stellung zur geschlechtlichen Differenzierung schafft.

Der häufigste und allgemeinste Typus, derjenige, welcher der Physiognomie der Mehrzahl ihre Signatur verleiht, ist der akratische Mensch, das ungemischte, einseitig entwickelte Geschlechtswesen, dessen ganze Persönlichkeit durch die teleologischen Geschlechtseigenschaften bestimmt wird. Alle die sattsam bekannten Aussagen über das, was der »ganze Mann« und das »echte Weib« sein soll, gehen von den akratischen Menschen aus; in diesen vorbildlichen Typen, die nichts anderes bedeuten als den männlichsten Mann und das weiblichste Weib, findet die zentrifugale Geschlechtlichkeit ihren stärksten Ausdruck. An den Extremen wird die akratische Wesensart zur gewalttätigen, sinnlich-unbändigen, herrischen Männlichkeit und zur schwachen, nichtigen, passiven, oder auch listigen, buhlerischen, verlogenen Weiblichkeit – Formen der Geschlechtsdifferenzierung, die einander bedingen und einander ebenbürtig sind.

Wie der akratische Mensch völlig der alltäglichen Realität des Lebens angehört, so ist der höchste Typus der zentripetalen Geschlechtlichkeit, der iliastrische Mensch, ganz und gar Bürger einer anderen Welt, allem Irdischen entfremdet, ein Überwinder des Geschlechtes und durch diese Überwindung mit höheren, mit »übersinnlichen« Kräften ausgerüstet. Als vollendetster Repräsentant des iliastrischen Menschentumes innerhalb der abendländischen Kultur erscheint der christliche Heilige, aus dessen geistig-sittlicher Erscheinung die geschlechtliche Differenzierung völlig ausgelöscht ist.

Das Hinaussein über das Geschlecht hat während des größten Teiles der menschlichen Geistesgeschichte als unerläßlich zur Erreichung eines höheren Daseinszustandes gegolten: in dem priesterlichen Lebensideal schon der antiken Kultur, in der indischen Yogalehre, in dem Ideenkreis, aus dem die Gralsritterschaft ihren Ursprung genommen hat; und besonders ist es das Christentum und der Buddhismus, die von dem Gedanken des iliastrischen, des ungeschlechtlichen Menschentumes als der Vorstufe des Himmelreiches oder des Nirvana ausgehen – jener Welt, die im Gegensatze zu der Welt der Zeugung, in der die zentrifugale Kraft der Bewegung als ein ewiger Kampf wütet, eine Welt des Friedens, der in sich ruhenden Vollendung sein soll.

Welche Bedeutung man diesem äußersten Ausdruck der zentripetalen Tendenz beilegen will, hängt in letzter Linie von religiösen Gefühlen oder zum mindesten von der Weltanschauung ab, zu der man sich bekennt. Es mag dahingestellt bleiben, ob die Sehnsucht nach einer anderen, vollendeteren Lebensform, als es die an die Geschlechtlichkeit gebundene sein kann, die Sehnsucht nach der allumfassenden Einheit, nach dem Insichruhenden, bloß das Symptom einer Willenserkrankung ist, oder die Offenbarung eines höheren, über die vulgäre Empfindungswelt hinausführenden Prinzips. Wo aber diese Sehnsucht in Gestalt einer lebensfeindlichen Askese auftritt, einer Verneinung des Lebens, deren erstes Gebot die »Ertötung des Fleisches«, und vornehmlich des Geschlechtes ist, muß sie einer Weltanschauung verwerflich erscheinen, die den Sinn des Lebens in das Diesseits verlegt und die Spekulation über die Möglichkeit einer jenseitigen Welt ausschließt. Denn alles, was seine Wurzeln nur in Bedingungen hat, die mit dem diesseitigen Leben unvereinbar sind, verliert unter den Perspektiven dieser Weltanschauung seine Rechtfertigung.

Und so kann auch diese Weltanschauung den höheren Menschen nicht mehr ganz über das Geschlecht hinausführen, weil er nicht mehr die Vorstufe für eine metaphysische, von der Geschlechtlichkeit entbundene Existenz darstellen soll, sondern nur die Vollendung dessen, was der Menschheit als einer der Erde mit Leib und Seele angehörigen Lebensform erreichbar ist. Der Repräsentant eines höheren Menschentums im monistischen Sinne wird jener sein, mit dessen psychophysischer Konstitution die Möglichkeit gegeben ist, die Schranken des Geschlechtes zu überschreiten, und eine Steigerung und Erhöhung des innerlichen Verhältnisses zwischen den Geschlechtern herbeizuführen – der Mensch der Gemeinsamkeit, der

»den Bedingungen des Männlichen und des Weiblichen unterworfene Mensch«, der synthetische.

Nicht die extreme, sondern eine temperierte Geschlechtlichkeit ist die günstigste Bedingung für die harmonische Entwicklung der Persönlichkeit. Temperierung – das heißt das in der einzelnen Persönlichkeit selbst hergestellte Gleichgewicht der beiden entgegengesetzten Entwicklungstendenzen, der zentrifugalen, die aus jedem Individuum ein geschlechtlich differenziertes Wesen macht, und der zentripetalen, die in ihm die gemeinsamen Züge der Gattung festhält. Alle Kultureinflüsse, welche die beiden Geschlechter einander nähern und einen Austausch zwischen ihnen ermöglichen, fördern diese Temperierung; sie begünstigen die synthetische Wesensart und das Lebensideal, das aus ihr entspringt.

Der Maßstab seines Wertes als psychosexuelle Individualität, den jeder in sich selbst trägt, ist freilich, soweit sein persönliches Schicksal dabei in Betracht kommt, ein ganz relativer. Denn nur in Beziehung zu einem ihm adäquaten Individuum des anderen Geschlechtes kann die Wesensart des Einzelnen nach dieser Richtung bewertet werden. Bei dem persönlichen Verhältnis, wie es sich aus der Beschaffenheit der beiden Beteiligten mit innerer Notwendigkeit gestaltet, hat das Plus oder Minus an Männlichkeit oder Weiblichkeit viel weniger in Ansehung des Glückes zu sagen, das aus dieser Verbindung hervorgeht, als die Äquivalente, welche die beiden einander zu bieten vermögen. Nicht nach dem Gehalt an Männlichkeit oder Weiblichkeit sollte man daher das einzelne Individuum bewerten, sondern nach den Äquivalenten, die es in seiner Wesensart besitzt.

Auch das Geschlechtsverhältnis der akratischen Menschen untereinander kann subjektiv von hohen Glücksgefühlen begleitet sein. Der Mann, der die Äquivalente seiner herrischen Geschlechtsnatur besitzt, wird dem unterordnungsbedürftigen und unselbständigen Weibe, das auf ihn verwiesen ist, soviel Glück gewähren, als die individuelle Beschaffenheit solcher Menschen überhaupt zuläßt, wenn er kraft seines Herrentums vermag, der Beschützer, der Erhalter und Verteidiger zu sein. Nicht die Einseitigkeit der Geschlechtsdifferenzierung an sich bildet in erster Linie die Quelle von Glück oder Unglück für das Individuum; was Unglück bringt, ist der Mangel der Äquivalente, an dem die dyskratischen Naturen leiden, jene, in welchen sich die Synthese nur unvollständig vollzogen hat, so daß sie zum Teil die Tendenzen der akratischen Wesenheit, zum Teil die der synthetischen haben. Eine Frau, die für das Leben der freien Persönlichkeit geschaffen ist, während sie durch ihre erotische Disposition zur Unterordnung und Unfreiheit getrieben wird, sobald sie liebt, oder ein Mann, der als sexueller Machthaber gegenüber dem Weibe auftreten muß, ohne doch über die persönliche Kraftfülle zu verfügen, die auch außerhalb der sexuellen Sphäre Macht verleiht – sie werden eben durch die Dyskrasie ihrer Wesensbeschaffenheit unfähig, sich in ein harmonisches Verhältnis zu Individuen des anderen Geschlechtes zu setzen, in einer sexuellen Verbindung das Gleichgewicht zu finden.

Losgelöst von der Eigenart lassen sich die Vorstellungen über Glück nicht bewerten aber objektiv betrachtet, gehört die Bereicherung und Erweiterung des individuellen Lebens, die aus dem Verschmelzungsprozeß zwischen zwei Menschen verschiedenen Geschlechtes hervorgeht, zu den wertvollsten Gütern. Und der synthetische Mensch ist in diesem Punkte dem akratischen ungefähr so überlegen wie der sehende dem blinden, wenn auch dieser subjektiv den Mangel dessen, was jener vor ihm voraus hat, nicht empfinden und unter Umständen sogar ein zufriedeneres Leben führen mag.

Das Glück der Liebesgemeinschaft, wie die synthetischen Menschen es verstehen, ist ein ganz anderes als das der akratischen. Man horche nur einmal hin, was die Männlichsten und die Weiblichsten voneinander halten, oder was sie sich unter der Liebe vorstellen! Sie sind es nicht, die eine völlige Übereinstimmung, eine Hingebung ohne Schranken, ein gegenseitiges unbedingtes Vertrauen, kurz jenes Verhältnis erstreben, das in der abendländischen Geisteskultur den Rang eines hohen sittlichen Ideales gewonnen hat. Der Typus des Geschlechtsverhältnisses, den zum Beispiel Carpenter in seinem Buche Love‘s Coming of age, das ganz von dem Geiste des synthetischen Menschentumes erfüllt ist, als den vorbildlichen zeichnet, ist mit der Empfindungsweise des akratischen Menschen nicht vereinbar.

Was die Auszeichnung der synthetischen Menschen bildet, ist das Hinaussehen über die Schranken des Geschlechtes, die Fähigkeit, das Bindende, das die Geschlechtlichkeit mit sich bringt, abzustreifen, um in der Idee des Menschlichen das Gebiet der Gemeinsamkeit zu erreichen. Je größer dieses Gebiet, desto leichter wird der Verschmelzungsprozeß sich vollziehen, desto umfassender, desto vollendeter wird er sein. Da für die synthetischen Menschen das Geschlecht nicht eine völlige Wesensscheidung bedeutet, sondern nur eine andere Form des Seins, vermögen sie es, alles, was dem Wesen angehört, jenseits des Geschlechtes als ein Gemeinsames in sich zu erleben. Damit erheben sie sich zu einer Universalität des Empfindens, die den akratischen Menschen versagt bleibt. Aus ihrer Natur selbst entspringt ein Element der Freiheit; und so geschieht es, daß Individuen von keineswegs überragenden Geistesgaben frei und verständnisvoll über das andere Geschlecht denken, indes die freiesten Geister, wenn sie keine synthetischen Naturen sind, mit ihrer Erkenntnis die Grenzen ihrer Sexualität nicht zu durchbrechen vermögen.

Jene Wesensart, welche das äußerste Extrem der Geschlechtsdifferenzierung darstellt und für den Mann in jeder Lebensäußerung absolute Aktivität, für das Weib absolute Passivität bedeutet – abgesehen davon, daß sie eine bloße Konstruktion und in Wirklichkeit kaum anzutreffen ist – würde ihre Träger von jedem Verständnis für das andere Geschlecht ausschließen und bei der sexuellen Verbindung eine seelische Gemeinschaft unmöglich machen. Man kann schlechtweg behaupten: ein Mann versteht nur soviel vom Weibe, als er selbst vom Weibe in sich hat, wie umgekehrt eine Frau nur soviel vom Manne versteht, als sie selbst vom Manne in sich hat. Damit sind hier, wie immer im esoterischen Sinn, unter Mann und Weib Symbole für Kräfte gemeint, die in dem Seelenleben der realen Geschlechtsindividuen stärker oder schwächer auftreten: nach physiologischen Analogien die weibliche Kraft als die empfangende und negative, die männliche als die schöpferische und positive.

Nur für die akratischen Naturen bedeutet Geschlechtlichkeit zugleich Einseitigkeit des Wesens; die synthetischen werden gerade die Geschlechtlichkeit als den Zustand empfinden, welcher ihnen ermöglicht, über sich hinauszuschreiten, ihr begrenztes individuelles Sein über ein, anderen physischen Bedingungen unterworfenes Leben auszudehnen. Ihnen erscheinen die Wesen des anderen Geschlechtes nicht als etwas Fremdes und Unerkennbares, sondern als etwas Verwandtes, Nahes, ursprünglich zu ihnen Gehöriges, als das Komplement ihres besonderen, individuellen Wesens, das ihnen von außen entgegenkommt.

Zwar auch der akratische Mensch sucht in den Individuen des anderen Geschlechtes das Komplementäre seines eigenen Wesens; da jedoch bei ihm die Gebiete der Gemeinsamkeit fehlen oder doch beschränkt sind, kann er das Ergänzende nur im Gegensätzlichen finden. Die Annahme, daß die stärksten Gegensätze die stärkste Anziehung aufeinander ausüben, entstammt einer unzulänglichen Beobachtung und trifft nur bei den akratischen Individuen zu. Bei den synthetischen bildet die erotische Anziehung eine viel kompliziertere, schwerer zu analysierende Erscheinung – wie denn die akratische Wesensart als die unzusammengesetzte auch die primitivere und einfachere ist. Nicht das Ausmaß des Gegensatzes, sondern die individuellen Bedingungen der Ergänzung, die Gegenseitigkeit in der Beschaffenheit der Eigenart, sind hier das Entscheidende. Auf eine synthetische Frau wird ein akratischer Mann keine persönliche Anziehung ausüben, obwohl bei ihm der psychische Geschlechtsgegensatz unvergleichlich stärker ausgeprägt ist, als bei dem synthetischen Mann, der allein vermag, ihr tiefstes Empfinden auszulösen – ganz so wie es umgekehrt dem synthetischen Mann gegenüber der akratischen Frau ergeht.

Man kann die individuelle Geschlechtsdifferenzierung als das Resultat eines Bewegungsvorganges auffassen, der sich ungefähr durch das Bild einer Pendelbewegung anschaulich machen läßt. Das einheitliche Prinzip, welches dem Wesen der menschlichen Gattung zugrunde liegt, wäre als das sich Bewegende zu denken, und die gegenseitige Anziehung, die durch die individuelle Geschlechtsdifferenzierung bedingt wird, als Ausdruck der dabei wirkenden Kräfte. Zwischen zwei äußersten Punkten, die symmetrisch zu einer mittleren Linie liegen, bewegt sich das schwingende Pendel hin und her; in der Bahn, die es bei seiner Bewegung durchläuft, entspricht jedem Punkte auf der einen Seite ein von der Mittellinie gleich weit entfernter Punkt auf der anderen Seite. Die größte Entfernung voneinander haben die äußersten Punkte des Ausschlages, während gegen die Mitte zu die Distanz der korrekten Punkte immer geringer wird. Die auffälligsten Stellen der Pendelbewegung sind also die Punkte des äußersten Ausschlages, welche die größten Kontraste sowie das Maß der fixierten Bahn bezeichnen, und die Mitte, die den Stillstand markiert. Dazwischen liegen auf beiden Seiten unzählige Punkte, die miteinander im Sinne des Gleichgewichtes korrespondieren. Wie diese symmetrisch angeordneten Punkte der Pendelbahn einander entsprechen, so werden, wenn man sich die eine Hälfte des Ausschlages als das Gebiet der männlichen Geschlechtsdifferenzierung, die andere als das der weiblichen denkt, die einzelnen Geschlechtsindividualitäten einander entsprechen, was seinen Ausdruck in der Anziehung findet, die sie aufeinander ausüben.

Das iliastrische Menschentum repräsentiert den mittleren Ruhepunkt, das akratische in seiner absoluten Gestalt die Endpunkte des Ausschlages. Die Punkte zwischen der Mitte und den Endpunkten lassen sich nach dem Grade ihrer Entfernung von der Mitte auf jeder Seite in innere und äußere scheiden. Je näher der Mitte, desto größer die Verwandtschaft, je ferner von ihr, desto größer der Gegensatz der Geschlechter. Die äußeren, den Endpunkten zugewendeten Gruppen gehören noch in das Gebiet des akratischen Menschentumes, die inneren, der Mitte zugewendeten, umfassen das synthetische.

An diesem Schema zeigt sich auch, warum unter der Oberfläche der Erscheinungen ein großer Abstand nicht nur die Extreme der Geschlechter trennt: die der Mitte zunächst stehenden Gruppen sind von den an die Endpunkte gerückten ihres eigenen Geschlechtes so weit entfernt, daß die Gleichheit der Physis kein Band der Gemeinschaft und des Verständnisses zwischen ihnen herstellt.

Was unverständlich und widerspruchsvoll an dem Wesen der Geschlechtstrennung und ihrem Verhältnis zur individuellen Differenzierung bleibt, solange man die Bezeichnungen »Mann« und »Weib« als absolute Grenzbestimmungen auffaßt, wird klar und geordnet, sobald man eine Anschauung der Mannigfaltigkeit in den psychosexuellen Erscheinungen und ihrer Beziehungen zueinander gewonnen hat.

Wer die Geschlechtsdifferenzierung als ein sekundäres Phänomen betrachtet und die typischen Geschlechtseigentümlichkeiten der menschlichen Psyche nur als die teleologische Wirkung des sexuellen Verhältnisses der Geschlechter zueinander – eine Wirkung, die je nach der Eigenart des Individuums einen breiteren oder geringeren Raum in seiner seelischen Konstitution einnimmt – muß die Vorstellung zahlloser Übergänge zwischen den Geschlechtern auf psychischem Gebiet als die einzige Möglichkeit annehmen, der Individualität und ihrer Bedeutung in der menschlichen Gesellschaft gerecht zu werden.

Die Gradualität, welche hier gemeint ist, hat nicht (wie bei Weininger) in der Weise eine Annäherung des Männlichen an das Weibliche, des Weiblichen an das Männliche zur Voraussetzung, daß der Mann durch sie weniger Mann, das Weib weniger Weib wird. Nicht der weibische Mann und nicht das Mannweib, die beide nur Degenerationserscheinungen innerhalb der zentrifugalen Geschlechtlichkeit darstellen, sind darunter zu verstehen; denn der weibische Mann ist in seiner

Männlichkeit dadurch herabgesetzt, daß es weibliche Eigenschaften im schlechten Sinne sind, die sein Wesen charakterisieren, die Eigenschaften, die als Nachteile der weiblichen Geschlechtsnatur oder der sozialen Stellung des weiblichen Geschlechtes beobachtet werden und als »weibische« auch an weiblichen Personen eine Minderwertigkeit bezeichnen. Der synthetische Mensch aber wird in seiner Geschlechtsqualität durch seine Wesensart nicht vermindert; er verliert nichts, er nimmt hinzu. Über das Geschlecht hinaus führt ihn die Annäherung an ein Gemeinsames, an das, was weder männlich noch weiblich ist – an das Reinmenschliche.

Das höhere Leben, das Leben in den Regionen der Geistigkeit, setzt voraus, daß die Persönlichkeit Eigenschaften besitze, die den Bannkreis des primitiven Lebens überschreiten. Diese Eigenschaften sind geschlechtlich nicht differenziert – aus dem einfachen Grunde, weil sie entwicklungsgeschichtlich nicht im Dienste des Geschlechtes erworben worden, nicht aus den Zwecken des Geschlechtes hervorgegangen sind. Vielmehr ist ihr Ursprung in einem religiösen Ringen zu suchen, dessen höchstes Ziel die Überwindung der Geschlechtlichkeit war.

Die asketische Verneinung des Geschlechtes steht in innigem Zusammenhang mit dem metaphysischen Bedürfnis, das eine so hohe Bedeutung in der menschlichen Geistesgeschichte besitzt. Um dieses Zusammenhanges willen ist auch das metaphysische Bedürfnis als Symptom für die Abschwächung und Verarmung des elementaren Lebenstriebes erklärt worden. Sollte aber nicht gerade dieser Zusammenhang ganz anders interpretiert werden können? Wenn als Korrelat aller Bewußtseinsäußerungen physiologische Vorgänge im Gehirn anzunehmen sind, dann muß die geistige Geschichte der Menschheit zugleich die Geschichte der wachsenden Selbständigkeit des Gehirnes sein. Jene für die dualistische Weltanschauung bezeichnende Auffassung, daß das Geschlecht dem Körper angehöre, dem vergänglichen und niedrigen Teile des Menschen, während sein höherer und unsterblicher

Teil geschlechtslos ist und der Vollkommenheit desto näher, je mehr er sich von den Ansprüchen des Geschlechtes befreit hat,, deutet auf einen besonderen physiologischen Entwicklungsprozeß der menschlichen Organisation. Vielleicht äußert sich in der dualistischen Auffassung an sich nur der Dualismus der physiologischen Konstitution, durch welchen das Gehirn wie ein zweiter, relativ selbständiger Organismus in den äußeren Leib eingesetzt ist. Der seltsame Wahn, daß der Körper von einem höheren Wesen, einer unsterblichen und geschlechtslosen Seele, bewohnt sei, spiegelt als Bewußtseinsphänomen vielleicht einen physischen Prozeß, so wie sich im Traumleben, oft deutlich erkennbar, die jeweiligen Zustände des Organismus symbolisieren und phantastisch umgebildet ins Bewußtsein treten. Verhält es sich nicht ähnlich mit der Illusion des freien Willens, die so unvereinbar ist mit den Resultaten der Verstandeserkenntnis, und die dennoch bei vielen Individuen, besonders aber bei jenen, die ihre Geschlechtsimpulse in die Gewalt ihrer Willenskraft gebracht haben, die unbesiegbare Macht einer inneren Gewißheit besitzt –? Offenbart nicht die ganze Geschichte der menschlichen Sittlichkeit, in der die Überwindung und Beherrschung der Geschlechtlichkeit einen so hervorragenden Platz einnimmt, im Grunde nichts anderes als diesen Kampf des Gehirnes um seine Unabhängigkeit?

Aber ohne metaphorische Umschreibung: die Entwicklung einzelner Bewußtseinsherde zur Herrschaft über die andern, die Rangordnung unter ihnen, welche eine Unterwerfung der niedrigeren unter die Leitung der höheren bedeutet, ist eine Voraussetzung aller geistigen Kultur. Und sie repräsentiert eine unvergleichlich wertvolle Errungenschaft auch dort, wo sie zur Quelle innerer Konflikte und Widersprüche wird, die den Menschen der Geistigkeit mit seiner primitiven Natur entzweien.

Nicht in der Verwerflichkeit und Sündhaftigkeit der Sexualität, wie jene glaubten, die sich von ihrer Herrschaft zu befreien strebten, ist der tiefere Grund des Kampfes wider das Geschlecht zu suchen; der retrospektiven Betrachtung erscheint dieser Kampf als eine gewaltige evolutionistische Anstrengung der Menschheit, sich über die teleologische Geschlechtsbegrenzung hinaus Fähigkeiten höherer Geistigkeit zu schaffen. Und die Autonomie des Gehirnes, die in diesem langen und mühsamen Kampf errungen wurde, bleibt bestehen, wenn auch die Illusionen, die er erzeugte, geschwunden sind. Aus ihr werden andere Ideale auftauchen, die dem menschlichen Leben neue Perspektiven eröffnen, ihm Glanz und Wärme und jene festliche Kraft des Aufschwunges geben werden, von der die Geburt neuer Ideale immer begleitet ist.

Nicht mehr der Kampf gegen das Geschlecht an sich, die Verneinung der Ansprüche, welche die Gattung an das Individuum stellt, kann Aufgabe und Inhalt eines das Gewöhnliche überragenden Lebens sein. Die Versöhnung von Gattung und Persönlichkeit auf einer höheren Stufe des Empfindens tritt an die Stelle, die in dem sittlichen Ideal einer vergangenen Entwicklungsepoche der Menschheit die »Ertötung des Fleisches« eingenommen hat. Aber diese Versöhnung ist nur dann möglich, wenn das Geschlecht nach keiner Richtung mehr eine Fessel für die Persönlichkeit bedeutet, nicht in Gestalt eines unbeherrschten Triebes, und nicht in Gestalt von innen oder von außen her wirkender teleologischer Beschränkungen.

Für hochgestimmte Seelen ist nichts unerträglicher als die Vorstellung der Gebundenheit durch das Geschlecht. Ausgeschlossen zu sein durch das Geschlecht von irgend einer Möglichkeit der Entfaltung, von irgend einer Möglichkeit des Erkennens, die im Bereiche des menschlichen Wesens liegt, das kann in solchen Seelen nur Haß gegen das Geschlecht erzeugen. Sie sind es, die begierig nach jenen Lebenszuständen und Erfahrungen greifen, in denen das synthetische Empfinden gefördert und bestärkt wird; denn nicht auf den Eigenschaften, welche die typischen ihres Geschlechtes sind, ruht ihr Selbstgefühl, sondern auf jenen, die über das Geschlecht hinausführen.

Bewunderungswürdig, ja ehrfurchtgebietend an einer Individualität wirken gerade die Eigenschaften, welche die primitive Geschlechtsnatur aufheben, weil sie mit ihr in Widerspruch stehen. Daher ist das gefestigte und unerschütterliche Aufsichselbstberuhen, das mit Willensstärke, Unbeugsamkeit, Initiative einhergeht, an einer Frau noch höher zu schätzen als an einem Mann. Bei dem Manne bedeuten diese Eigenschaften nur eine Umsetzung der Geschlechtsteleologie in eine höhere Stufe des Seelenlebens, bei der Frau hingegen ein Überschreiten der durch die teleologische Beschaffenheit dem gewöhnlichen weiblichen Individuum gesetzten Grenze. Das ist der Gedanke, der dem Worte Grillparzers zugrunde liegt: »Das edle Weib ist halb ein Mann, ja ganz; nur ihre Fehler machen sie zu Weibern.«

Denn der große Vorsprung, den die Natur dem Manne gewährt hat, besteht darin, daß schon in seiner teleologischen Geschlechtsbeschaffenheit die Disposition zu jenen Eigenschaften liegt, welche die Entwicklung der freien Persönlichkeit begünstigen, indes bei dem Weibe erst die teleologische Beschaffenheit überwunden sein muß, wenn diese Eigenschaften sich entfalten sollen. Aber auch für den Mann ist das spezifisch Geschlechtliche eine Grenze, weil es ihn von dem Verständnis für die andere Hälfte der Menschheit ausschließt, weil es ihn beschränkt. Frei im höchsten Sinne – und mehr als es der »ganze Mann« je sein kann – wird nur jener Mann sein, der die synthetische Kraft besitzt, durch Assimilierung eine höhere, umfassendere Wesenseinheit aus sich zu machen. Diese Kraft, die dem akratischen Manne fehlt, da sie sich mit seiner teleologischen Geschlechtsnatur nicht verträgt, ist nichts anderes als die Fähigkeit der Hingebung. Hingebung – für dieses ewig einsame, in den Schranken seines Wesens wie in einer Isolierzelle gefangene Ich der einzige Weg, auf dem es hinausgehen kann in die Welt und Teil haben an dem Köstlichsten, das sie in sich birgt, an einer Seele!

Verfolgen wir die Linien der Vergangenheit, die in die Zukunft führen, so tritt uns in wahrnehmbaren Umrissen das Ideal einer Menschlichkeit entgegen, in der dem Geschlecht eine schönere und glücklichere Bedeutung eingeräumt ist, als es bisher besessen hat. Die sittliche Anstrengung der Persönlichkeit, die Bande des Geschlechtes zu brechen, welche einst in der asketischen Verneinung der auf die Zeugung gegründeten Welt gipfelte, nimmt mit diesem Ideale die Richtung nach einer Lebensform, in der die Möglichkeit liegt, die Bande des Geschlechtes ohne Verneinung zu überwinden.

Nur die synthetischen Menschen können die Schöpfer dieser Lebensform sein. Aber nicht die Männer allein. Ohne die Mitwirkung der Frau als ebenbürtiger Gefährtin ist die Gemeinsamkeit, auf der das Ideal einer höheren Menschlichkeit ruht, nicht zu verwirklichen; und der Einsatz, den das weibliche Geschlecht gemäß seiner historischen Entwicklungsbahn in die Kultur zu geben hat, bildet eine notwendige Ergänzung zur Leistung des männlichen. Es ist eine Auszeichnung des weiblichen Geschlechtes, daß es vornehmlich Frauen sind, die in der geistigen Kultur der Gegenwart das Ideal der Gemeinsamkeit vertreten; und damit ist auch die Bürgschaft gegeben, daß Frauen dazu beitragen werden, es zu verwirklichen.

Dieses Ideal ist kein neues, keine Erfindung, die erst von kommenden Generationen ausgehen soll; aber jede Generation muß es von neuem erwerben – nicht als ein gleichmachendes, zwingendes Regulativ einer bestimmten Art des Seins, sondern als die lebendige Form der Freiheit für die Individualität, die aus dem Schöße der Natur ewig neu emporwächst, eine unerschöpfliche Quelle neuer Entwicklungsmöglichkeiten und neuer Daseinsgestalten.

Glücklich, wer in seiner Individualität das Instrument besitzt, auf dem die Welt mit ihrem ganzen Reichtum spielen kann! Ihm wird auch die Geschlechtlichkeit ein Mittel sein, das Innerste des Lebens zu fassen, sein schmerzlichstes Leiden und seine berauschendste Seligkeit, seinen furchtbarsten Abgrund und seinen strahlendsten Gipfel.

Nachwort

Ich möchte die fünfte Auflage dieses Buches mit einer kurzen Mitteilung begleiten. Seit seinem ersten Erscheinen sind siebzehn Jahre verflossen – eine Zeit ungeheurer und verhängnisvoller Ereignisse, die von tiefen Wandlungen der sozialen Ordnung begleitet waren. Ihr Reflex hätte sich in den Ausführungen dieses Buches spiegeln sollen; besondere Umstände aber – nicht zuletzt die Schwierigkeiten, unter denen gegenwärtig auch das Buchgewerbe leidet – haben mich gehindert, eine entsprechende Umarbeitung vorzunehmen. So ist das Buch, zeitgeschichtlich bedingt, unverändert geblieben.

Die prinzipiellen Anschauungen, von denen ich ausging, haben indessen nach verschiedenen Hinsichten Bestätigung erfahren. Davon soll unter anderm im zweiten Teile dieses Buches, der demnächst unter dem Titel »Geschlecht und Kultur« erscheint, die Rede sein. Ich gebe mich der Hoffnung hin, daß ich mir die Freunde, die sich die »Kritik der Weiblichkeit« weit über die Grenzen des deutschen Sprachgebietes erwarb – sie wurde bisher ins Schwedische, Englische und Czechische übersetzt – mit dem zweiten Teil neu verbinden werde. Und wenn die Generation, die seit der ersten Auflage herangewachsen ist, mit der älteren Generation der Frauenbewegung in Wesen und Richtung übereinstimmt, dürfen die Gedanken beider Bücher wohl auf den gleichen lebendigen Anteil bei ihr zählen.

Wien, im Mai 1922
Rosa Mayreder